1981	母子及び寡婦福祉法
1982	老人保健法（老人医療一部負担）
1984	健康保険法等改正（本人9割給付,
1985	年金法改正（基礎年金）
1987	精神保健法, 老人保健法改正（老人保健施設）
1989	年金法改正（国民年金基金）
1990	福祉8法改正（在宅福祉の推進）
1993	障害者基本法, 地域保健法
1994	年金法改正（厚生年金〔定額部分〕支給開始年齢引上げ）
1995	精神保健福祉法
1997	児童福祉法改正（保育所制度改正）, 健康保険法等改正（本人8割給付）, 介護保険法
2000	年金法改正（厚生年金〔報酬比例部分〕支給開始年齢引上げ）, 社会福祉事業法等改正（社会福祉法）
2001	確定給付企業年金法, 確定拠出年金法
2002	健康保険法等改正（本人7割給付, 老人医療対象年齢引上げ）
2004	国民年金法等改正（保険料水準固定方式, 給付のマクロ経済スライド）
2005	介護保険法改正（新予防給付, 地域支援事業）, 発達障害者支援法, 障害者自立支援法
2006	健康保険法等改正（後期高齢者医療制度）
2010	障害者自立支援法改正（応能負担）
2011	求償者支援法, 介護保険法改正（地域包括ケア）, 障害者基本法改正
2012	年金法改正（年金機能強化法, 被用者年金一元化法, 国年法等改正法, 年金生活者給付金法）, 子ども・子育て関連三法, 障害者自立支援法改正（障害者総合支援法）
2013	年金法改正（厚生年金基金制度見直し）, 生活困窮者自立支援法
2014	医療・介護総合確保推進法（地域医療構想, 地域包括ケア）
2015	医療保険制度改革法（国保安定化）
2016	国民年金法等改正（ＧＰＩＦの組織見直し）
2017	介護保険法等改正（地域包括ケア）
2020	年金法改正（被用者保険適用拡大、受給開始時期の選択肢拡大）

ブリッジブック

社会保障法
〔第3版〕

Bridgebook

菊池馨実 編

稲森公嘉・高畠淳子・中益陽子

信 山 社

Shinzansha

第 3 版へのはしがき

　本書は、2018 年の第 2 版刊行後も、幸いにして多くの読者に恵まれたことから、ここに第 3 版を刊行する運びとなった。働き方の多様化や地域共生社会の推進に向けた取組み、年金及び医療保険に係る改正などに加えて、新型コロナウィルス感染症との関連など、第 2 版刊行後の新しい動向に合わせ、コラムも含めて、本書の随所で情報をアップデートし、また、記述もさらに分かりやすくなるように心掛けた。

　本書のコンセプトは第 2 版までと同様である。入門テキストとして、社会保障法に初めて触れる法学部生や社会保障に関心をもつ他学部生などに、過不足なく、また、わかりやすく伝わるよう工夫を凝らしたつもりである。

　本書が、読者の手引きとなり、今後の学習へのステップとなれば幸いである。

　最後に、ご多忙な中、ご尽力いただいた執筆者の方々と、編集の労をお取りくださった信山社の今井守氏に厚く御礼申し上げたい。

　　2021 年 8 月

菊 池 馨 実

はしがき

　初学者の知識・関心を法律学に向けさせ、ひいては論理体系の獲得に導き、思考力をはぐくむという信山社ブリッジブック・シリーズのコンセプトに則った社会保障法のテキストの企画が持ち込まれたのは 2009 年のことであった。社会保障法のテキストがいくつも存在する中で、法学部生のみならず他学部生や社会人で社会保障法を学びたいと考える初学者向けの入門テキストは意外に少ないため、編者をお引き受けすることにした。その際、特に留意したのは以下の 3 点である。

　第 1 に、共同執筆とはいえ少数の執筆者による濃密な議論の積み重ねを通じて、テキストを作り上げることを心掛けた。それは何より、読者の許に統一感と安心感のあるテキストをお届けすることに直結する。ちょうど各執筆者が公私ともに多忙を極める時期にあたり、執筆に時間を要した面があることは否定できないが、そうした中でも 2009 年 7 月以来 2013 年 6 月に至るまで、実に 9 回もの編集会議を開催し、内容全体の詳細に及ぶ忌憚のない議論を積み重ねて刊行に至ったものである。

　第 2 に、入門テキストとして、社会保障法に初めて触れる法学部生や、社会保障に関心をもつ他学部生などにとって過不足のないボリュームで、しかもわかりやすい叙述となるように工夫を凝らしたつもりである。具体的には、制度説明の正確さを失わないよう留意しつつも、図表などをふんだんに用いながら、初学者にとって詳細過ぎる説明になることを避け、制度の大枠と基本的考え方の理解が

進むように心掛けた。章立ての仕方、各章の導入部、学生への語りかけ口調、コラムの多用などにその一端を感じていただければ幸いである。本書をステップとしてさらに学習を進めたい人には、各章末尾の〈参考文献〉のほか、エピローグでの文献紹介を参考にしてほしい。

　第3に、上述のアイディアの多くは、常日頃から法学部で社会保障法の授業に取り組んでいる若手教員の方々が、学生目線に近いフレッシュな感覚で生み出して下さったものである。執筆担当領域のボリュームからしても、編者は脇役に過ぎない。将来の社会保障法学界を担う若手研究者による濃密な共同執筆作業は、将来それぞれ自著のテキストを執筆するにあたっての準備作業とも位置付けられよう。

　本書がこれまでにないタイプのテキストとして、読者が社会保障法を学ぶための「扉」を開く一助となれば幸いである。版を重ねることで今後さらなる充実を図っていきたい。

　本書の企画段階から発刊に至るまで、信山社出版の稲葉文子氏と今井守氏には大変お世話になった。執筆者陣を辛抱強く見守り、機に応じて積極的に手を差し伸べてくださったことに深く感謝申し上げる。また併せて信山社の袖山貴社長にも、折に触れての心強いアドバイスに御礼申し上げたい。

　　2014 年 4 月

　　　　　　　　　菊 池 馨 実

ブリッジブック社会保障法（第3版）　Bridgebook

【目　次】

執筆者紹介 (掲載順、＊は編者)

＊菊 池 馨 実 (きくち・よしみ) ……… **プロローグ**, **Chapter 1**, **エピローグ**

1985(昭和60)年北海道大学法学部卒業、同大学大学院法学研究科博士課程修了。北海道大学助手、大阪大学助教授、早稲田大学助教授を経て、現在、早稲田大学法学学術院教授。

〈主要著作〉
『年金保険の基本構造』(北海道大学図書刊行会、1998年)、『社会保障の法理念』(有斐閣、2000年)、『社会保障法制の将来構想』(有斐閣、2010年)、『社会保障法 (第2版)』(有斐閣、2018年)『社会保障再考 〈地域〉で支える』(岩波新書、2019年)〔以上、単著〕、『社会保障法研究 創刊第1号～』(共編、信山社、2011年～)、『障害法 (第2版)』(共編著、成文堂、2021年)、『社会保障法 (第7版)』(共著、有斐閣、2019年)

稲 森 公 嘉 (いなもり・きみよし) ………………… **Chapter 2**, **3**, **4**, **13**

1997(平成9)年京都大学法学部卒業、同大学大学院法学研究科修士課程修了。京都大学助手を経て、現在、京都大学法学系(国際高等教育院)教授。

〈主要著作〉
「フランスにおける開業医の医業遂行への諸規律──自由な医療と疾病保険制度の相剋と調整(1)-(6)・完」法学論叢151巻1号-6号(2002年)、「社会保障法理論研究史の一里塚──荒木構造論文再読」社会保障法研究創刊第1号 (2011年)、「医療保険の給付」日本社会保障法学会編『新・講座社会保障法1 これからの医療と年金』(法律文化社、2012年)

高 畠 淳 子（たかはた・じゅんこ）………………… ***Chapter 5, 6, 8, 10***

　1997(平成 9)年京都大学法学部卒業、同大学大学院人間・環境学研究科博士課程単位取得満期退学。京都産業大学専任講師、准教授を経て、現在、京都産業大学法学部教授。

　〈主要著作〉
「離職した労働者への雇用保険給付──離職理由による違いを中心に」日本労働研究雑誌61巻10号（2019年）、「育児休業給付の位置づけと財源のあり方」社会保障研究 5 巻 1 号（2020年）、「社会保障法制における自営的就業者の位置づけと保障のあり方」社会保障法36号（2021年）

中 益 陽 子（なかます・ようこ）………………… ***Chapter 7, 9, 11, 12***

　1999(平成11)年東京大学法学部卒業、同大学大学院法学政治学研究科博士課程単位取得退学。都留文科大学文学部講師を経て、現在、亜細亜大学法学部准教授。

　〈主要著作〉
「医療保険および介護保険制度と保険者」社会保障法研究 9 号（2019年）、「国民皆保険および医療の機会均等の今日的課題」社会保障法研究10号（2019年）、「遺族年金における男女の処遇差──遺族厚生年金の年齢要件を中心に」亜細亜法学55巻 1 ・ 2 号（2021年）

〈法　令〉

育休　育児休業，介護休業等育児又は家族介護を行う労働者の福祉に関する法律［育児介護休業法］

介保　介護保険法

介保令　介護保健法施行令

行審　行政不服審査法

行訴　行政事件訴訟法

憲，憲法　日本国憲法

健保，健康法　健康保険法

公選　公職選挙法

厚年　厚生年金保険法

高齢医療　高齢者の医療の確保に関する法律

高齢医療則　高齢者の医療の確保に関する法律施行規則

国年　国民年金法

国年則　国民年金法施行規則

国賠，国賠法　国家賠償法

国保，国保法　国民健康保険法

国保則　国民健康保険法施行規則

雇保　雇用保険法

自治　地方自治法

児手　児童手当法

児童虐待　児童虐待の防止等に関する法律

児福　児童福祉法

児扶手　児童扶養手当法

児扶手令　児童扶養手当法施行令

社福　社会福祉法

障害基　障害者基本法

障害者総合支援法　障害者の日常生活及び社会生活を総合的に支援するための法律

障害自立支援　障害者自立支援法

障虐　障害者虐待の防止，障害者の養護者に対する支援等に関する法律

障雇　障害者の雇用の促進等に関する法律

身福　身体障害者福祉法

生活保護　生活保護法

生活保護則　生活保護法施行規則

精神，精神保健福祉法　精神保健及び精神障害者福祉に関する法律

知福　知的障害者福祉法

徴収，徴収法　労働保険の保険料の徴収等に関する法律

特児扶手　特別児童扶養手当等の支給に関する法律

発障　発達障害者支援法

母福　母子及び父子並びに寡婦福祉法

民　民法

労基　労働基準法

労基則　労働基準法施行規則

労契　労働契約法

労災，労災保険法　労働者災害補償保険法

労災令　労働者災害補償保険法施行令

老福　老人福祉法

〈判　決〉

最大判(決)　最高裁判所大法廷判決　　　　**高判(決)**　高等裁判所判決（決定）
　　　　　　　（決定）　　　　　　　　　　　　**地判(決)**　地方裁判所判決（決定）
最判(決)　最高裁判所判決（決定）

〈判例集〉

民集　最高裁判所民事判例集　　　　　　**判時**　判例時報
行集　行政事件裁判例集　　　　　　　　**判タ**　判例タイムズ
判自　判例地方自治　　　　　　　　　　**訟月**　訟務月報
労判　労働判例　　　　　　　　　　　　**賃社**　賃金と社会保障

ブリッジブック
社会保障法
〔第3版〕

プロローグ

🍃 国民生活と社会保障

　私たちの日々の暮らしは、様々な法や制度によって支えられている。そのなかでも社会保障は、いまや国民生活にとって欠くことのできない重要な制度となっている。たとえば、多くのお年寄りにとっては、年金がもっとも重要な収入源になっているし、介護が必要になった場合には、介護保険のサービスを利用して、介護施設への入所や、訪問看護師・ヘルパーなどに支えられて住み慣れた自宅での生活も可能となる。また幼い子どもにとって、定期的に行われる乳幼児健診は子どもの発達の度合いをチェックする重要な機会となるし、親が働いていれば日中保育所に通うことも多い。子ども本人は意識していなくても、多くの子育て世帯には児童手当などの金銭給付も支払われている。

　この本を手にした若い学生諸君にとって社会保障は、まだあまり馴染みのない制度かもしれない。生活費の大部分を親に頼っているとすれば、自分達が社会保障にかかる費用を負担しているという実感は持てないだろうし、健康であれば病院にかかる機会も少ないだろう。それでもこの本を書いている著者達の学生時代と比べると、最近の学生諸君の社会保障に対する関心は、かなり高いように思える。それは単に、「おじいちゃんが倒れて介護を必要とするように

なって、これから施設を探さなければならない」といった身内の話にとどまらない。少子高齢化がさらに進んで、自分達の世代は将来年金をもらえないのではないか、といった不安感や不信感であったりもするだろう。

🐚 社会保障を取り巻く環境

年金・医療・介護・子育て支援・過労死・生活保護など、社会保障に関連する話題が新聞やテレビなどのマスコミで登場しない日が珍しいほど、社会保障は国民の重大な関心事となっている。政治の場でも、社会保障に関連する法案の取扱いをめぐって、国会で論戦が繰り広げられることが珍しくない。「医療と福祉の充実を図ります。」「保育所の待機児童ゼロを目指します。」など、社会保障に関するテーマは国・地方を問わず議員や首長候補者の選挙公約で主要な部分を占めている。

社会保障は、財政規模の面でも非常に大きなものとなっている。社会保障給付費は、1985（昭和60）年度段階では35.7兆円、対国民所得（NI）比13.7％であったのに対し、2018（平成30）年度で121.5兆円、対国民所得比30.1％にもなった。国の一般会計における社会保障関係費は、2021（令和3）年度予算ベースで35.8兆円であり、一般歳出の53.6％、国債や地方交付税交付金などを加えた一般会計歳出の33.6％を占めている。

こうした社会保障の役割の増大は、様々な要因によってもたらされたものである。たとえば、日本は世界で最も人口の少子高齢化が進んだ国として知られている。全人口に占める65歳以上人口の割合（**高齢化率**）は、1970（昭和45）年には7.1％に過ぎなかったのが、2020（令和2）年9月現在、28.7％となり、将来人口推計（2017〔平成29〕

年）によれば、2065年には38.4％にもなると予想されている。他方、少子化の進行により、2008（平成20）年をピークに日本の人口は減少傾向にある。日本の社会保障給付費の7割近くが高齢者に向けられていることからすれば、高齢者人口の増大は、自ずと社会保障費の増大につながることになる。また家族形態の変化やライフスタイルの多様化という側面からも、社会保障の必要性が増大せざるを得ない要因を指摘することができる。たとえば、夫婦と未成年の子によって構成される核家族世帯の増加は、高齢の親を同居家族（実際には、これまで多くの場合女性が担ってきた）が介護することを困難にし、介護保険の導入が促されることになった。このこととも関連して、女性の社会進出の拡大により、共働き世帯が増えて、日中子どもを預かる保育所の需要を急増させている。また単身世帯の増大は、家族の扶養ではなく生活保護などの社会保障制度に頼らざるを得ない人々を増大させる要因となっている。

　他方、21世紀に入り、これまで比較的平等志向が強いとされてきた日本でも、「格差社会」の到来がクローズアップされるようになった。所得面での格差の拡大に対しては、失業者・低所得者への所得保障のための対策や雇用対策が重要性を増すことになる。ただし、そうした格差は日本社会において構造的に固定化しつつあり、そうだとすると失業者などへの金銭の支給などにとどまらず、子ども期から就職活動期にまで拡がりをもつ職業教育なども含めた抜本的支援策の必要性も増していると言えるだろう。

　以上のように、社会保障の役割は、政治的・経済的・社会的にみて、現在非常に重要なものとなっており、将来さらにその役割を増していくことが予想される。

本書の構成

　本書は、今まで述べたような状況にある社会保障制度を対象とする法分野である社会保障法を、初めて学ぶ学生を念頭に置いてつくられたテキストである。全体は 13 章構成となっており、このプロローグと最後のエピローグを加えると、15 のパートに分かれている。以下では、各パートの構成についてあらかじめ概略を述べておくことにしよう。

　Chapter 1 は、*Chapter 2* 以下で社会保障法を構成する各制度について学ぶ前に、社会保障の歴史や概念、社会保障法という法領域の全容、社会保障法を構成する主要な制度概念などにつき学ぶ。

　Chapter 2 は、所得保障のための中核的制度である年金を扱う。政府が運営する公的年金制度を中心に学ぶ。

　Chapter 3 は、医療保障である。ここでは、医療保険を中心としながら、医療供給を担う医療機関等の規制についても触れる。

　Chapter 4 は、高齢者介護の中心となる制度である介護保険を扱うとともに、高齢者の生活を支える介護サービス提供体制にまで焦点を当てる。

　Chapter 5 は、業務上災害に対する補償である。労災保険を中心としながら、その災害が事業主の過失による場合になされる使用者への損害賠償請求訴訟（労災民事訴訟）についても触れる。

　Chapter 6 は、雇用保険を取り上げ、失業のみならず広く雇用の安定を図るための様々な制度について学ぶ。ここでは、雇用保険受給後の長期失業や雇用保険未適用者に対する求職者支援制度についても触れる。

　Chapter 7 は、社会福祉を取り上げ、福祉サービス提供体制など、高齢者・児童・障害者福祉に共通する一般的事項を学ぶ。

Chapter 8 は、障害者福祉である。障害児の療育支援から成人障害者の生活支援までを扱う。福祉サービスについての記述が主ではあるが、雇用などの関連分野にも言及する。

Chapter 9 は、児童福祉サービスを中心としながら、児童手当などの金銭給付も含め、子どもの育ちと子育て家庭を支援する法制度について扱う。

Chapter 10 は、公的扶助を扱う。日本の社会保障の最後のセーフティネットとも言われる生活保護制度が中心となる。生活困窮者自立支援制度についても触れる。

Chapter 11 以下では、*Chapter 10* までと異なり、社会保障各分野に共通するテーマを扱う。*Chapter 11* は、社会保障制度の利用にあたって行政やサービス提供者との間で生じることのある様々なトラブルや紛争の解決の仕組みについて概観する。

Chapter 12 は、グローバル化が進む国際社会にあって、国ごとに異なる制度として発展してきた社会保障制度がどのような影響を受け、課題を抱えているのかについて学ぶ。

Chapter 13 は、社会保障法の法源、給付や負担の法的性格、憲法との関係、社会保障を支える法原理などの基本事項について概観し、社会保障法に対する法的な理解を深める。

このほかエピローグでは、今後の社会保障制度改革にあたって求められる視点や、法学的視点の重要性について触れた後、社会保障法をもっと詳しく学びたい人のための文献紹介を行う。

それではさっそく、「社会保障法」という法の世界を覗いてみよう。

Chapter **1**

「社会保障法」という法の世界

Let's Study　私たちの日常生活は、さまざまな法律や制度によって支えられている。たとえば、生計を立てていくため、職場で働き収入を得る。こうした職場のルールを決めているのが労働基準法や労働契約法などの法律だ。毎日の生活に必要な日用品や耐久消費財の購入、アパート・マンションの購入・賃借などは、民法や消費者契約法などの法律によって規律されている。引っ越しの際には住民票の移転が必要だし、家を建てる際には建築確認が必要だったり、役所への届出や許認可などの手続が必要なことも少なくない。これらは行政法と呼ばれる法領域に含まれる。

　それでは、これから本書で学んでいく社会保障法とはどのような法領域だろうか。そもそも社会保障とは何だろう？　それは歴史的にどのような発展を遂げて今日に至ったのだろうか？　この***Chapter 1***では、こうした基本事項を簡単におさえておくとともに、以下の***Chapter***で各制度を学ぶにあたって有益な制度概念について説明することにしよう。

1　社会保障の成立と展開

1　社会保障の成立

⑴　社会保障の前史

社会保障という概念が登場する以前、イギリスのエリザベス救貧

法(1601年)に端を発する**公的救貧制度**と、19世紀末ドイツのビスマルクに遡ることのできる**労働者保険**制度の2つの流れがあった。前者は、国費を財源とした貧民救済のための仕組みであり、後者は、貧困に対する事後的な救済ではなく、保険技術を利用した相互扶助的かつ貧困予防的な仕組みであった。

　20世紀初頭から第2次世界大戦後にかけて、それまでとは異なり、貧困は必ずしも個人の責任に帰せられるべきでないという考え方が一般化するとともに、国民に対する最低限の生活保障が国の責務であるとの見方が広まった。公的救貧制度は、劣等処遇原則（労働能力のない貧民への処遇は最下層の自立生活者の生活水準以下とする考え方）、権利性の承認（社会権の登場）などにより、今日の公的扶助（→ **4**(2)）へと発展を遂げた。他方、労働者保険は適用範囲を労働者から拡大し、国民一般を対象とする社会保険（→ **4**(1)）へと発展した。

⑵　**社会保障概念の登場**

　こうして、対象者や制度内容などの面で違いが相対化した社会保険と公的扶助を統合する概念として、**社会保障**（social security）という用語が用いられるに至った。ILO（国際労働機関）が発刊した1942(昭和17)年『社会保障への途』に、こうした見方が示されている。

　ただし、以上の説明は一般的なものであり、社会保障という概念の具体的内容については、各国毎に違いがみられる。たとえば、1935(昭和10)年に社会保障法（Social Security Act）という名称の法律が成立したアメリカでは、もっとも一般的には年金保険を指す。また1942(昭和17)年に出されたベヴァリッジ報告（報告書「社会保障および関連サービス」）が社会保障制度の基礎を築いたイギリスでは、所得保障制度（年金・児童手当・所得補助など）を指す。さらにフランスでは社会保険と家族手当を指す概念として用いられている。

こうした概念の多義性から、最近では社会保障に代わって社会的保護（social protection）という概念が国際的に用いられることもある。

2 日本での社会保障の展開

(1) 戦前までの動向

1で述べた国際動向の2つの流れに沿って言えば、日本の代表的な救貧制度は、1874(明治7)年の太政官達162「恤救規則」に遡ることができる（以下の記述は次頁掲載の年表と対比しながら読んでほしい）。それは貧民救済について国民の相互扶助を原則とした上で、対象者を限定し、保護受給権や国の救済義務といった考え方をもたないものであった。次いで、1929(昭和4)年に救護法が成立したものの、被救護者に選挙権の行使が停止されるなど、今日の公的扶助とは異なる性格を残していた。

他方、社会保険立法としては、1922(大正11)年健康保険法が制定され、ブルーカラー労働者を対象とする医療保険の仕組みが設けられた。1930年代後半には、戦時政策の一環としての性格をもつ国民健康保険法（1938〔昭和13〕年）、船員保険法（1939〔昭和14〕年）、職員健康保険法（同年。1941〔昭和16〕年健康保険法と統合された）、労働者年金保険法（同年。1944〔昭和19〕年厚生年金保険法と改称した）などが相次いで制定された。たとえば、国民健康保険法が農村部の貧困と保健状態の悪化への対処（健民健兵策）をねらいとするなど、国民の生活保障を目的とする今日の社会保険とは異なる性格も有していた。

(2) 戦後の展開

戦後日本の社会保障制度の展開にあたり重要な役割を果たしたのは、生存権の明文化（憲法25条）と、制度の全体枠組みを示した**1950(昭和25)年社会保障制度審議会勧告**（以下、50年勧告）である。

わが国社会保障の発展

時代区分	主な立法など
社会保障前史	1874　恤救規則 1922　健康保険法 1929　救護法 1938　国民健康保険法 1939　船員保険法，職員健康保険法 1941　労働者年金保険法，健康保険法改正（職員健保との統合） 1944　厚生年金保険法
戦後社会保障の形成	1946　(旧)生活保護法 1947　児童福祉法，失業保険法，労働者災害補償保険法 1948　国家公務員共済組合法，医療法，医師法，保健婦助産婦看護婦法 1949　身体障害者福祉法 1950　生活保護法，精神衛生法 1951　社会福祉事業法
国民皆保険・皆年金	1958　国民健康保険法改正（皆保険） 1959　国民年金法（皆年金）
社会保障制度の充実	1960　精神薄弱者福祉法 1961　児童扶養手当法 1963　老人福祉法 1964　母子福祉法，特別児童扶養手当法 1965　厚生年金保険法改正（1万円年金） 1966　国民健康保険法改正（7割給付） 1969　厚生年金保険法改正（2万円年金） 1970　心身障害者対策基本法 1971　児童手当法 1973　老人福祉法改正（老人医療費無料化），健康保険法改正（家族7割給付，高額療養費），年金法改正（5万円年金，物価スライド） 1974　雇用保険法
社会保障制度の再編	1981　母子及び寡婦福祉法 1982　老人保健法（老人医療一部負担） 1984　健康保険法等改正（本人9割給付，退職者医療制度） 1985　年金法改正（基礎年金） 1987　精神保健法，老人保健法改正（老人保健施設） 1989　年金法改正（国民年金基金） 1990　福祉8法改正（在宅福祉の推進） 1993　障害者基本法，地域保健法 1994　年金法改正（厚生年金〔定額部分〕支給開始年齢引上げ） 1995　精神保健福祉法
社会保障構造改革以後	1997　児童福祉法改正（保育所制度改正），健康保険法等改正（本人8割給付），介護保険法 2000　年金法改正（厚生年金〔報酬比例部分〕支給開始年齢引上げ），社会福祉事業法等改正（社会福祉法） 2001　確定給付企業年金法，確定拠出年金法 2002　健康保険法等改正（本人7割給付，老人医療対象年齢引上げ） 2004　国民年金法等改正（保険料水準固定方式，給付のマクロ経済スライド） 2005　介護保険法改正（新予防給付，地域支援事業），発達障害者支援法，障害者自立支援法 2006　健康保険法等改正（後期高齢者医療制度） 2010　障害者自立支援法改正（応能負担） 2011　求償者支援法，介護保険法改正（地域包括ケア），障害者基本法改正 2012　年金法改正（年金機能強化法，被用者年金一元化法，国年法等改正法，年金生活者給付金法），子ども・子育て関連三法，障害者自立支援法改正（障害者総合支援法） 2013　年金法改正（厚生年金基金制度見直し），生活困窮者自立支援法 2014　医療・介護総合確保推進法（地域医療構想，地域包括ケア） 2015　医療保険制度改革法（国保安定化） 2016　国民年金法等改正（ＧＰＩＦの組織見直し） 2017　介護保険法等改正（地域包括ケア） 2020　年金法改正（被用者保険適用拡大，受給開始時期の選択肢拡大）

憲法上、明文で国民の生存権を規定した国は、現在でも決して多くない。50年勧告が示した社会保険、国家扶助（公的扶助）、公衆衛生及び医療、社会福祉の4部門（→**4**）からなる社会保障の基本的枠組みは、今日でも維持されている。

　社会保障制度の展開過程を分類すると、(1)1950年前後にかけての形成期（生活保護法の制定・全面改正と、児童福祉法・身体障害者福祉法を併せた「福祉三法」の時代、失業保険法・労働者災害補償保険法の制定など）、(2)1950年代半ばから1973（昭和48）年「福祉元年」にかけての高度経済成長と歩調を合わせた充実期（国民健康保険法全面改正・国民年金法制定による「国民皆保険・皆年金」体制の到来と医療・年金の充実、精神薄弱者福祉法・老人福祉法・母子福祉法による「福祉六法」の時代、児童扶養手当法・児童手当法といった「社会手当」（→**4**(4)）の導入など）、(3)オイルショック以降1990年代前半にかけての低経済成長・国家財政危機に直面しての再編期（老人保健法制定、1985〔昭和60〕年基礎年金改革、いわゆる福祉八法改正による地方分権の推進など）、(4)1990年代後半以降、少子高齢化・国家財政の深刻化に伴う転換期（医療・年金の相次ぐ給付引下げ、介護保険法制定、社会福祉基礎構造改革による社会福祉事業法等改正〔社会福祉事業法は「社会福祉法」と改称〕、障害者自立支援法制定、健康保険法等改正による後期高齢者医療制度導入など）に分けることができる。ごく大まかに言えば、戦後次第にカバーされる範囲の拡大がなされ、給付の充実が図られてきた社会保障制度は、高度経済成長期の終焉とともに財政上の限界が課題となるに至り、その後少子高齢社会の急激な進展などの要因も加わって、21世紀以降、給付の引き締めや負担の増大を伴う制度改革を断続的に行わざるを得ない状況に至ったと整理できる。

2　社会保障の目的と範囲

1　社会保障の目的

　以上のようなプロセスを経て発展を遂げてきた社会保障の目的とは何であろうか。この点につき、経済学などでは、所得再分配が目的であると説明されることがある。しかし社会保障を通じて、一定の社会的事故ないし要保障事由（老齢、傷病、失業、労働災害、障害、家計維持者の死亡など）が現実化した者に対してその他の者から、低所得者に対して高所得者から、引退（高齢）世代に対して現役（若年）世代から、それぞれ所得移転がなされるとしても、所得再分配それ自体が制度目的であるとは言えない。所得再分配という「手段」を通じて、「**国民の生活保障**」を図るのが社会保障の目的であると捉えるのが、社会保障法学の通説的な見解である。

　これに対し最近、国民の生活保障が第一義的な目的であるとしても、より根源的には個人の自律の支援が社会保障の目的であるとする見方が示されている。それによれば、個人が自らの生き方を主体的に追求できることそれ自体に価値があり、そのための条件整備を図ることが社会保障の究極的な目的と捉えられる。後の *Chapter* でも触れるように、最近の制度改革において、介護保険法、生活困窮者自立支援法など、高齢者、生活困窮者などの自立支援が制度改革の理念や目的として挙げられることが少なくない。

2　社会保障の範囲

　1-1で述べたように、**社会保障**（Social Security）の概念に何を含ませるかは、各国毎に多様である。日本では、50年勧告が社会保険、国家扶助（公的扶助）、公衆衛生及び医療、社会福祉の4部門からなる基本的枠組みを提示して以降、社会保障の本格的な展開が図

られてきた。これらのうち社会保険、公的扶助、社会福祉といった諸制度は、**4**で述べるように現在に至るまで社会保障の中心的な仕組みである。公衆衛生等については、衛生状態が不十分で、上下水道の整備や伝染病予防が重要な課題であった戦後と異なり、今日では社会保障の一部門であるとは認識しづらいかもしれない。ただし2020（令和2）年、新型コロナウイルス感染症が全国的に蔓延し、公衆衛生の見地からの予防対策が喫緊の国家的課題となった。

　従来から、社会保障は、一定の社会的事故あるいは要保障事由の発生による収入の中断・扶養の喪失・特別の支出に備えるための制度として捉えられてきた。ここでいう要保障事由としては、先述のように老齢、傷病、失業、労働災害、障害、家計維持者の死亡などが念頭におかれてきた。これらは、個人による私的な対応に委ねるのではなく、社会全体として制度的対応が必要と認められた事由である以上、時代毎に変遷する可能性も有している。たとえば、戦後であれば子どもが多いこと（多子）による経済的負担が要保障事由と捉えられていたのに対し、少子化や男女共同参画が進んだ現在では、子どもを育てることそれ自体が要保障事由と捉えられるに至り、より一層の政策的対応が求められている。

コラム1　新型コロナウイルスと社会保障

　中国・武漢に端を発し、世界中に急速に感染拡大した新型コロナウイルスは、2020（令和2）年春以降、世界のありようを激変させた。
　新たな感染症の拡大は、人口高齢化に伴い慢性疾患の対応へと重心を移した医療のあり方に大きなインパクトを与えた。またコロナ危機がもたらした日本経済への深刻な影響は、多くの人びとを失業・休業に追い込み、困窮に陥れた。雇用保険の基本手当・雇用調

整助成金、生活困窮者自立支援制度の住居確保給付金に加え、社会
福祉協議会が実施主体となる生活福祉資金貸付制度などが活用され、
これらの制度を基盤にした新たな緊急対策も講じられた。

　今回の新型コロナウイルスは、ワクチン開発が進み、感染が抑え
られるようになっても、経済・財政・社会に長期にわたり影響を及
ぼし、人びとの生活・行動様式を大きく変えることが予想される。
緊急対策の枠組みを超えた恒常的な社会保障制度のあり方にも、再
考を迫る可能性がある。

3　社会保障法という法の世界

1　社会保障法とは何か

　次に、社会保障法の捉え方について触れておこう。社会保障法と
は何かにつき、従来の学説の多くは、社会保障を上述したように時
代毎に変遷し得るものと認識した上で、諸制度（具体的には社会保険・
公的扶助・社会福祉・社会手当）の統合概念として把握してきた。こ
うした把握の仕方は、50 年勧告の延長線上にあるものであり、現在
でもポピュラーな捉え方である。

　これに対し、社会保障を、より積極的に、「国が、生存権の主体で
ある国民に対して、その生活を保障することを直接の目的として、
社会的給付を行う法関係である」と定義づける立場（荒木誠之）も有
力であった。この見解は、(1)生存権が社会保障の法的基盤であるこ
と、(2)社会保障の法関係は、国と国民との間に成立すること、(3)社
会保障の目的は、国民の生活保障にあること、(4)社会保障は社会的
給付を行う法関係であること、を示している。これらのうち、(1)は

Chapter 13 でも述べるように現在でも異論がなく、(3)も先述したように通説的見解である。しかし(2)については、社会保障に関わる法関係が、国と国民の二当事者に限らず、地方公共団体・企業・サービス提供者（医療機関、社会福祉施設、医療・福祉従事者など）等の多様な法主体によって成り立っていることを見逃しかねないという問題が指摘されている。また(4)についても、社会保障を給付の面のみならず、その財源となる拠出の面からも捉える必要性が指摘されている。

こうした点を踏まえれば、社会保障法とは、歴史的に生成されてきた社会保障制度（社会保険・公的扶助・社会福祉・公衆衛生・社会手当。それは生存権を中核的な理念とし、国民の生活保障を目的とする）における各当事者相互間の法関係・権利義務関係を規律する法であると一応定義しておくことができるだろう。

2 社会保障法の性格・特徴

社会保障法は、社会保障制度を対象とする法分野である。ただし、社会保障法は応用科目としての性格を強くもっており、基本科目の知識を必要とすることが多い。たとえば、金銭給付の多くは国や地方公共団体から支給され、支給手続や紛争の際の争訟手続は行政法の法技術に依存することが多い。また医療や介護などのサービスの多くは、提供者と利用者との契約によって規律されており、民法などが適用される領域である。生存権規定（憲法25条）をはじめとする憲法条項の規範内容を考察することは、憲法解釈そのものにほかならない。このように、社会保障を法的に考察するためには、単に社会保障「制度」の仕組みを理解するだけでは十分ではなく、他の法律科目で学んだ法知識が役立つことが多いのである。

また社会保障法を学ぶ際には、その技術的性格への理解も必要で

ある。たとえば憲法をはじめとする他の法分野では、条文の解釈を
めぐって紛争が生じ、裁判所が一定の法律判断を示すことで判例法
が形成されていく場面がよくみられる。これに対し、社会保障法の
分野でも、条文解釈をめぐっての争いが生じ、裁判が提起されるこ
とがある。ただし、社会保障法はその技術的性格から（たとえば、国
民年金法 26 条本文は、「老齢基礎年金は、保険料納付済期間又は保険料免
除期間…を有する者が 65 歳に達したときに、その者に支給する。」と支給
要件を定めている。この条文自体、解釈の余地はほとんどないように読
める）、制度上の不都合がある場合、法律改正という形で解決が図ら
れることが少なくない。このことは、社会保障法の分野において法
解釈論だけでなく制度論・政策論も重要な位置を占めていることを
意味している。

4　社会保障法を構成する制度

　次に、この **Chapter** で用いてきた主な制度概念につき、改めて整
理しておこう。**Chapter 2** 以下での学習にあたっても有益であると
思われる。

(1)　社 会 保 険

　50 年勧告で「社会保障の中心をなすものは自らをしてそれに必要
な経費を拠出せしめるところの社会保険制度でなければならない」
とされて以降、日本の社会保障制度は**社会保険**を中心に発展してき
た。現在では、年金保険・医療保険・介護保険・雇用保険・労働者
災害補償保険（労災保険）という 5 つの制度が存在する。

　社会保険とは、リスク分散のため保険の技術を用いて保険料など
を財源として給付を行う仕組みである。私保険に適用される**保険原**

理（①給付反対給付均等の原則〔加入者の支払う保険料は、その偶然に受け取ることのあるべき保険金の数学的期待値に等しい〕と②収支相等の原則〔保険者の収受する保険料の総額がその支払う保険金の数学的期待値に等しい〕）を、国民の生活保障という社会保障の目的（→ **2** – 🖋1）に沿った**扶助原理**（扶養原理ともいう）によって修正したものである（ただし、社会保険でも②は妥当すると言われることが多い）。①は個々の保険加入者ごとのミクロレベルでの等価交換の達成を示し、②は保険加入者全体のマクロレベルでの収支の均衡を示したものである。扶助原理による修正は、平均保険料方式（リスクの高低に関わらない保険料の設定）、応能保険料負担（支払能力に応じた保険料の設定）、事業主負担（被用者の加入する制度への事業主による保険料負担）、公費負担（保険者間の保険料負担能力の格差などに応じた税の投入）などの手法を通じて行われる。

　社会保険の特徴として一般に挙げられるのは、①支給要件及び給付内容の定型性、②資産・所得調査がない、③所得の減少や貧困に対し事前予防的、④保険料を財源（の一部）とする、といったことである。こうした特徴は、制度毎にやや異なる面はあるものの（たとえば、医療保険の給付内容は法令上定められた枠内で医師の専門的裁量によって決められ、その意味で拠出保険料に応じて定型的に給付額が定まる年金保険とは異なる）、次に挙げる公的扶助との対比において典型的に当てはまる。

　社会保険の財政方式として、①**賦課方式**、②**積立方式**がある。①は、一定の短期間（通常は1年間）に支払うべき給付費を、同期間内の保険料収入等によって賄うように計画するものであり、多くの社会保険が基本的にはこの方式に依拠している。②は、将来の給付費の原資を、保険料等によりあらかじめ積み立てるように計画するも

のである。年金保険は当初完全積立方式から出発し、現在でも相当額の積立金を有するものの（ここから修正積立方式といわれた）、2004（平成16）年改正により、向こう100年程度の間に積立金の減少を図り、給付と負担の均衡を図る方式（有限均衡方式）へと考え方を改めたことで、実質的に賦課方式化したと言える。

> **コラム2　社会保険と税**
>
> 　本文で述べたように、日本の社会保障制度は社会保険を中心に発展を遂げてきた。これに対し、基礎年金などの財源のあり方をめぐって、社会保険の仕組みではなく全額税（なかでも消費税が念頭に置かれることが多い）で賄う方式（税方式あるいは社会扶助方式）に改めるべきであると論じられることがある。
>
> 　税方式のメリットとして指摘されるのは、①排除原理（保険料を納付できない者は給付を受けられないという事態）を回避できること、②保険料徴収に関わる膨大な事務コストの削減、③専業主婦が自ら保険料を納付せずに老齢基礎年金を受給する問題（第3号被保険者問題）の解消（→**コラム6**）などである。これに対し、社会保険方式のメリットとして指摘されるのは、①税よりも保険料負担の方が引上げに際して国民の合意を得やすい、②税で賄うとすると巨額の税財源が必要となる、③立法技術的に無拠出給付は所得制限と結びつきやすいことなどである。さらに公的年金は超長期にわたる制度なので、既に受給している人やこれまで長期にわたって保険料を納付してきた人達への配慮（経過措置）が不可欠であり、新制度への完全な移行には20年から40年かかることも忘れてはならない。

(2)　公 的 扶 助

公的扶助は、拠出を要件とせず、生活困窮に陥った原因を問わず、

最低生活水準を下回る事態に際し、その不足分を補う限度において行われる給付である。憲法 25 条 1 項に規定する「健康で文化的な最低限度の生活」に密接に関わり、生活保護法が代表的な立法である。先に挙げた社会保険の特徴との対比において一般に挙げられるのは、①給付内容における個別性、②資産・所得調査、③貧困に対する事後的対応、④租税を財源とする、といった特徴である。

(3) 社 会 福 祉

社会福祉は、生活を送る上で一定の社会的支援を必要とする人びとに対するサービス給付を中核とする非金銭的給付である。社会保障を所得保障中心に捉えている国では、社会福祉に相当するものを社会サービス（Social Services）として、社会保障とは別建ての制度として捉えることもあるが、日本では一般に社会保障が社会福祉の上位概念として位置付けられている。もともと日本の社会福祉制度は、貧困・低所得者施策という色彩が濃かったものの、現在では所得水準に関わらない普遍的な給付と捉えられている。

(4) 社 会 手 当

1で述べたように、社会保障の前駆形態として挙げられるのが、公的救貧制度と労働者保険制度である。これらは戦後、公的扶助と社会保険へとそれぞれ発展を遂げ、統合概念としての社会保障という見方を生んだ。さらに、その延長線上において、保険原理を弱め、公費負担割合の増加などにより扶助原理（扶養原理）が強まることに対し、社会保障の進むべき方向性であるとして積極的な評価がなされ、さらに本人拠出そのものをなくすことが理想的な保障形態であると考えられた。ここから、社会保険でも公的扶助でもなく、両者の要素を組み合わせた保障方法として、無拠出で（すなわち税財源で）定型的給付を行う**社会手当**の仕組みに積極的な評価が与えられた。ただし、日本では社会手当（児童手当・児童扶養手当など）の比重

は非常に小さいものにとどまっている。また日本では税を財源とする制度には所得制限が付されるのが通常であり（その例外が2010〔平成22〕年から2011〔平成23〕年にかけて導入された子ども手当）、所得の多寡に関わりなく一定額を支給する普遍的な制度とはなり難い。

┏ コラム3　社会保障制度改革 ━

　本文で述べたように、21世紀以降、少子高齢化の進展や財政上の限界などを背景として、社会保障制度改革の必要性が従来にも増して議論されるようになった。

　2009（平成21）年末以降、民主党政権が実現を目指した「社会保障・税一体改革」は、財源論に本格的に取り組み、社会保障の充実と消費税率の引上げを一体的に実現しようとするものであった。

　この改革は、当時の野党との政治的妥協の末、年金・子育て支援等に係る法案が2012（平成24）年に成立したものの、改革課題の多くは先送りされた。

　同年に発足した自・公政権は、2012（平成24）年社会保障制度改革推進法及び2013（平成25）年持続可能な社会保障制度の確立を図るための改革の推進に関する法律（社会保障改革プログラム法）により、積み残しになった医療・介護を中心とする制度改革を推し進めた。2012年法により設置された社会保障制度改革国民会議は、2013（平成25）年8月報告書をまとめ、ここで打ち出された「全世代型社会保障」「負担能力別負担」といった考え方が、その後の社会保障制度改革の指針となっている。

【参考文献】 ─────────────

　Chapter 1 は社会保障法全体に関わるため、参考文献についてはエピローグ（巻末）に掲げた教科書などを参照してほしい。

Chapter ②

年　金

　この **Chapter** から具体的な社会保障制度を勉強していこう。トップバッターは、将来への不安が大きいであろう公的年金制度である。100兆円を超える社会保障給付費のうち、年金給付はその約半分を占めている。

　「ハタチになったら国民年金」というキャッチフレーズは聞いたことがあるかな？　年金というと老後のこと、若い人たちには縁遠いことのように思われるかもしれないけれど、20歳になると国民年金加入のお知らせがやってくる。20歳以上の皆さんは、送られてきた案内を見てどうしただろうか。素直に保険料を払った人（または親が代わりに払った人）や減免等の手続をとった人がほとんどだろうけど、中には「保険料なんて払ってないよ。だって今は収入もないし、それに将来もらえるとも限らないだろう？」「保険料を払ってない人が多いんでしょ？　税金と違って保険料なら別に払いたくなければ払わなくてもいいんじゃないの？」なんて人もいるかもしれない。

　世間ではひところ、「今の公的年金制度は危機に瀕している！」「年金制度の抜本的な改革が必要だ!!」という主張がさかんになされ、経済の低迷と少子高齢化が進む中で「年金不信」は多くの日本人の脳内にすっかり浸透してしまった感さえあるけれど、では、今のしくみの何が問題で、何をどのように変えたらより良くなるのだろうか。「保険料の未納によって国民年金は破綻する」とか、「年金はお年寄りがもらうものだから若いうちは関係ない」というのは本当だろうか？

　そもそも、なぜ公的年金制度があるのだろう？　まずはそこから始めてみようか。

1 公的年金制度とは

1 なぜ公的年金制度が必要なのか

　私たちが暮らす自由な資本主義社会では、自分の生活費は自分で働いて稼ぐことが原則である。しかし、さまざまな事情から、働くことができなかったり、働いても十分な生活費を稼ぐことができない場合がある。そのような場合に一定の所得を公的に保障するしくみが所得保障の制度であり、公的年金制度はその重要な柱の1つをなす。

　公的年金制度の果たしている役割の1つは、働いて所得を得る生活から引退した後の高齢期のくらしを経済的に支えることにある。都市化や核家族化が進み、扶養に関する意識が変化し、子どもの養育にかかる負担も増える中、高齢期の所得保障をかつてのように家族や地域による支え合いに期待することは難しい。さりとて、高齢者自身が若いうちから自分自身で老後に備えた用意をしておくべきか、また、そのような手段としてどのようなものが考えられるかというと、不動産は賃貸等により定期的な収入を生むけれども、誰もが取得できるわけではないし、預貯金はインフレに弱く、利率の低い時期にはひたすら元本を食いつぶすばかりとなる。私的な年金保険には破綻の可能性があるし、それだけで生活に十分な給付額を得られるとは限らない。そもそも、若い頃は今の生活に手一杯で、老後のことまで考える余裕がないかもしれない。そこで、公的な責任で高齢期の所得保障を行う公的年金制度が求められたのであり、高齢化が進み、定年後のセカンドライフの期間が長くなる中で、(国家が破綻しない限り)定期的に安定した収入をもたらす公的年金の役割はいっそう増しているのである。

　また、公的年金は（若者が負担して）高齢者がもらうもの、というイメージが強いかもしれないけれど、公的年金が支給されるのは老後だけではない。けがや病気等で障害が残った場合や一家の稼ぎ手が死亡した場合にも、障害を負った者や残された家族の生活を保障するために公的年金が支給されるのであって、公的年金の給付は若者にとっても無縁な存在ではない。

2　年金制度にはどんなものがあるか

　年金制度はさまざまな観点から分類することができる。いくつか代表的なものを見ておこう。

　まず、年金を受給するために事前に年金保険料を一定期間支払ってもらう**社会保険方式**の年金制度と、もっぱら税金を財源として年金を支給する**完全税方式**の年金制度が区別される。税方式年金というのはひところよく聞かれたけれど、実は完全税方式の公的年金のみという国はほとんどなく、たいていは最低保障年金といった形で社会保険方式の年金と併用されている。わが国の公的年金制度は社会保険方式をとっているけれども、給付費には税金も相当程度投入されているため、税と保険の一種のポリシーミックスとも言われる。

　次に、年金の財政運営方式については、世代間での支え合い（世代間扶養）を前提とするかどうかで、**賦課方式**と**積立方式**が区別される。賦課方式とは、簡単に言うと、年金給付に必要な費用をそのときの現役世代の支払う保険料で賄う方式で、いうなれば今の現役世代が今の高齢世代を直接的に支えるしくみである。年金を支払うために積立金がいらないので、すぐに制度を実施できるし、積立金の運用に失敗して損をするリスクも存在しない。また、保険料を支払ってから年金をもらい始めるまでに平均寿命が予想以上に伸びてしまった場合にも対応できる。しかし、少子高齢化が急速に進行す

ると、支え手と受け手のバランスが傾いてしまい、世代間の負担の不公平があらわになる。これに対して、積立方式というのは、それぞれの世代が将来の年金給付に必要な資金を自ら積み立て、それを運用して得られた利益でもって将来の年金給付に充てる方式である。理念的には世代間扶養を必要としないので、少子高齢化が急速に進行しても世代間の負担の不公平は生じない。けれども、積立金の運用リスクがあることに加え、人口減少による経済規模の縮小や、ある世代が一斉に年金受給を始める場合にかなりの資金が引き出されることで経済に及ぼす影響は無視し得ないだろうし、予想以上に平均寿命が伸びた場合への対応も難しいので、現実には所得保障を目的とする公的年金制度を完全な積立方式で行うことは不可能である。わが国の公的年金も当初は積立方式から出発したものの、実質的に賦課方式に近い**修正積立方式**に移行している。

　支給される給付額に着目すると、**定額年金**と**所得比例年金**が区別される。定額年金には完全定額年金と保険料拠出期間に応じて金額が変わる拠出比例定額年金とがあり、わが国の基礎年金は後者に当たる。所得比例年金は社会保険方式の被用者年金でよく見られるもので、わが国の厚生年金もその一例である。

　給付額の決定方式については、保険料の拠出時点で将来の年金額またはその算定方法が定められている**給付建て年金**と、拠出時点では保険料の額またはその計算方法だけが確定しており、将来の年金額またはその計算方法は定まっていない**拠出建て年金**が区別される。後者は一部の企業年金や個人年金で採用されているもので、年金給付額は保険料の運用実績によって定まる。

3　年金制度の歴史と体系

　わが国では、戦時中の 1942 年に男性の工場労働者（ブルーカラー）を対象として設けられた労働者年金保険が 1944 年には女性の工場労働者や一般職員（ホワイトカラー）も含めた厚生年金保険となり、さらに戦後、既存の年金制度の対象外の者のために国民年金が創設されて、1961 年に複数の制度が並立する形で「**国民皆年金**」が達成

◆　図 2-1　公的年金制度の仕組み

◆公的年金制度は、加齢などによる稼得能力の減退・喪失に備えるための社会保険。（防貧機能）

◆現役世代は**全て国民年金の被保険者**となり、高齢期となれば、<u>基礎年金の給付を受</u>ける。（1 階部分）

◆民間サラリーマンや公務員等は、これに加え、**厚生年金保険**に加入し、基礎年金の上乗せとして報酬比例年金の給付を受ける。（2 階部分）

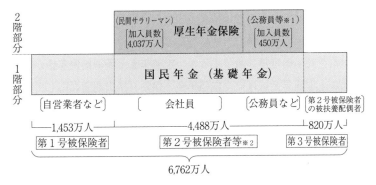

※ 1　被用者年金制度の一元化に伴い、平成27年10月1日から公務員および私学教職員も厚生年金に加入。また、共済年金の職域加算部分は廃止され、新たに退職等年金給付が創設。

　　ただし、平成27年9月30日までの共済年金に加入していた期間分については、平成27年10月以後においても、加入期間に応じた職域加算部分を支給。

※ 2　第2号被保険者等とは、被用者年金被保険者のことをいう（第2号被保険者のほか、65歳以上で老齢、または、退職を支給事由とする年金給付の受給権を有する者を含む）。

（注）数値は、2020年3月末

〈出典：厚生労働省ウェブサイトより（https://www.mhlw.go.jp/content/000574082.pdf〔年金制度の仕組み〕、https://www.mhlw.go.jp/content/000706195.pdf〔令和元年度厚生年金保険・国民年金事業の概況〕）〉

された。その後、経済成長に合わせて年金の給付水準も改善されて
いったが、高度経済成長が終わり、人口・就業構造も変化する中で、
国民年金等の財政が苦しくなってきたので、1985年に基礎年金改革
が行われ、縦割りの公的年金制度が並立する体系から、全国民共通
の定額の国民年金（基礎年金）とそれに上乗せされる報酬比例の被
用者年金（厚生年金等）という2階建ての体系に再編された。その後
は、少子高齢化や働き方の多様化といった年金制度を取り巻く新た
な環境に対応し、持続可能な制度とするための改革が続けられてい
る。1994年と2000年の改正では、年金の支給開始年齢の引き上げ
が行われ、2004年の改正では、現役世代の負担を抑えるため、保険
料水準固定方式やマクロ経済スライドの導入等が行われた。さらに、
2012年の社会保障・税一体改革では、公務員の共済年金と民間被用
者の厚生年金との統合（被用者年金一元化法）、厚生年金の適用対象
の拡大（年金機能強化法）、年金の受給に必要な加入期間の短縮（同
前）など、重要な制度改正が行われた。

　これらの2階建ての公的年金制度に加えて、民間保険会社との私
的な契約による個人年金のほか、任意に行われる各種の企業年金や
国民年金基金等が、3階部分として公的年金を補完する役割を果た
している。

　現在、公的年金制度全体の被保険者数は6,762万人、実受給権者
数は4,040万人（いずれも2019年度末）で、給付費は55.6兆円（2019
年度）に上っている（**図2-1**）。

コラム4　企業年金

　企業年金は企業独自の福利厚生制度の一つである。わが国の企業
の多くは、当初、退職一時金制度を採用していたが、従業員の勤続

年数が伸びるにつれて退職金の負担が重くなってきたことから、これを一時金で一括払いするのではなく、年金の形式で分割払いすることによって、負担を時間的にならそうとしたのである。しかし、近年は資産運用環境が悪化する中で企業年金の運営も困難になっており、年金給付の減額をめぐって受給者等から訴訟が起こされるケースが現れている。また、悪質な業者が不正に年金資金の運用を勧誘したり、加入企業が企業年金からの脱退を求める紛争も生じている。

　現在、主な企業年金制度として、**確定給付企業年金（基金型・規約型）と確定拠出年金（企業型）**の２つがある。前者はあらかじめ給付額が約束されている企業年金で、規約型は企業から委託を受けた生命保険会社や信託会社等が管理・運用・給付を行うもの、基金型は企業が設営した企業年金基金が管理・運用・給付を行うものである。後者は、企業が拠出した掛金を従業員が運用して、その実績に応じて年金額が決まるものである。

　今日の企業年金は、①退職金の一種という性格と、②公的年金を補完し労働者の老後の生活保障の一端を担う３階部分の給付としての性格を併せ持っており、企業年金をめぐるさまざまな法的問題は、この２つの性格をどのように考えるかにもかかっている。

コラム5　個人年金（国民年金基金とイデコ）

　企業年金のほかにも、公的年金だけでは老後の備えが不十分だと思う場合に、個人で加入できる年金制度がある。ここでは、①国民年金の第１号被保険者のみが加入できる国民年金基金と、②誰でも利用できる iDeCo（イデコ）の２つについて説明しよう。

　国民年金基金は、第１号被保険者が国民年金保険料に加えて月々一定額の掛金を追加して支払うことで、原則 65 歳から、国民年金（老齢基礎年金）に一定額の年金を上乗せして受け取れるしくみである。第１号被保険者向けの２階部分の年金といえる。税制上の優遇措置があり、掛金は社会保険料控除の対象となり、年金額も公的年金等控除の対象となる。

　iDeCo は個人型確定拠出年金のことである。掛金を自分で運用し

て、60歳以降に、運用成績に応じた年金を受け取る。通常の資産運用だと運用利益に課税されるが、iDeCoは非課税とされる。企業型年金からの乗り換えが増えているため、加入者数は徐々に増えており、2021年2月時点で189万人に上っている。

2　公的年金の保険関係

1　被保険者

(1)　国民年金の被保険者

国民年金の加入者（被保険者）には、以下の者がある（表2-1）。

第3号被保険者とはいわゆる専業主婦（夫）やパートタイム労働を行っている配偶者等で、その認定は健康保険における被扶養者の認定の取扱いを勘案して行われる。具体的には、被保険者と同一の世帯に属し、被保険者によって生計を維持されていること（年収130万円未満など）が条件となる。また、2020年4月からは、子どもの海

◆ 表2-1　**国民年金の被保険者**（国年7条1項、附則5条1項）

第1号被保険者	日本国内に住所を有する20歳以上60歳未満の者で、第2号・第3号被保険者ではない者 〔例〕自営業者、農業者、学生、無業者
第2号被保険者	厚生年金保険の被保険者 〔例〕会社員、公務員、大学の教職員
第3号被保険者	第2号被保険者の配偶者で主として第2号被保険者の収入により生計を維持する20歳以上60歳未満の者 〔例〕専業主婦（夫）
任意加入者	日本国内に住所を有する60歳以上65歳未満の者、日本国籍を有する者その他政令で定める者であって日本国内に住所を有しない20歳以上65歳未満の者など

外留学に付き添う場合などを除き、原則として日本国内に住所を有していることが必要とされている。

　被保険者は、原則として、国民年金の被保険者資格の取得・喪失や種別の変更等に関して市町村長に届け出る義務を負うが、第3号被保険者になった場合（例えば、結婚して会社を退職し専業主婦（夫）となった場合）には、配偶者である第2号被保険者の事業主を経由して届出が行われる。

コラム6　国内居住要件の追加

　2020年4月から、国民年金の第3号被保険者と、健康保険の被扶養者の認定要件に、原則として日本国内に住所を有すること（国内居住要件）が追加された。それまでも、海外に在住する被扶養（配偶）者については、生計維持関係等を確認するため、必要な書類等の提出を求めて厳格な認定を行ってきたが、外国人の在留資格が拡大され（特定技能1号・2号の創設）、今後より多くの外国人が日本に滞在することになると見込まれたことを踏まえて、これらの者の定義を整理し直したのである。第3号被保険者の場合は、その老齢基礎年金が本人の保険料負担なく、第2号被保険者と事業主の支払う保険料と公費負担で賄われることから、国民皆年金体制による連帯の範囲を日本に生活の基盤がある者に限定したものと考えられよう。

　健康保険の場合は、被扶養者がどこに住んでいても被扶養者の医療費を被保険者が負担するという構造は変わらないので、被保険者の負担軽減という趣旨からすれば、被扶養者の範囲を国内居住者に限定する必要はないようにも思われるが、給付の財源には事業主の保険料や（協会けんぽの場合には）公費が含まれていることから、やはり国民皆保険体制による連帯の範囲を日本国内に生活の基盤がある者に限定したものと考えられようか。

　なお、例外として、いずれの場合も、子どもの留学や配偶者の転勤に付き添って海外に赴く場合などは資格を認め、外国人が医療ツーリズムなどの目的で日本に滞在する場合には資格を認めないこととしている。

(2)　厚生年金の被保険者

　厚生年金に加入するのは、適用事業所に使用される70歳未満の者である。

　①厚生年金保険法6条1項1号に掲げられた事業（製造業、建設業、運輸業など）を行い、常時5人以上の従業員を使用する事業所、②常時従業員を使用する国、地方公共団体または法人の事業所は必ず適用事業所となり（強制適用事業所）、そこに使用される者は、本人の意思にかかわらず、厚生年金の被保険者となる。その他の事業所も、従業員の過半数の同意を得て厚生労働大臣の認可を受ければ、厚生年金の適用事業所となる。なお、適用事業所に使用される70歳以上の老齢年金受給権を有しない者なども特別に任意加入できる。

　「使用される」とは、事実上の使用関係であるとされる。通常は事業主と労働契約を結んで働いていることと理解しておいてよいけれども、例えば、法人の役員も、法人から労務の対償として報酬を受けていれば厚生年金に加入することになるし（代表取締役社長の被保険者資格を認めた例として、広島高岡山支判昭38・9・23行集14巻9号1684頁）、逆に、法的には労働契約が存続していても現実に就労しておらず賃金も受け取っていない場合には使用関係が否定されることもある（ストライキにより長期にわたって就労を拒否している者の被保険者資格を否定した例として、仙台高判平4・12・22判タ809号195頁）。事実上の使用関係の有無は、労務の提供とそれに対する報酬の支払の有無を基礎に、休職・休業の場合にはその理由や期間の長さ等の諸事情を考慮して、実質的に判断されている。

　もっとも、適用事業所に使用されるすべての者が厚生年金に加入するわけではなく、臨時に使用される者や季節的業務に従事する者などは適用除外とされている。パートタイム労働者については、か

つては、1日または1週の所定労働時間及び1カ月の所定労働日数が当該事業所で同種の業務に従事する通常の就労者のおおむね4分の3以上である場合（週40時間の会社なら週30時間以上働いている場合）という適用基準が設けられていたが（1980年内簡）、2012年改正により、この4分の3基準を満たす者のほか、2016年10月からは、①従業員501人以上の適用事業所において、②週20時間以上、③月額賃金88,000円以上、④勤務期間1年以上の、⑤学生を除く短時間労働者にも適用が拡大された。2017年4月からは、従業員500人以下の適用事業所でも、地方公共団体の事業所であるか、または労使合意を結べば、上記②〜⑤の条件を満たす短時間労働者は厚生年金・健康保険に加入できるようになった。さらに、2020年改正で、①の事業所規模要件は、2022年10月から100人超、2026年10月から50人超に引き下げられ、④の要件も2022年10月からは通常の被保険者と同じく2ヵ月以上の雇用見込みに改められることになっている。

　被保険者資格の取得・喪失は、事業主からの届出、被保険者本人の請求または職権により、厚生労働大臣が確認をすることで効力を生じる。事業主が届出を怠ったために年金受給権を失ったり年金額が減少した場合には、事業主の損害賠償責任が問われることがある（奈良地判平18・9・5労判925号53頁など参照）。

2　保険者

　国民年金、厚生年金保険ともに国が保険者となる。現在は、非公務員型の特殊法人として2010年に設立された日本年金機構が厚生労働大臣から委託を受けて保険者としての業務を行っている。なお、年金積立金の運用は、厚生労働省が所管する独立行政法人の年金積立金管理運用独立行政法人（GPIF）が行っている。

コラム7 働き方の多様化と年金制度

　戦後の公的年金制度は、終身雇用・年功賃金制の片働き世帯をモデルとしてきたが、女性の労働市場への進出が増え、非婚・晩婚化も進む中、第3号被保険者制度については、保険料を負担せずに年金を受給できる点が批判され、風当たりが強まっている。基礎年金改革当時は主婦の年金権を確立したものとして高く評価されていたが、時代が変われば制度への評価も変わるという一例であろう（夫婦単位で見れば、共働き世帯も専業主婦(夫)世帯も、支払う保険料と受け取る年金給付は等しいのだが）。では、どのような制度にしたらよいかというと、専業主婦(夫)にも別途保険料を負担してもらう案、専業主婦(夫)のいる夫(妻)に定額または定率の割増保険料を支払ってもらう案、専業主婦(夫)の保険料を免除し、その分だけ年金額を減らす案、夫(妻)の支払った保険料の半分はその専業主婦(夫)の支払ったものとみて分割する案など、いろいろな案が検討されてきたが、いずれも一長一短があり、あらゆる世帯類型の人々を納得させるには至っていない。さしあたり、短時間労働者への厚生年金の適用を拡大し、第3号から第2号に移ってもらうことで、第3号被保険者の数を減らす、というのが現実的な方法ともいえる。

　女性に限らず、バブル経済の崩壊後に進んだ雇用の構造変化により、現在では、労働者の地位も多様化し（正規・非正規）、労働者と個人事業者の中間にあるような働き方も増えている。公的年金についても、多様な働き方に中立的な制度であることが求められている。

コラム8 離婚と年金

　日本の公的年金制度では、年金受給世代が現役世代と比べてどの程度の所得を得るのか（所得代替率）という計算をする際に、厚生年金に加入する夫と専業主婦という夫婦に支給される公的年金（夫婦二人の老齢基礎年金と夫の厚生年金）の合計額を「モデル年金」として用いている。専業主婦(夫)の老後の生計は、自らの老齢基礎年金だけでなく、配偶者の老齢厚生年金と併せて賄っていこうというわけだ。そうすると、中高齢になって離婚した場合には、専業主婦(夫)

だった人にとっては、そこから就職して厚生年金に加入するといっても、自分の老齢基礎年金にどれだけ十分な上乗せができるかは心もとない。働いていた元・配偶者の厚生年金は元・配偶者のもの。離婚時の財産分与の手続きで、将来支給される厚生年金を分け合うことを取り決めたとしても、その約束が確実に履行される保証もない。

　そこで、2004年の年金改正でできたのが、年金分割の制度だ。これには2種類あって、1つは合意または裁判所の決定による分割（ともに第2号の場合。2007年4月以降の離婚の場合）、もう1つは第3号被保険者期間に関する分割（2008年4月以降の離婚の場合）である。ポイントは、厚生年金保険料納付記録の分割であるという点にある。後者を例に説明しよう。

　夫婦の一方が厚生年金加入者（国民年金第2号被保険者）、他方が国民年金第3号被保険者である期間について、厚生年金加入者の保険料納付記録（どの期間にいくら保険料を支払ったか）の半分を、第3号被保険者のほうに付け替える。そして、それぞれの記録を基に、それぞれの65歳到達時にそれぞれの厚生年金額を計算してそれぞれに支給するのである。これだと、一方が受け取った年金額を他方に分けるのではなく、はじめから、年金保険者がそれぞれの年金額を支給するので、別れた配偶者が約束を履行しない！といった事態を避けられる。

　この分割制度の背景には、一方が第3号被保険者である期間の他方の第2号被保険者期間については、第2号被保険者は第3号被保険者である専業主婦(夫)の助けを得て就労できているのだ、という考え方がある。

3　公的年金の給付

　国民年金と厚生年金は、それぞれ老齢・障害・死亡のリスクに対応した年金給付を有している（表2-2）。どのような条件を満たせば、どのような内容の年金がもらえるのだろうか。順番に見て行こう。

◆ 表2-2　国民年金・厚生年金の主な給付

	老齢	障害	死亡	その他
厚生年金	老齢厚生年金	障害厚生年金 障害手当金	遺族厚生年金	——
国民年金	老齢基礎年金	障害基礎年金	遺族基礎年金	付加年金 寡婦年金 死亡一時金 脱退一時金

1　老齢年金

　一定年齢に到達したときに支給される給付として、国民年金には老齢基礎年金、厚生年金には老齢厚生年金がある。現在はいずれも原則として65歳から支給される。

(1)　老齢基礎年金

　65歳になって**老齢基礎年金**をもらうためには、保険料を支払った期間（保険料納付済期間）と保険料を免除された期間（保険料免除期間）を合わせた期間（資格期間）が10年以上あることが必要である（年金機能強化法による改正で、2017年8月以降、それまでの25年から短縮された）。

　それでは、必要な受給資格期間を満たしたとき、どれだけの年金がもらえるのだろうか。

　保険料納付済期間が40年（480カ月）あると満額年金（年額780,900円に改定率を乗じた額。2021年度は前年度から0.1%引き下げられ、年額780,900円）が支給され、40年に満たない場合には不足する期間に応じて減額される。保険料免除期間については、国庫負担分（2009年度以降2分の1。それ以前は3分の1）と免除の程度（すなわち、保険料を払った割合）に応じてその期間分の年金額が計算され

る。申請をして免除が認められれば、その期間については少なくと
も国庫負担分はもらえるが、未納の場合は（国庫負担分の財源となる
税金を払った上に）何ももらえないので、経済的な余裕がなければと
りあえず免除の手続をしておこう。ということで、支給額は次の式
で表される（2009 年度以降分）。

$$
\begin{aligned}
支給額＝満額年金額×改定率× \{ & (保険料納付済月数 \\
& +8 分の 7 × 保険料 4 分の 1 免除月数 \\
& +4 分の 3 × 保険料半額免除月数 \\
& +8 分の 5 × 保険料 4 分の 3 免除月数 \\
& +2 分の 1 × 保険料全額免除月数）÷480 \}
\end{aligned}
$$

　ちなみに、各人の生活設計に合わせて、支給開始の時点を 65 歳よ
り早めたり（60 歳からの繰上げ支給）遅らせたり（66 歳以降の繰下げ
支給）することもできる。その場合、支給額は繰上げ・繰下げの期
間に応じて減額または増額される。繰上げ支給を選ぶと、早くから
年金を受け取れるが、長生きするとトータルでの年金額は少なくな
るので、注意が必要だ。

　また、受給資格期間の短縮によりこれまで以上に低年金者が多く
生じることが懸念されたため、2012 年改正（年金生活者支援給付金法）
で、所得額が一定の基準を下回る基礎年金受給者に対して、基礎年
金に上乗せして**年金生活者支援給付金**を支給することにした。当初
は受給資格期間の短縮と同時に実施する予定だったが、結局、消費
税率の 10％への引き上げの延期などもあって、受給資格期間の短縮
のみ 2017 年 8 月から先行して実施され、年金生活者支援給付金は
2019 年 10 月から支給されている。

⑵　**老齢厚生年金**

国民年金の受給資格期間に関する要件を満たしており、厚生年金

に加入していた期間（「被保険者期間」という）が1カ月以上あれば、65歳に達したときから**老齢厚生年金**が支給される。支給額は、次の式に示す報酬比例年金の額に、定額の加給年金（被保険者が生計を維持している配偶者や子がいる場合のみ）を加えた額となる。したがって、厚生年金に加入している間に支払われた賃金やボーナス等の総額に応じて変わってくる。

$$\boxed{\text{報酬比例年金}} = \left[A \times \frac{7.125}{1000} \times B \right] + \left[C \times \frac{5.481}{1000} \times D \right]$$

A…2003年3月までの被保険者期間の平均標準報酬月額
B…2003年3月までの被保険者期間の月数
C…2003年4月以降の被保険者期間の平均標準報酬額
D…2003年4月以降の被保険者期間の月数

　ちなみに、1985年改正で老齢厚生年金の支給開始年齢は60歳から65歳に引き上げられたが、経過的な措置として、60歳以上65歳未満の者については、当分の間、厚生年金に1年以上加入していて、老齢基礎年金の加入期間要件を満たしていれば、老齢厚生年金を特別に支給することとした（「特別支給の老齢厚生年金」という）。これは定額部分と報酬比例部分からなるが、1994年と2000年の改正で、それぞれの支給開始年齢を生年月日と男女の別に応じて段階的に引き上げていき、2029年度には完全になくなる予定である。

　なお、年金がもらえる年齢に到達した後も働き続ける高齢者については、その就労意欲に配慮しつつ負担と給付の公平を図るため、報酬額と年金額の調整を行う**在職老齢年金**の制度がある。年金月額と標準報酬月額の合計額が一定水準を超える場合に年金額の一部または全部を支給停止するもので、現在は60〜64歳と65歳以上とで異なるしくみとなっているが、2020年改正により、2022年4月以降は、基準額（47万円）が統一される。

┌─ コラム 9　標準報酬 ─────────────────────

　厚生年金や健康保険等では、保険料や保険給付の計算にあたって
「標準報酬」という概念が用いられている。これは、被保険者に実際
に支払われる賃金額は月ごとに変動することが少なくないので、事
務処理が煩雑にならないよう、一定の平均的な報酬を用いて計算す
ることにしたものである。健康保険では58,000円から1,390,000円
までの50等級、厚生年金では88,000円から620,000円の31等級
に分かれている。4月から6月までの3カ月間の平均をもとに、そ
の年の9月から翌年8月までの標準報酬が決定される。臨時に支給
されるボーナスについても、同じように標準賞与という概念がある。
　老齢厚生年金の報酬比例年金額の計算式が2003年の途中で分か
れているのは、同年3月まではボーナスは特別保険料の対象となる
だけだったのに対し、同年4月からいわゆる総報酬制が導入され、
ボーナスについても標準賞与額を定めて、標準報酬月額と同率の保
険料を課すとともに、給付にも反映させることにしたためである。

⑶ マクロ経済スライド

　公的年金の額は、国民の生活水準や賃金その他の諸事情に著しい
変動が生じた場合には、これに応じるために改定される。また、賃
金や物価の変動に応じて、毎年、自動的にスライドされる。今の公
的年金制度では、①新たに年金をもらい始めるときに、現役世代の
所得水準の向上（低下）分を年金額に反映させる「**賃金スライド**」を
行い、②年金をもらい始めた後は、物価の変動に応じて年金額を改
定する「**物価スライド**」を行って、年金給付の購買力（その金額でど
れくらいの物やサービスが買えるかということ）を維持してきた。

　さらに、2004年の改正では、現役世代の負担の増加に配慮するた
めに、**マクロ経済スライド**という年金給付水準の自動調整のしくみ
が導入された。これは、調整期間中、これらのスライドを行う際、

マイナス調整を行わないことを条件に、賃金・物価の伸び率から、公的年金被保険者数（＝支え手の数）の変化と平均余命の伸びを勘案した一定率を差し引くというものである（図2-3）。ただ、実際にはデフレが続いたためにマクロ経済スライドは長らく行われず、期待された効果を上げなかったので、2016年改正で、景気回復期に過去の未調整分も含めて調整できるようにルールが改められた。

2　障 害 年 金

一定の障害の状態になったときに支給される給付として、国民年金には障害基礎年金、厚生年金には障害厚生年金と障害手当金がある。

◈ **図2-3　マクロ経済スライドのしくみ**

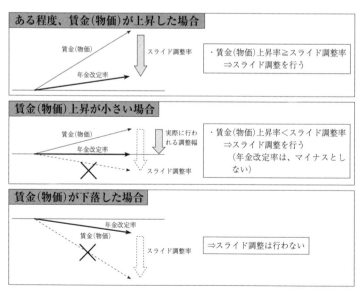

〈出典：厚生労働省資料（http://www.mhlw.go.jp/topics/bukyoku/nenkin/nenkin/pdf/tp0315-2d.pdf　2ページ目）〉

⑴　支 給 要 件

障害基礎年金と**障害厚生年金**は、①傷病の初診日に被保険者であった者（障害基礎年金の場合には、被保険者であった60歳以上65歳未満の者で日本国内に住所を有するものを含む）が、②障害認定日（当該初診日から起算して1年6カ月を経過した日、または、その期間内に当該傷病が治ったか症状が固定した日）において、その傷病により一定の障害等級（障害基礎年金では1級と2級、障害厚生年金では1級から3級）に該当する程度の障害の状態にあるときで、③当該傷病にかかる初診日の前日において、当該初診日の属する月の前々月までに保険料納付済期間と保険料免除期間を合算した期間が被保険者期間の3分の2以上あるときに支給される（つまり、3分の1を超える未納期間があると障害年金はもらえない）。

　また、以上の3つの要件のうち、②の要件を満たしていない場合でも、障害認定日以降65歳到達日の前日までに、症状が悪化したり（事後重症）、他の傷病による障害と併合して、障害等級に該当する障害の状態になった場合にも、障害年金は支給される。

⑵　**20歳前障害者の障害基礎年金**

　先天的に障害がある場合など、初診日が20歳前の場合には、上述の①の要件を満たさないので、本来の障害年金を受給できないが、国民年金では、初診日に20歳未満であった者が20歳に達したとき（または20歳に達した後に障害認定日がある場合にはその障害認定日）に障害等級1級または2級の状態にあるときにも障害基礎年金が支給される。これは1985年改正で従来の障害福祉年金に代えて導入された無拠出制の年金で、所得制限がある。

⑶　**支給額・支給期間**

　障害認定日の属する月の翌月から、失権事由（受給権者の死亡など）に該当する日の属する月まで、定額の障害基礎年金（2級障害は老齢

基礎年金額に同じ。1級障害はその25％増）と報酬比例の障害厚生年金（2級および3級障害は老齢厚生年金額に同じ。1級障害は2級障害の場合の25％増。3級障害には最低保障額あり。1級および2級障害の者に生計維持関係にある配偶者があれば加給年金額を加算）が支給される。厚生年金では、障害厚生年金の受給に至らない程度の障害の場合にも、一時金として**障害手当金**が支給される。

コラム10　学生無年金障害者訴訟と特別障害給付金

　1985年改正以前の主婦や1989年改正以前の学生は、国民年金への加入が任意とされていて、特に学生の任意加入率はすこぶる低かった。そのため、制度に未加入の間に傷病にかかり障害を負って無年金障害者となる者が現れ、学生を強制加入の対象外とし続けたことの違法（立法不作為）を訴える訴訟が各地で提起されたのを契機に、無年金障害者の所得保障のあり方が問題となった。一連の学生無年金障害者訴訟の多くは最終的に原告敗訴となったが、2004年に「特定障害者に対する特別障害給付金の支給に関する法律」が制定され、同法の定義する特定障害者（任意加入とされていた時期の未加入者たる専業主婦(夫)と学生）に対し、全額国庫負担の福祉的措置として、（任意加入者との均衡にも配慮して、障害基礎年金額よりもやや少ない）月額4万円（1級障害は5万円）の特別障害給付金が支給されることになった。

コラム11　初診日要件

　けがをして身体に障害が残ったような場合とは異なり、統合失調症などの精神疾患の場合には、必ずしも発症してすぐに医師に受診するとは限らないので、発症から受診までの間に大きな時間的な隔たりが生じることがあり得る。このことに関連して、学生無年金障害者訴訟では、初診日要件の解釈が問題となった。法の定めを文字通り読めば、20歳前に発症していても、初診の時点が20歳以降で保険未加入だと障害年金を受けられない。そこで、疾患の特性を考

慮し、疾患によっては発症日が 20 歳前であれば初診日要件を満たすという拡張解釈ができるかが問題となったのである。これを認めた下級審判決もあったが、最高裁は結局、法の文言に忠実に、初診日はあくまでも初診の日と判断した（最二小判平成 20・10・10 判時 2027 号 3 頁）。

3　遺族年金

　一家の生計維持者を失ったときに支給される給付として、国民年金には遺族基礎年金、厚生年金には遺族厚生年金がある。遺族の生活保障を目的とする遺族年金の支給要件については、死亡した生計維持者側の要件と遺族側の要件がそれぞれ問題となる。

⑴　遺族基礎年金

　遺族基礎年金は、①被保険者、②被保険者であった者で日本国内に住所を有し 60 歳以上 65 歳未満の者、③老齢基礎年金の受給権者、④老齢基礎年金の受給資格期間を満たした者、が死亡した場合に、死亡の当時その者によって生計を維持していた妻（ただし、18 歳に達する日以後の最初の 3 月 31 日までの間にあるか 20 歳未満であって障害等級に該当する障害の状態にある未婚の子と生計を同じくする場合に限る）または子（上記の要件に該当する子に限る）に、定額（老齢基礎年金額に同じ）と子に対する加算額が支給される。したがって、そのような子のいない妻や死亡した妻が生計を維持していた場合の夫には、遺族基礎年金は支給されてこなかった。これは遺族基礎年金が旧国民年金法の母子年金・遺児年金を再編して創設されたという沿革的理由による。しかし、2010 年から父子家庭にも児童扶養手当を支給するようになったこともあって（→ *Chapter 9*）、2012 年改正で、2014 年 4 月以降は父子家庭にも遺族基礎年金が支給されることになった。なお、①②の者は、死亡日の属する月の前々月までに被保

険者期間があり、かつ、保険料納付済期間と保険料免除期間を合算した期間が当該被保険者期間の3分の2以上あることが必要である（3分の1を超える未納期間があったら、遺族基礎年金はもらえない）。

受給権者が死亡または結婚・再婚したり、養子となったときには、遺族基礎年金の受給権は消滅する。

(2)　遺族厚生年金

遺族厚生年金は、①被保険者、②被保険者資格喪失後、被保険者期間中に初診日のある傷病によって初診日から5年までの間にある者、③障害等級1級または2級の状態にある障害厚生年金の受給権者、④老齢厚生年金の受給権者または受給資格期間を満たしている者が死亡した場合に、死亡の当時その者によって生計を維持していた配偶者（内縁関係を含む）、子、父母または祖父母（夫・父母・祖父母は55歳以上であること〔ただし、支給されるのは60歳から〕、子・孫は18歳に達する日以後の最初の3月31日までの間にあるか20歳未満で障害等級1級または2級に該当し未婚であること）に、配偶者・子、父母、孫、祖父母の順位で支給される（妻が受給権を有する間は子に対する年金は支給停止される）。

受給権者の死亡、結婚、養子縁組等により、受給権は消滅する。また、子のいない30歳未満の妻の場合には5年間の有期給付とされている（したがって、その間に生計を立てる手段を見つけなくてはならない）。

年金額は、死亡した被保険者の老齢厚生年金の4分の3に相当する額である。被保険者期間が300月（25年）に満たないときは300月で計算される（死亡した者が①〜③の場合）。遺族厚生年金の受給権者である配偶者が自分自身の老齢厚生年金も受給するときは、まず自分の老齢厚生年金を全額受給した上で、残りの差額分を遺族厚生年金として受給する。

いずれの遺族年金も、生計維持要件は、年収850万円未満が基準とされており、被扶養者や第3号被保険者の場合の認定基準と比べるとかなり緩くなっている。

4　受給手続

年金受給権（基本権）は、法の定める受給要件を満たした時点で発生するが、実際に給付を受けるには、厚生労働大臣から**裁定**という行政処分を受ける必要がある（実際には裁定の事務を委託された日本年金機構に対して裁定請求を行う）。裁定を受けた後は、2カ月ごとに前月と前々月の分が支払われる（支分権）。

5　併給調整

公的年金制度では一人一年金が原則であり、同一人に複数の年金の受給権が発生する場合には、受給権者の選択により一方の年金の支給が停止される。このような併給調整が行われるのは、複数の年金支給事由が生じたからといって必ずしも稼得能力の減少・喪失の程度が単純に倍になるわけではないからである。ただし、例外的に、①同一の支給事由に基づく基礎年金と厚生年金の併給、②老齢基礎年金と遺族厚生年金、障害基礎年金と老齢厚生年金または遺族厚生年金の併給（いずれも受給権者が65歳以上の場合に限る）は認められている（**表2-3**）。

◆ 表2-3　併給の可否

	老齢厚生年金	障害厚生年金	遺族厚生年金
老齢基礎年金	○	×	△
障害基礎年金	△	○	△
遺族基礎年金	×	×	○

(注) △：65歳以上の場合

4　公的年金の財政

1　国　民　年　金

(1)　基礎年金の財政

　基礎年金の財源は、①第1号被保険者の国民年金保険料、②被用者年金各制度からの拠出金、③国庫負担、④積立金とその運用収入からなる。

　もう少し詳しく言うと、基礎年金の費用は、国民年金と厚生年金がそれぞれの加入者数（国民年金は第1号被保険者のみ（未納・未加入者は含まない）、厚生年金は国民年金の第2号被保険者と第3号被保険者）に比例して分担する基礎年金拠出金（年金保険料がその財源となる）によって賄われ、国庫がそれぞれの拠出金の半分を負担している（図2-4）。国庫負担は2009年度に3分の1から2分の1に引き上げられ、2012年改正で、2014年度から2分の1の国庫負担が恒久化されている。

(2)　国民年金保険料

　国民年金保険料は、第1号被保険者が負担する定額の保険料であり、世帯主・配偶者に連帯納付義務が課されている。2004年改正で**保険料水準固定方式**が導入され、2005年4月から月額13,300円を毎年280円ずつ段階的に引き上げ、2017年度以降は16,900円で固定されている（図2-5）。ただ、実際には、所定の金額に賃金や物価の変動率を考慮した改定率を乗じるため、常に16,900円というわけではない。

　障害年金の受給者や生活保護の受給者は国民年金保険料が免除される。所得が低く保険料を納めることが難しい場合には、申請により、全額免除、4分の3免除、半額免除、4分の1免除のいずれか

を受けられる。さらに、①学生の場合には、厚生労働大臣に申請すれば保険料の納付を免除される**学生納付特例**の制度があり、② 30歳未満であれば、学生でなくても、2025 年 6 月までの期間限定の措置として、**保険料納付猶予**の制度が設けられている。これらの手続をとれば、その期間は保険料全額免除期間として扱われ、後に年金額を増やすために過去 10 年分まで保険料を遡って納めること（追納）も可能である。

◆ 図 2 - 4　　基礎年金の財政

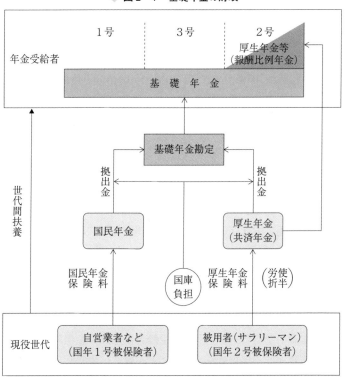

〈出典：厚労省年金局「平成 25 年度年金制度のポイント」をもとに一部修正〉

◆ 図2-5　年金保険料の段階的な引き上げ

【保険料（率）の引上げ幅】
　国民年金：平成17年4月より毎年280円（平成16年度価格）引上げ
　厚生年金：平成16年10月より毎年0.354％（本人0.177％、事業主0.177％）引上げ

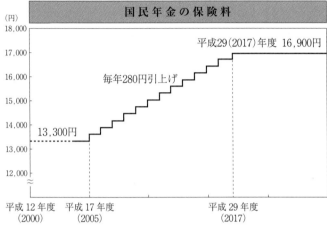

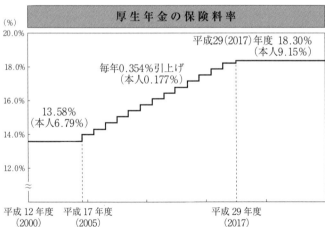

（注）保険料は、年収（総報酬）に対する率。

〈出典：厚生労働省資料（http://www.mhlw.go.jp/topics/bukyoku/nenkin/
　nenkin/pdf/tp0315-2b.pdf）〉

　免除等の手続をとらないまま、保険料を納めずに2年が経過してしまった場合には、いわゆる未納・未加入の状態になり、将来的に受給資格期間を満たせなかったり、わずかな年金額しか受け取れなくなってしまう可能性がある（無年金・低年金者の問題）。これでは老後の所得保障という公的年金制度の目的を達することができないが、他方で、いつでも追納できるとすれば、保険料を定期的にきちんと納める意欲を削ぐことにもなりかねない。これまで、無年金・低年金を防ぐため、過去の未納分を遡って納められる期間を特別に延長する措置が何度かとられてきたが、いずれも期間を限定したものであった。

　なお、2019年4月以降、第1号被保険者の産前産後期間について、保険料を免除しつつ満額の年金を保障することとし、そのための財源として保険料が月額100円程度引き上げられている。

2　厚生年金保険

　厚生年金保険事業の費用は、主に、①厚生年金保険料、②国庫負担、③積立金とその運用収入で賄われる。

　厚生年金保険料は、標準報酬月額・標準賞与額に賦課される定率保険料である。2004年改正で**保険料水準固定方式**が導入され、2005年9月から保険料率を13.934％から毎年0.354％ずつ引き上げ、2017年9月以降は18.30％で固定されている（図2-5）。

　厚生年金保険料の負担は労使で折半され、その両方について事業主に納付義務が課されている。もっとも、産前産後休業および育児休業の期間中は保険料が免除され、この間の標準報酬は従前の水準とみなされる（これに対して、介護休業の場合には、保険料免除の規定がないので、労使ともに保険料を負担することになる）。

┌─ コラム12　国民年金保険料の未納 ─

　冒頭でも触れた保険料未納の問題。でも、未納が多いから国民年金の財政が破綻する、というわけではない。

　まず、「未納者が４割」というのは「国民年金加入者の４割」という意味ではない。実は厚生労働省が発表しているのは国民年金保険料の納付率であって、これは「保険料として納付すべき月数」に占める「実際に納付された月数」の割合のことをいう。この納付率が６割程度にとどまっていたというわけである（現在はもう少し改善している）。分母が「保険料として納付すべき月数」であることに注意しよう。そもそも国民年金保険料を負担するのは第１号被保険者だけであり、納付率の計算ではそこからさらに保険料免除者・納付猶予者が除かれる。しかも、保険料債権は２年の消滅時効にかかるから、遡って２年間は追納が可能だ。したがって、２年が経過して最終的に未納になった人の割合は、国民年金の被保険者全体からみると、ずっと小さなものになる。

　そして、未納になった期間分は将来的に年金が支払われないから、年金「財政」の観点からすれば、（保険料収入がないために生じる運用益の喪失を別にすれば）影響はほとんどない。もっとも、それによって生じ得る無年金・低年金者への対応は、社会保障制度全体として考えなければならない問題である。

5　公的年金制度の課題と将来

　年金保険は（少なくとも老齢年金は）保険料の拠出から保険給付の受給までに一定程度の加入期間を要する長期保険の１つである。そのため、受給開始までの間に社会・経済状況等の変化により制度が変更される可能性が高く、自ずと法令の経過規定も増えることになる。保険者と被保険者のほかにサービス提供者の存在を必要とする医療保険や介護保険とは異なり、年金保険は本質的には保険者が被

保険者からお金を集めて分配する関係なのだが、時間の要素が入ってくることによって複雑さが増すのである。

公的年金制度の抜本改革を求める声もあるが、今ある年金制度を直ちにやめて全く新しい年金制度に全面的に作り替えることは「言うは易く行うは難し」である。例えば、これまでの年金制度でしっかり保険料を支払ってきた人々を（すなわち、現行制度の下でのこれまでの保険料拠出の実績を）新しい制度ではどのように評価するのか。全く考慮しなければ、これまで真面目に保険料を支払ってきたのは何だったのかということになるし、考慮するならば、その分だけ必要な財源（すなわち、負担）が増える。これは移行の問題と呼ばれ、新しい年金制度そのものの良し悪しとは別に対応が必要な問題である。もし現行制度の手直しでも対応できるなら、全く新しい制度にする必要はないことになろう。

確かに、現在の年金制度はさまざまな問題を抱えているが、大事なことは、それが年金制度の根幹にかかわる重要な問題なのか、それとも枝葉の問題なのか、その程度を見極めることである。少子高齢化への対応や第3号被保険者制度のあり方などは、年金制度の本体に関わる問題といえる。国民年金保険料の納付率の低下は、年金財政への影響は限られるとはいえ、保険料滞納者が将来無年金・低年金になることについて社会保障制度全体からみてどのように対応すべきかという意味では、やはり無視できない問題である。

2004年以降、政府は少なくとも5年ごとに財政収支の現況と概ね100年間の財政見通しを作成することになっている（財政検証）。この財政検証は、保険料水準固定方式やマクロ経済スライド等が導入された現在の制度の下で、人口と経済の前提をさまざまに想定した場合の年金財政の見込みを示すものであるが、2014年の財政検証以

降は、複数の経済前提を置いて複数のケースを示すとともに、一定の制度改正を想定した場合のオプション試算も行われている。公的年金制度は、過去から現在、未来へと続くバトンの受け渡しのようなものであり、客観的なデータや分析に基づいた地道な改革を積み重ねていくことが求められよう。

【参考文献】

　　公的年金に関する文献はたくさんある。年金保険法を本格的に学びたい人には、堀勝洋『年金保険法——基本理論と解釈・判例（第4版）』（法律文化社、2017年）が詳しい。江口隆裕『変貌する世界と日本の年金——年金の基本原理から考える』（法律文化社、2008年）は、年金制度論を基礎から論じている。公的年金制度の歴史については、吉原健二・畑満『日本公的年金制度史——戦後七〇年・皆年金半世紀』（中央法規出版、2016年）が参考になる。

Chapter 3

医 療 保 障

Let's Study

　「体は資本です」と言われるように、心身の健康は人生の基盤である。皆さんは日頃から身体や心の健康を保つよう心掛けているだろうか？ まあ、そうはいっても、不幸にしてけがをしたり病気になることはある。そんなときは、心身の健康を回復するため、保険証を持って医療機関に行き、診察や治療を受けることだろう。さて、診察や治療が終われば、医療機関の窓口で医療費を支払い、必要があれば次回の予約を取って、院内の薬局で薬をもらうか、処方箋を受け取って街の薬局で薬を購入する。これが通常の受診の流れ。

　だけど、ちょっと考えてみよう。実際に医療機関の窓口で支払っているのは医療費の全額なんだろうか？ そもそもお金がなかったら医療機関には行けないのだろうか!? 医療機関のない町ではどうしたらいいんだろう!!

　社会保障給付費のうちで、年金に次いで大きな割合を占めているのが医療である。また、国民医療費（１年間に医療機関で保険診療の対象となる病気やけがの治療にかかった費用のこと）は、2018年度で43.4兆円、１人当たり33万円に上っている。これほどの規模の医療サービスは、いったいどのようなしくみで提供されているのだろうか。この *Chapter* では、社会保障制度の中でもすべての世代の人々に関わりの深い、医療サービスを保障するしくみについて勉強していこう。

1 「医療保障」とは？

1 「医療保障」の意味

病気やけがなどで人々に医療サービスのニーズが生じたときには、誰でも、どこに住んでいても、良質な医療サービスにアクセスできなければならない。このことは、国民に「健康で文化的な」生活を保障した憲法25条からも、個人に幸福追求権を保障した憲法13条からも求められる。

医療サービスへのアクセスを保障するためには、医療サービスの提供体制（人や施設・設備・物品等）と、医療費負担を保障するしくみの双方が整っている必要がある。また、保障されるべき医療サービスとは、病気やけがが生じた後の治療の段階だけではなく、それに先立つ予防の段階や、治療に続くリハビリテーションの段階も含めた、総合的な保健医療サービスでなければならない。「**医療保障**」とは、このような問題意識に基づいて提唱されている考え方である。

2 医療保障制度の体系

人々に医療サービスへのアクセスを保障する方法として、公的病院が公共サービスとして税金でもって医療を提供する方法（国民保健サービス方式）をとる国もあるけれど、わが国では、民間病院を活用し、保険のしくみを使って医療サービスの保障を図る方法（社会保険方式）が採用されている。あらかじめ病気やけがに備えて保険料を払い、実際に医療が必要になったときに、民間病院を含む一定の医療機関から（契約に基づいて）医療サービス（現物給付）の提供を受け、その費用を保険料等で賄うことにしたのである。

現在の医療保障制度は、原則として人々が何らかの公的医療保険に加入する「国民皆保険」体制の下、公的医療保険を核として、障

害者の自立支援医療（→ *Chapter 8*）や生活保護を受けている者の医療扶助（→ *Chapter 10*）などの公費負担医療の諸制度が補完する形になっている。また、サービス提供体制に関しては、医療法や医師法などの公衆衛生関係の法令による一般的な規律に加えて、医療保険に関する諸法令で保険診療の提供体制に関する特別な規律が設けられている。

　公的医療保険は、サラリーマンとその家族が加入する健康保険等の被用者保険と、その他の者が加入する国民健康保険、75歳以上の高齢者が加入する後期高齢者医療制度からなっている（表3-1）。

◇ 表3-1　医療保険制度の体系

制度名			保険者	被保険者
被用者保険	職業基準	健康保険　協会健保	全国健康保険協会	健康保険組合の設立されていない適用事業所の被用者
		健康保険　組合健保	健康保険組合	健康保険組合の設立されている適用事業所の被用者
		国家公務員共済	国家公務員共済組合	国家公務員
		地方公務員等共済	地方公務員等共済組合	地方公務員等
		私立学校教職員共済	日本私立学校振興・共済事業団	私立学校の教職員
非被用者保険	居住基準	国民健康保険	国民健康保険組合	国民健康保険組合の設立されている同種の事業又は業務に従事する者
		国民健康保険	都道府県	被用者保険の加入者等以外の者
		後期高齢者医療制度	後期高齢者医療広域連合	75歳以上の者、65歳以上で寝たきり等の状態にあるもの

　公的医療保険への加入は義務とされ（強制加入の正当性について、最大判昭33・2・12民集12巻2号190頁参照）、どの保険制度に加入するかも法令で決められている。公的医療保険でカバーされない部分を補うため、任意に民間の医療保険等に加入することもある。

　以下では、健康保険、国民健康保険、後期高齢者医療制度について、その内容を比較しながら見ていくことにしよう。

2　医療保険の保険関係

1　対　象　者

(1)　健康保険の被保険者

　社会保険では、保険料を負担し、保険給付を受ける者を被保険者という。健康保険の被保険者は、「適用事業所に使用される者及び任意継続被保険者」である（健保3条1項）。

　①健康保険法3条3項1号に列挙された事業（建設業、製造業、運輸業など）の事業所で、常時5人以上の従業員を使用する事業所と、②それ以外の国、地方公共団体又は法人の事業所で、常時従業員を使用する事業所は、必ず適用事業所となる（強制適用事業所）。例えば、旅館や飲食店などは強制適用事業として列挙されていないので、法人事業ではなく個人事業である限り、常時5人以上の従業員を使用していても強制適用事業所とならない。しかし、被保険者となるべき者の2分の1以上の同意を得て厚生労働大臣の認可を受ければ、適用事業所となることができ（任意適用事業所）、その場合には、同意しなかった者も健康保険に加入することになる。

　使用関係については、厚生年金での説明が当てはまる（→ *Chapter 2*）。また、適用事業所に使用される者のすべてが健康保険に加入するわ

けではないこと、パートタイム労働者の取扱いについても同様である。非正規雇用が増え、被用者であるにもかかわらず健康保険に加入できず国民健康保険に加入する者の割合が増えている。

健康保険の被保険者資格の取得・喪失は、厚生労働大臣または健康保険組合の確認によって、取得・喪失事由の発生した日に遡って、効力を生じる。

(2) 健康保険の被扶養者

健康保険は、被保険者が扶養する家族についても、被扶養者として保護の対象に含めている。被扶養者として認定されるためには、原則として日本国内に居住していることのほか、被保険者との親族関係に応じて、被保険者と同一の世帯に属することや、被保険者によって生計を維持されていることが必要である（→ *Chapter 2*）。

(3) 国民健康保険の被保険者

都道府県の区域内に住所を有する者は、健康保険の被保険者・被扶養者や生活保護受給者など他の何らかの形で医療保障を受けられる者を除いて、国民健康保険の被保険者となる。住所とは各人の生活の本拠を指し、親元を離れて修学中の者や他市町村の病院・施設に入院・入所中の者については特例がある。

わが国に滞在する外国人については、3カ月を超えて適法に滞在する者が適用対象となる（国保則1条）。したがって、3カ月以下の短期滞在者や不法在留者は国民健康保険に加入できない。

(4) 後期高齢者医療制度の被保険者

後期高齢者医療広域連合の区域内（＝都道府県の区域内）に住所を有する75歳以上の者及び一定程度の障害のある65～74歳の者は、被用者である者も、それまで被扶養者であった者も、後期高齢者医療制度の対象となり、その被保険者となる。ただし、生活保護受給

者は適用除外とされる。

🎣 2 保 険 者

保険制度を運営する主体を保険者という。公的医療保険の保険者は、被保険者資格の管理、保険料等の徴収、保険給付の支給といった本来的な業務のほか、保健事業や被保険者に対する情報提供等を行っている。

健康保険の保険者には**健康保険組合**と**全国健康保険協会**の２種類がある。前者は事業主とそこで働く被保険者で組織され、主に大企業等で設立されている。その他の被保険者は後者に加入する。

国民健康保険の事業はすべての市町村が行ってきたが、2015年改正により、2018年度からは、都道府県が財政運営の責任主体となり、保険者の役割を都道府県と市町村とで分担している。また、国民健康保険の保険者には、他に同一地区内で同種の事業に従事する者で組織される**国民健康保険組合**もある（医師国保、建設国保など）。

後期高齢者医療制度では、都道府県単位で設置される広域連合が事務処理主体となるが、保険料の徴収事務は市町村が行う。

3 医療保険の保険事故と保険給付

🎣 1 医療保険の保険事故

「どのようなリスクに対して給付を行うか」を保険事故という。

健康保険は、労働者とその被扶養者の業務災害以外の疾病・負傷・死亡・出産について給付を行う（法人の役員について例外あり）。業務災害の場合は、労災保険でカバーされる。

国民健康保険の保険事故は、被保険者の負傷・疾病・出産・死亡である。後期高齢者医療制度の保険事故は、被保険者の負傷・疾病・

死亡である。

2 保険給付の種類

医療保険はさまざまな給付を行っているが、それらはいくつかの観点から分類することができる。**表3-2**は保険事故の観点から分類したものである。

3 傷病に関する給付

(1) 療養の給付

業務災害以外で病気やけがを負った被保険者は、自己の選んだ保険医療機関で被保険者証を提示することにより、**療養の給付**として、①診察、②薬剤又は治療材料の支給、③処置、手術その他の治療、④居宅における療養上の管理及びその療養に伴う世話その他の看護（在宅医療）、⑤病院・診療所への入院及びその療養に伴う世話その他の看護（入院医療）を受けることができる。これらの給付は現物給付として行われるので、被保険者は保険医療機関に一部負担金のみを支払えばよく、残りは保険者から保険医療機関に診療報酬として支払われる。一部負担金の割合は原則3割だが、年齢と所得水準に応じて異なる（**表3-3**）。

一般に「保険診療」とか「保険がきく」という場合には、診療内容が療養の給付の範囲内にあることを意味している。療養の給付のより詳細な範囲は、「保険医療機関及び保険医療養担当規則」（昭32・4・30厚生省令15号。以下「療養担当規則」という。）や診療報酬点数表（→5-◢2）などで定められている。

(2) 入院時食事療養費・入院時生活療養費

療養の給付から入院中の食費や水道光熱費に関する部分を分離し、これらに要した費用の額から標準負担額を控除した額を支給するもので、前者は特定長期入院被保険者（65歳以上の療養病床入院者）以

外の者を、後者は特定長期入院被保険者を対象とする。食費や水道光熱費等を自分で負担する自宅療養患者とのバランスに配慮したものだが、これにより入院中の食事の質が向上したとされる。実際に

◈ 表3-2　給付の一覧

	健康保険		国民健康保険	後期高齢者医療制度
	被保険者	被扶養者	被保険者	被保険者
傷病に関する給付	療養の給付 入院時食事療養費 入院時生活療養費 保険外併用療養費	家族療養費	療養の給付 入院時食事療養費 入院時生活療養費 保険外併用療養費	療養の給付 入院時食事療養費 入院時生活療養費 保険外併用療養費
	訪問看護療養費	家族訪問看護療養費	訪問看護療養費	訪問看護療養費
	療養費	家族療養費	療養費	療養費
	—		特別療養費	特別療養費
	高額療養費 高額介護合算療養費	高額療養費 高額介護合算療養費	高額療養費 高額介護合算療養費	高額療養費 高額介護合算療養費
	移送費	家族移送費	移送費	移送費
	傷病手当金	—	—	—
出産に関する給付	出産手当金	—	—	—
	出産育児一時金	家族出産育児一時金	出産育児一時金	—
死亡に関する給付	埋葬料	家族埋葬料	葬祭費・葬祭	葬祭費・葬祭

◈ 表3-3　一部負担金の割合

75歳以上	上位所得者	3割
	一般	1割*
70歳以上75歳未満	上位所得者	3割
	一般	2割
義務教育就学後70歳未満		3割
義務教育就学前		2割

* 所得水準が一定以上の場合には、2022年度後半中に2割へ引上げ予定。

は、被保険者に支給すべき額の限度で保険医療機関に支払うことで支給があったものとみなす事実上の現物給付化がなされている。

(3) **訪問看護療養費**

傷病により居宅で継続して療養を受けている被保険者が医師の指示で指定訪問看護事業者から指定訪問看護を受けたときに、要した費用の額から定率の一部負担金を控除した額を支給するものである。

(4) **保険外併用療養費**

保険診療と保険外診療を併用した場合にはその全部が保険外診療となる（混合診療の原則禁止）との解釈を前提に、その例外として、評価療養・患者申出療養（高度医療、先進医療等）又は選定療養（特別な療養環境、特別な治療材料等）を受けたときに、保険診療に相当する部分の費用の額を支給するもので、実質的に混合診療を部分解禁するものである（最三小判平23・10・25民集65巻7号2923頁）。

(5) **療 養 費**

療養の給付を行うことが困難な場合またはやむを得ない場合に、保険医療機関以外から医療等を受けたとき、被保険者が支払った費用の一部を後から払い戻すものである。具体的には、事業主が資格取得届の提出を怠っているとき、海外で医療機関にかかったとき、あん摩・はり・きゅうの施療や柔道整復師の施術を受けたとき、緊急時で近くに保険医療機関がなかったときなどである。なお、柔道整復師については、あらかじめ保険者に届け出て、個別に患者から委任を受けることにより、被保険者に代わって療養費の支払を受ける受領委任払いの特例が認められている。

(6) **特別療養費**

国民健康保険料を1年以上滞納すると、被保険者証の返還が求められ、代わりに国民健康保険の被保険者資格証明書が交付される。

　その場合、被保険者はいったん医療費を全額支払った上で、後から
その一部が特別療養費として払い戻される。もっとも、特別療養費
請求権は滞納分の保険料債権と相殺され得るので、ほとんど返って
来ないこともあり得る。そこで、受診抑制を招かないよう、保険料
滞納世帯の高校生世代以下の子には有効期間6カ月の短期被保険者
証が交付される。

　⑺　**高額療養費・高額介護合算療養費**

　前者は、1カ月の一部負担金の額が自己負担限度額（所得水準や年
齢等により異なる。**表3-4**参照）を超えたときに、その超えた分を後
から払い戻すものである。ただし、限度額適用認定証を保険医療機
関に提示すれば、被保険者は自己負担限度額のみ支払えばよく、高
額療養費は保険医療機関に支払われる。直近の1年以内に高額療養
費の支給される月が3月以上あれば、4月目以降の自己負担限度額
が引き下げられる（多数該当）。人工透析患者（慢性腎不全）や血友病
患者など長期にわたって高額な医療を受け続ける者については、自
己負担限度額は1万円（上位所得者は2万円）である。

　後者は、1カ月の一部負担金と介護保険の利用者負担額を合わせ
た額が自己負担限度額（所得水準や年齢等により異なる）を超えたと
き、その超えた分を後から払い戻すものである。

　⑻　**移　送　費**

　療養の給付を受けるため保険医療機関に移送されたとき、その費
用を支給するものである。

　⑼　**被扶養者に関する給付**

　健康保険の場合には被扶養者に関する給付がある。受給権者は被
扶養者ではなく被保険者であり、いずれも金銭給付（払戻し）が原則
であるが、事実上現物給付化されている。

◆ 表 3 - 4 　 自己負担限度額

年齢	所得区分		外来（個人）	1カ月の負担上限額
70歳以上	現役並みⅢ（標準報酬月額83万円以上）		252,600円 +（医療費 - 842,000円）× 1 % ［多数回該当：140,100円］	
	現役並みⅡ（標準報酬月額53万〜79万円）		167,400円 +（医療費 - 558,000円）× 1 % ［多数回該当：93,000円］	
	現役並みⅠ（標準報酬月額28万〜50万円）		80,100円 +（医療費 - 267,000円）× 1 % ［多数回該当：44,400円］	
	一般		12,000円 （年間上限14.4万円）	57,600円［多数回該当：44,400円］
	低所得者	Ⅱ（Ⅰ以外の者）	8,000円	24,600円
		Ⅰ（総所得金額が 0 の者）		15,000円
70歳未満	年収約1,160万円〜の者 健保：標報83万円以上 国保：年間所得901万円超		252,600円 +（医療費 - 842,000円）× 1 % ［多数回該当：140,100円］	
	年収約770〜約1,160万円の者 健保：標報53〜79万円 国保：年間所得600〜901万円		167,400円 +（医療費 - 558,000円）× 1 % ［多数回該当：93,000円］	
	年収約370〜約770万円の者 健保：標報28〜50万円 国保：年間所得210〜600万円		80,100円 +（医療費 - 267,000円）× 1 % ［多数回該当：44,400円］	
	〜年収約370万円の者 健保：標報26万円以下 国保：年間所得210万円以下		57,600円 ［多数回該当：44,400円］	
	住民税非課税者		35,400円 ［多数回該当：24,600円］	

⑽ **傷病手当金**

　被保険者が療養のため就労できなくなったときには、労務に服することができなくなった日から起算して 4 日目から、最長 1 年 6 カ月までの間に労務に服することができなかった日について、傷病手

当金として1日当たり標準報酬日額（標準報酬月額〔→**コラム9**〕を30で割って得た額）の3分の2が支給される。最初の3日間を待期期間という。休業期間中、安心して治療に専念してもらうための所得保障の給付である。

4　出産に関する給付

(1)　出産育児一時金・家族出産育児一時金

妊娠や正常分娩は病気ではないとして療養の給付の対象外とされている。その代わり、被保険者が出産（妊娠85日以降の生産・死産）したときには、出産育児一時金として子1人につき40万4000円（産科医療補償制度に加入する病院等で出産する場合には42万円）が支給される。病院等と被保険者の選択により、実際の出産費用の限度で被保険者に代わって病院等に支払われる受取代理または直接支払の方法によることもできる。

被扶養者が出産するときは、家族出産育児一時金として同額が支給される。

(2)　出産手当金

被保険者が出産のため休業するときには、出産以前42日から出産後56日までの間に労務に服することができなかった日について、出産手当金として1日当たり標準報酬日額の3分の2が支給される。

5　死亡に関する給付

被保険者が死亡したとき、その埋葬を行った遺族に埋葬料等が支給される。

コラム13　一部負担

　平等志向の強いわが国では、制度間格差の存在がたびたび問題とされてきたが、給付に関しては、2002年改正によって、一部負担金

の割合はすべての制度で原則3割に統一された（改正法附則で、給付の割合は将来にわたり100分の70を維持する旨が明記された）。もっとも、低所得者や未就学児等には特例があり、さらに自己負担限度額を超える分は高額療養費でカバーされるので、これらを考慮した実効給付率（若人分）は約80.3%（平成29年度）となっている。しかし、長期の医療が必要な患者にとっては、決して軽い負担ではなく、今も負担のあり方が議論になっている。

　他方で、子どもの医療費やひとり親家庭の医療費等については、福祉の観点から、各自治体が医療保険の自己負担分について公費による支援を行っている。このうち、子ども医療費の助成制度の内容は、対象者の範囲（年齢の上限）、患者負担を残すか否か（全額助成か一部助成か）、入院・外来の別、所得制限の有無など、地域によってさまざまである。患者負担をゼロにする場合には、それによる過度の受診を防ぐため、当該市町村の国民健康保険への国庫補助を減額する措置がとられてきたが、子育て支援の観点から、その是非をめぐって議論がある。

コラム14　オンライン診療

　医療の基本は、医療機関か患者の居宅等で、医師と患者が直接相対して診察治療を行うというもので、医師法でも無診察治療が禁じられている。しかし、医療過疎の問題や情報通信技術の進展等を背景に、情報通信機器を活用した遠隔医療という新たな診療形態が現れてきており、その安全で適切な普及が課題となっている。2018年に厚生労働省は「オンライン診療の適切な実施に関する指針」を定め、「遠隔医療のうち、医師－患者間において、情報通信機器を通して、患者の診察及び診断を行い診断結果の伝達や処方等の診療行為を、リアルタイムにより行う行為」を「オンライン診療」と定義して、その実施に当たっての基本理念や指針の具体的な適用例等を示している。指針では、原則として初診は不可とされ、具体例として高血圧患者の血圧コントロールの確認などが挙げられている。

　現在、コロナ禍を受けて、オンライン診療は、特例的に初診から

の実施が認められており（麻薬・向精神薬の処方は不可）、さらに一般的な拡大の是非が議論されている。

　オンライン診療では移動を伴わないため、医師・患者双方に便利な側面もあるが、医師が患者の心身の状況に関する十分な情報を得られるか、という懸念もある。一般的な実施の可否は、オンライン診療に当たる医師の責任範囲や、かかりつけ医の制度のあり方などと合わせて議論される必要があるだろう。

コラム15　不妊治療への支援の拡大

　今や多くのカップルが利用している不妊治療。2017 年に日本で生まれた子どもの 18 人に 1 人は生殖補助医療によるという。産婦人科の世界では、生殖年令の男女が妊娠を希望し一定期間避妊せずに性交渉しているのに妊娠が成立しない場合を不妊とし、妊娠を希望し医学的治療を必要とする場合を不妊症と定義しており、一般には、1 年経っても妊娠しなければ不妊治療に入ることが多い。

　不妊治療には多様なものがあり、その多くは自由診療のため、かかる費用もさまざまである。特定不妊治療（体外受精と顕微授精）への公費助成や一般不妊治療（保険適用となる排卵誘発剤の投与や人工授精など）への公費助成といった制度はあるが、患者の経済的負担は相当なものになる。また、患者の身体的負担の大きさや仕事との両立の困難さへの理解を広めることも必要である。短期間で結果が出るとも限らないので、心理的負担へのケアも欠かせない。

　ただ、全面的な保険適用については、「妊娠を希望する場合」というのは保険事故になじむのか、生殖医療の知見や技術が日々進展する中で、多種多様な実態のうち何をどのような基準で取り上げ、どのように価格設定するのか、少子化の文脈の中で保険適用が出産を奨励し強いることにならないか等々、拙速な議論を避け、慎重に検討すべき課題も多い。

4 医療保険の財政

1 概 要

年金制度と違って、医療保険の財政は単年度で収支を合わせる形で運営されている（短期保険）。

医療保険の給付に要する費用は保険料で賄うのが原則だが、実際には、国庫負担や国庫補助などの形で、医療保険財政には公費が少なからず投入されている。

2 健康保険の財政

健康保険の財政は、主に健康保険料によって賄われているが、事務費について国庫負担があるほか、財政力を考慮して、協会健保には保険給付費の 16.4％が国庫から補助されている。

健康保険料の一般保険料額は、それぞれの被保険者の標準報酬月額と標準賞与額に一般保険料率を乗じた額である。一般保険料率は、健康保険事業の本体に充てられる分の基本保険料率と、高齢者医療費の分担分（前期高齢者納付金＋後期高齢者支援金）の特定保険料率とを合算した率である。介護保険の第 2 号被保険者でもある場合には、これに介護保険料額が付け加わる。

一般保険料率は、協会健保の場合には、1000 分の 30 から 1000 分の 130 の範囲内で、健保協会の支部ごとに協会が決定する（都道府県単位保険料率）。以前の政府管掌健康保険の時代は全国一律だったが、現在ではある程度医療費の地域差が反映されるようになった（ただし、全国平均は 1000 分の 100 を維持している）。これに対し、組合健保では、健保組合がそれぞれ独自に決定し、厚生労働大臣に通知する。協会健保に比べれば財政に余力があって総じて保険料率が低く抑えられてきた組合健保だが、近年では高齢者医療費の負担も増え、

また組合間の保険料率格差も広がっている。

　健康保険料は原則として事業主と被保険者が半額ずつ負担する。事業主は被保険者負担分を含めて保険料の納付義務を負い、通貨で賃金を支払う場合には、そこから被保険者負担分を控除することができる。育児休業期間中および産前産後休業期間中の保険料免除は、厚生年金の場合と同様である（→ **Chapter 2**）。

3　国民健康保険の財政

　国民健康保険の財政は、**国民健康保険料**（以下「国保料」という。）のほか、各種の国庫負担・国庫補助、都道府県や市町村の一般会計からの繰入金・補助・貸付等で賄われている。健保よりも公費の投入割合は大きい。

　国保料は世帯主に賦課されるが、そこには国民健康保険事業本体に充てられる分のほかに、高齢者医療費の分担分が含まれ、介護保険の第2号被保険者である被保険者については介護保険費用に充てる分も上乗せされる。市町村は、国保料ではなく、地方税の1つである**国民健康保険税**（以下「国保税」という。）の形式を選ぶこともでき、大都市以外の多くの市町村では国保税が採用されている。

　国保料(税)は世帯主が納付義務を負う。世帯主が年金給付（年額18万円以上で、介護保険料と国保料(税)を合わせた額がその2分の1を超えない場合）を受けている場合には、年金保険者が国保料(税)を天引きして納入する特別徴収の方法による。それ以外の場合には納入通知書を用いた普通徴収の方法による。

　国保料(税)は応能割と応益割の部分からなる。法令では3つの組合せと標準割合が示されており（**表3-5**）、市町村ごとに地域の実情に応じて決められている。応能部分に資産割を加えれば、フローの所得は乏しいが資産を保有している世帯にも応分の負担を求める

◆ 表 3-5　国保料(税)の組合せと標準割合

組合せ	応能割 (負担能力に応じた負担)		応益割 (受益に応じた負担)	
	所得割	資産割	被保険者均等割	世帯別平等割
①	40/100	10/100	35/100	15/100
②	50/100	—	35/100	15/100
③	50/100	—	50/100	—

ことになり、応益部分に世帯別平等割を加えれば、多人数世帯の負担を緩和することになる。

　国保料(税)の負担には上限があり、給付とかけ離れた過度な負担とならないように配慮されている。他方で、災害等による一時的な生活困窮者には保険料の減額や免除、徴収猶予がなされ得る。恒常的な生活困窮者は生活保護制度が対応するので(生活保護受給者は国保の適用除外とされている)、国保料(税)の減免の対象とはされていない(最大判平18・3・1民集60巻2号587頁)。それとは別に、所得水準の低い被保険者に対して応益割の一部をあらかじめ減額する減額賦課のしくみもある。

4　前期高齢者医療の財政調整

　65〜74歳の前期高齢者は、健保・国保等に加入し続けるが、その医療費については、すべての保険者に前期高齢者が同じ割合で存在するものと仮定して、平均より若い保険者から**前期高齢者納付金**を取り、平均より若くない保険者に**前期高齢者交付金**として渡すという、保険者間での財政調整が行われる(図3-1)。

5　後期高齢者医療の財政

　後期高齢者医療の財政は、公費、医療保険者からの**後期高齢者支援金**、被保険者の支払う保険料で賄われる(図3-2)。被保険者の

◆ 図3−1　前期高齢者医療のしくみ

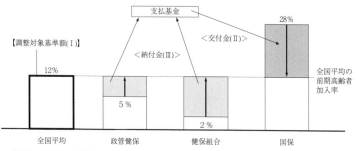

〈出典：第1回高齢者医療制度改革会議資料2〉

◆ 図3−2　後期高齢者医療制度の財政

【全市町村が加入する広域連合】

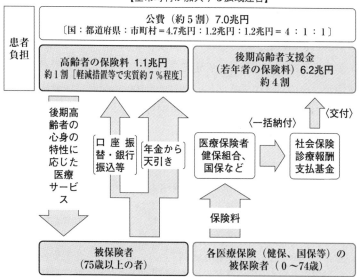

〈出典：厚生労働省HP（https://www.mhlw.go.jp/bunya/shakaihosho/iryouseido01/info02d-35.html）〉

保険料で賄う割合（後期高齢者負担率）は2010年度以降、2年ごと

に政令で定めることになっており、2021年度は11.41％である。

　後期高齢者医療の保険料は、広域連合の条例で定める保険料率に従って個々の被保険者について算定・賦課される。保険料は所得割（50％）と被保険者均等割（50％）からなるが、被扶養者であった被保険者については被保険者均等割のみとなる。年金からの特別徴収の方法によらない場合には、市町村による普通徴収となり、被保険者が納付義務を負い、世帯主及び配偶者も連帯納付義務を負う。

　各医療保険者は、全広域連合の保険納付対象総額を加入者数の割合に応じて按分した額に後期高齢者支援金調整率を乗じて得た額を、**後期高齢者支援金**として社会保険診療報酬支払基金に納付する。ただし、被用者保険の医療保険者については、被用者保険者間の財政力の格差を考慮して、被用者保険全体で負担する支援金総額を、標準報酬総額の割合に基づき被用者保険者間で分担する（総報酬制）。調整率は、2013年度以降、特定健康診査（いわゆるメタボ健診）等の実施及びその目標達成状況等に応じて±10％の範囲で加減算される。

　公費の部分は、国・都道府県・市町村が約4：1：1の割合で負担する。

> **コラム16　高齢者医療**
>
> 　1973年の老人医療費無料化（高齢者の一部負担金を老人福祉の措置として補塡する仕組み）は、高齢者の医療へのアクセスを著しく改善する一方で、医療給付費を急増させ、特に退職した高齢者が被保険者となって加入してくる国民健康保険の財政に大きな影響を与えた。そこで、1982年に老人保健法が制定され、高齢者の医療費を各医療保険者が負担する老人保健拠出金で分担しあう仕組みが作られたが、今度は高齢者の医療費を主に支える側となった健康保険側の負担が過重になっていった。
>
> 　一般に、稼得活動から引退した高齢者は保険料負担能力に乏しい

反面、加齢に伴い医療を受ける機会も増える。高齢期が長くなり、慢性期や終末期の医療費も増える中で、高齢者の医療費を社会全体でどのように負担するか？　厚生労働省の「医療制度改革の課題と視点」(2001 年) では、高齢者医療制度のアイディアとして、①**独立方式** (すべての高齢者を対象とする独立の制度を創設する)、②**突き抜け方式** (被用者ＯＢを対象とする新たな保険者を創設し、被用者保険グループ全体で支える)、③**年齢リスク構造調整方式** (現行の保険者を前提に、保険者の責によらない加入者の年齢構成の違いによって生じる保険者間の医療費支出の相違を調整する)、④**一本化方式** (すべての者を対象とする新たな制度を創設する) という 4 つの案が示された。利害関係者間での意見の集約は困難を極めたが、2006 年の医療制度改革により、2008 年から現在の制度体系となった。

5　医療提供体制

1　医療機関の開設と保険医療機関の指定

　医療サービスの保障のためには、医療サービスの供給に関わるヒトやモノ (医療従事者や医療設備、医薬品等) の存在が不可欠である。わが国では、医師の自由開業制と患者のフリーアクセスが基本とされているので、国家試験に合格して医師免許を取得した医師は、施設の構造設備や職員配置等の基準を満たせば全国どこでも開業できるし (ただし、医療機関の開設には届出又は許可が必要)、患者は特定の医療機関での受診を強制されることはない。

　しかし、医師が医療機関で保険診療を行うためには、さらに、厚生労働大臣から**保険医療機関の指定**を受け、かつ、医師自身も厚生労働大臣から**保険医の登録**を受ける必要がある。このように保険医療機関の指定と保険医の登録の双方を必要とするしくみを**二重指定制**という (薬剤師・薬局も同様)。

　指定がなされると、保険医療機関は被保険者に対して療養担当規則等の定めに従って療養の給付を行う義務を負い、保険者は保険医療機関に対して診療報酬点数表に従って算定された診療報酬を支払う義務を負う。指定とは、保険医療機関と保険者との間にこのような法律関係を生じさせる行政処分である（指定拒否の処分性を認めた例として、最一小判平 17・9・8 判時 1920 号 29 頁）。

> ### コラム17　病床規制
>
> 　街にはいろいろな名前の医療機関があるが、医療法上はベッド数が 20 床以上なら**病院**、それ以外は**診療所**とされる。ベッドの数は、少なすぎてもいけないが、多すぎると不必要な入院を引き起こし過剰な医療費が生じかねないので、地域的な偏りを是正するため、都道府県の医療計画で地域ごとの基準となる数（基準病床数）が定められており、病院等を新規に開設したりベッド数を増やしたりすると基準病床数を超えてしまう場合には、都道府県知事が申請者に勧告できることになっている。ただ、勧告は行政指導であって強制力がないので、勧告に従わなくても許可をしなければならない。そのため、かつては、勧告に実効性を持たせるため、勧告に従わずに開設等がされた場合には保険医療機関の指定をしないという運用がなされてきた。国民皆保険のわが国では、保険診療ができなければ医療機関の経営は事実上成り立たないからである。しかし、ベッド数が問題なのに外来診療も含めて保険診療ができないとするのは行き過ぎではないか、ということで、現在では、勧告に従わない場合には基準病床数を超えるベッドについて保険病床の指定をしないという制度に改められている。とはいえ、そもそもベッド数の規制をすること自体が良いのかどうか（経済的自由の規制という憲法問題）、規制をするとしても医療法の医療計画で定めた数を医療保険法の制度で担保するというやり方が良いのかどうかは、考えてみる必要があるかもしれない。

> **コラム18　地域医療構想**
>
> 　病床規制を別にすれば、基本的に医療機関はどこでも開業できる。つまり、従来の医療機関は、必ずしも地域間や診療科間のバランスなどを考慮して計画的に整備されてきたわけではない。しかし、高齢化が進む中、限られた医療資源を効率的に利用することが避けられなくなっている。
>
> 　そこで、2014年の医療介護総合確保推進法では、団塊の世代が75歳以上になる2025年を見据えて、病院完結型の医療から地域完結型の医療への移行を目指し、急性期に医療資源を集中的に投下して入院期間を短縮する一方で、退院後の生活を支える地域医療の体制を構築するという方向性が示された。そして、新たに、医療計画において、各医療機関から現在及び将来の病床機能（高度急性期・急性期・回復期・慢性期）の報告を受け、地域における病床機能の分化・連携等に関する将来構想（地域医療構想）を定めることとされている。

2　診療報酬

　保険診療の価格は「診療報酬」という形で定められている。診療報酬の定め方には2通りあり、大雑把に言うと、1つは個々の医療行為に点数をつけ、実際に行われた医療行為の点数を合計する方法、もう1つは実際に行われた医療行為のいかんにかかわらず、一定の疾患等に対する診療全体についてまとめて点数をつける方法である。前者を出来高払い、後者を包括払いという。日本では現在、両者が併用されている（「診療報酬の算定方法」（平20・3・5厚生労働省告示59号）（医科・歯科・調剤の3種類の診療報酬点数表）及び「厚生労働大臣が指定する病院の病棟における療養に要する費用の額の算定方法」（平成20・3・19厚生労働省告示93号））。

　これらの点数は、診療側（医師等）と支払側（保険者）の双方の代表者等が参加する中央社会保険医療協議会への諮問を経て、原則2

年ごとに改定される。行われた医療行為の点数に全国一律の1点単価10円を乗じて得た金額が診療報酬額となり（出来高払いが原則だが、最近では包括払いも増えている）、保険医療機関は、そこから被保険者が負担する一部負担金を除いた額を保険者に請求することになる（保険医療機関にかかると明細書をくれるので、確認してみよう）。

　ただ、わが国では保険者、保険医療機関ともに非常に数が多いので、それぞれの間で個別に診療報酬の請求と審査支払が行われると、事務が大変煩雑になる。そこで、実際には保険者から審査支払機関（社会保険診療報酬支払基金または都道府県国民健康保険団体連合会）に審査支払事務が委託されており、審査支払機関が、保険医療機関から提出された**診療報酬請求書（レセプト）**の内容を点検し、問題がなければ請求の翌々月に当該月の診療報酬を自己の名で支払っている。また、審査支払機関から送られてきたレセプトを保険者が再点検して不適切な支払がないかを確認する事業も行われている。

　療養担当規則に従って療養の給付が行われていなかったり、正しく診療報酬額が算定されていなかったりした場合には、保険医療機関が義務を果たしておらず診療報酬請求権が発生していないとして、審査支払機関はその分を減額して支払う（減点査定）。保険診療の枠内で患者に必要な医療を行ったつもりなのに減点査定されて納得のいかない保険医療機関は、審査支払機関に再審査を求めても判断が覆らなければ、直接、審査支払機関を相手取って、減点分に相当する金額の支払を求める訴訟を起こし、療養担当規則等に従って療養の給付を行ったこと、正しく算定した額を所定の手続で請求したことなどを立証することになる（裁判で審査支払機関の判断が覆された事例として、横浜地判平15・2・26判時1828号81頁）。

🍃 3　薬 価 制 度

　保険診療の際に使われたり処方されたりした医薬品の値段は、医療保険から支払われる際の医薬品の価格表である**薬価基準**で定められている。医薬品は原則として国内での治験等を経て医薬品医療機器等法上の承認を得ることで国内使用できるようになるが、さらに薬価基準に収載されることで保険が利くようになる。

　薬価基準に定める価格は保険医療機関や保険薬局が保険者に請求するときの価格なので、実際の購入価格がそれよりも安ければ、そこに差額分の利益（薬価差益）が生じることになる。これが大きいと医薬品が過剰に使用される「薬漬け医療」を招きかねないので、公定価格と市場での取引価格の差をできるだけ縮めるための努力が模索されている。

　また、近年では、医薬品の費用を抑えるため、後発医薬品（ジェネリック）の使用を促進したり、処方箋なしで買える市販薬の利用者に税制上の優遇措置を認めるなどの政策がとられている。

コラム19　交通事故と医療保険

　交通事故に遭ってけがをした場合には、通常は、加害者側の自賠責保険や任意保険が治療費をカバーしてくれるので、保険診療ではなく自由診療が選択されることが多い（もちろん、被保険者証を示して保険診療を受けることもできるが、その場合には加害者の責任逃れを防ぐため、医療保険者から加害者への求償が行われる）。自由診療の場合には、療養担当規則や診療報酬点数表の制約がないので、治療内容や報酬額は医療機関と患者の自由な合意で決められるが、特に救急的性格が強い交通事故医療では、あらかじめ当事者間で具体的な診療内容や報酬額を明示的に合意することが難しいので、後でもめたときには、契約当事者の黙示の意思を社会通念に従って解釈するとされ、一般には、療養担当規則や診療報酬点数表に準拠して意思

解釈がなされている。ただ、1点単価を10円よりも高く設定する例が多く、裁判例は、健康保険法の診療報酬基準を基本としつつ、それを修正すべき合理的事情がある場合には、20〜30円程度の1点単価も認めてきた。

6 医療保障制度の課題

一生の中で特に医療費がかかる時期は幼少期と高齢期であるが、これらの時期は稼働年齢に達する前または稼得生活からの引退後であるため、フローの所得が乏しい時期でもある。したがって、結局は稼働年齢にある現役世代が年少者や高齢者の医療費も支えることになるのだが、そのやり方が問題となる。

わが国は、国民皆保険という旗印の下、被用者と被用者以外という区別を前提において、社会保険を中心とした公的医療保障の制度を構築してきたが、国民皆保険の達成から約60年が経過し、制度を取り巻く環境は大きく変化している。高齢化の進展と医療技術の進歩により医療費が年々増加し続ける一方で、低成長経済や終身雇用・年功賃金制の崩壊等により保険料収入の伸びは鈍化し、少子化によって医療費負担の支え手は減少している。人々の働き方も大きく変化した。今や国民健康保険の被保険者の多くは非正規雇用者、失業者、無職者となり、国民健康保険は構造的な財政難に直面し続けている。健康保険でも、組合健保と協会健保、健保組合間の格差は小さくない。

このような新たな状況を受けて、持続可能な医療保険制度であるために、医療保険の効率化を図るためのさまざまな提案がなされている。最近では、より必要性の高いものに給付を重点化し、軽症者

には給付を行わない保険免責の制度を導入すべきとの意見や、医療内容を救命医療と自立医療に区分し、前者は財源を確保して無差別平等に保障する一方、後者は合意に基づき給付範囲と給付水準を柔軟に考えるという提案もみられる。限りある財源を効率的に使用する必要性自体は否定できないが、それが憲法25条や13条等に基づく医療保障の実質を失わせることにならないよう、注意する必要があろう。

社会保障制度改革推進法6条では、皆保険体制の維持とともに、医療保険制度について「財政基盤の安定化、保険料に係る国民の負担に関する公平の確保、保険給付の対象となる療養の範囲の適正化等を図ること」（2号）、医療のあり方について「個人の尊厳が重んぜられ、患者の意思がより尊重されるよう必要な見直しを行い、特に人生の最終段階を穏やかに過ごすことができる環境を整備すること」（3号）が掲げられている。

今後、公的な医療保障の範囲を限定して個人の自由を重視する方向を目指すのか、それともこれまで追求されてきた平等な医療保障のしくみを維持していくのか。医療費負担の覚悟とともに、ひとりひとりにその選択が問われているといえよう。

また、医療提供体制については、介護（長期ケア）サービスの提供体制とともに、感染症対策の必要性という新たな状況も踏まえて、効率性の観点も維持しつつ、適切な人員や施設・設備等を確保する方法を考えていかなければならない。

【参考文献】

医療保障法・医療政策について書かれたものは多いが、どれか1つを選ぶならば、島崎謙治『日本の医療 制度と政策〔増補改訂版〕』（東京大学出版会、2020年）を挙げたい。日本社会保障法学会編『新・講座社会

保障法 第 1 巻 これからの医療と年金』（法律文化社、2012 年）所収の各
論文も参考になる。初心者には、島崎謙治『医療政策を問いなおす――
国民皆保険の将来』（筑摩書房、2015 年）がおすすめ。健保法や国保法の
行政解釈や実務については、『健康保険法の解釈と運用（平成 29 年度版）』
（法研、2017 年）、『新・国民健康保険基礎講座』（社会保険実務研究所、2010
年）が詳しい。各国の医療制度を知るには、加藤智章＝西田和弘編『世
界の医療保障』（法律文化社、2013 年）、加藤智章編『世界の診療報酬』
（法律文化社、2016 年）、加藤智章編『世界の病院・介護施設』（法律文化
社、2020 年）が便利だ。

Chapter 4

介 護 保 障

人は誰しも年を取ると、だんだんと心身の機能が低下し、日々の生活を送る上で他人の手助けを必要とするようになる。そういった手助け（介護）は、かつては主に家族の中で行われてきたけれども、三世代同居から核家族へと生活を共にする家族の規模が小さくなり、家庭内での介護を主に担ってきた女性も労働市場に進出するようになるなど家族介護者の状況が大きく変わる一方で、長命化に伴って介護の必要な期間も長くなり、介護の必要な度合も重くなってくると、もはや家族だけで介護を担うことは不可能である。近年では、家族の介護のために仕事を辞めざるを得ない「介護離職」も増えている。家族の負担が重すぎると、介護疲れから家族自身が倒れてしまったり、相手に虐待を加えるといった事態も生じかねない。

他方で、独り暮らしの高齢者の増加に加え、高齢者が高齢者を介護する「老老介護」、さらには認知症高齢者どうしで介護し合う「認認介護」といった現象まで生じている。このような状況に付け込んで、劣悪な環境で「サービス」を提供する者も存在する。

高齢者本人も含め「家族の誰かが犠牲にならなくてはならない」事態を避けるにはどうしたらよいか。この *Chapter* では、自分が将来介護を必要とするようになったときに、あるいは、家族ですべてを抱え込まないために知っておくべきこと、2000 年にスタートした介護保険を中心とする公的な介護サービスの保障のしくみについて学んでいこう。

1 介護保険の歩み

1 介護保険ができる前

　介護保険ができる以前、介護が必要な高齢者に対する公的な介護
サービスの給付は、主に老人福祉法の措置または老人保健法による
老人医療の仕組みによって行われていた。

(1) 老人福祉

　市町村は、老人福祉法に基づき、介護の必要な高齢者に対して、
福祉の措置として、ホームヘルパーの派遣や特別養護老人ホーム（特
養）への入所といったサービス給付を行っていた。

　しかし、**措置**の仕組みには、市町村がサービスの種類や提供機関
を決めるため決定内容が利用者本人の希望を必ずしも反映するとは
限らず利用者の権利保護が十分でないとか、競争原理が働かないの
でサービス内容が画一的で質の低いものにとどまりがちであるなど
の問題が指摘されていた。また、地域における介護サービスの供給
量が十分ではなく、サービスを利用するのに長期間待たなければな
らないこともしばしばであった。

(2) 老人保健（老人医療）

　自宅で暮らす要介護高齢者の場合、介護の必要度や家族介護者の
状況などによっては、福祉サービスが不十分だと自宅で生活し続け
ることは困難となる。しかし、特養は入所待ちの人が多く、すぐに
入所できるとは限らないし、福祉サービスを利用すると、本人と扶
養義務者の所得に応じた費用負担（応能負担）をしなくてはならな
いため、中高所得層には重い負担となっていた。そこで、そのよう
な要介護高齢者が向かった先が老人病院であった。医療保険の保険
証があれば、空いているベッド（病床）にすぐに入院できる。その結

果、医学的な必要性は低くても他に行く場所がないために入院し続ける「社会的入院」と呼ばれる事態が生じ、過剰な高齢者医療費を生じることになった。また、病院は基本的には治療のための施設であって生活施設ではないから、利用者（入院患者）の生活環境という点でも問題があったし、他方で、医療の側からすると、入院する医学的必要性の低い者のために病床や医療従事者という医療資源を割かれるという問題を生じた。

2 介護保険制度の展開

これらの問題は、制度自体に内在するものというよりは、制度の運用のあり方に関わるものなので、運用を改めることで対応することも可能であったかもしれない。しかし、長年続いた習慣を変えるのは容易なことではなく、1990年代以降、高齢社会の到来を見越した新しい高齢者介護制度の議論が重ねられた結果、新たな社会保険として介護保険を創設することになった。

(1) 介護保険法の制定

1997年に制定された介護保険法は、2000年4月から本格的に施行された。「走りながら考える」を合言葉に、不都合が生じたらその時に対応を考えることにして、まずは実施してみようということになったのである。

新たな制度では、公費負担の措置制度に代えて、給付と負担の関係が明確な社会保険の方式が採用された。給付の方式も、「**措置から契約へ**」という標語（→ *Chapter 7*-**4**-3）の下に、行政庁の決定によるサービスの実施から、利用者とサービス提供者との契約関係を基礎として、その費用を給付する形に改められた。サービス提供者には、従来の社会福祉法人に加え、農協やNPO、営利企業など多様な事業者が参入し、利用者負担は所得にかかわらず1割の定率負

担とされた。

(2) 2005年改正

　当初はサービスの利用は進むのかという懸念もあったが、実際に
スタートしてみると介護保険サービスの利用は軽度者を中心に大幅
に伸びた。そのため、2005年改正では、制度の持続可能性を図るべ
く、予防重視型システムへの転換を目指すとともに、施設入所者の
食費・居住費を保険給付外とするなどの見直しが行われた。また、
市町村内でのサービス利用を想定した**地域密着型サービス**という類
型が創設され、市町村長に指定等の権限が与えられた。

(3)　**地域包括ケアシステムの構築・推進に向けて**

　介護保険の利用は順調に伸び、この先さらに介護費用も増大する
と見込まれた。そこで、2011年改正では、団塊の世代が75歳にな
る2025年を目指して、高齢者が住み慣れた地域で自立した生活を
営めるよう、医療・介護・予防・住まい・生活支援サービスが切れ
目なく提供される「**地域包括ケアシステム**」の構築に向けた取組み
を進めるとともに、給付の効率化・重点化を進め、給付と負担のバ
ランスを図るための法改正が行われた。

　次いで、医療法の改正とセットで行われた2014年改正では、医療
と介護の連携強化を図るとともに、地域包括ケアシステムの構築に
向けた給付と負担の新たな見直しとして、①要支援者の訪問介護・
通所介護を法定給付から地域支援事業に移行する、②特養への新規
入所者を原則として要介護3以上の中重度者に重点化する、③一定
以上所得者の自己負担割合を1割から2割に引き上げる、④低所得
の施設利用者の食費・居住費負担を軽減する補足給付の要件に資産
を追加する、といった改正が行われた。

　続く2017年改正では、地域包括ケアシステムを推進するとともに、

介護保険制度の持続可能性を確保するために、①日常的な医学管理やターミナルの機能と生活施設としての機能を併せ持った新たな介護保険施設として、介護医療院を創設する、②介護保険と障害者福祉制度に共通の共生型サービスを創設する、③一定以上所得者の自己負担割合を3割に引き上げる、④介護納付金に総報酬制を導入する、といった改正が行われた。

　2020年改正では、共生社会の実現を図るための社会福祉法等の改正という枠組みの中で、地域の特性に応じた認知症施策の推進や医療・介護のデータ基盤の整備の推進、介護人材確保の取組の強化などが行われている。

　このように近年の法改正は3年ごとに行われているが、これは3年を1期とする介護保険事業計画の策定のサイクルに合わせて制度改正を行っているためである。

> **コラム20　老人福祉法はなくなったのか？**
>
> 　介護保険の実施により、それまで主に高齢者福祉サービスを担ってきた老人福祉法の役割の多くは介護保険法に移った。しかし、老人福祉法はその存在意義を失ったわけではない。介護保険は利用者とサービス提供者とのサービス利用契約の締結を前提とした仕組みだから、例えば、家族から虐待を受けていたり、認知症があるけれども本人を代理する家族がいないといったような、やむを得ない理由により介護保険の利用が困難な場合には、行政が職権で介入する必要がある（措置）。そして、虐待の状態から離脱したり、成年後見制度等により補助人等が付されるなどして状況が落ち着いたところで、介護保険の利用へと移行することになる。
>
> 　また、老人福祉法には、福祉の措置のほかにも、特養や有料老人ホームなどの設置運営に関する規制や老人福祉計画の策定など、サービス提供体制の確保に関する重要な役割が残されている。

┌─ **コラム21　地域包括ケアシステム** ─────────────

　団塊の世代（第１次ベビーブームが起きた 1947 年～1949 年に生まれた世代）がすべて 75 歳以上となる 2025 年に向けて、全国各地で地域包括ケアシステムの構築が目指されてきた。地域包括ケアシステムとは、高齢者が住み慣れた地域で生活し続けられるように、各地域で医療・介護・予防・住まい・生活支援を包括的に確保する体制のことである。

　地域包括ケアシステムの構築は、介護保険実施後の高齢者医療・介護政策の中心的な概念の１つとなっている。システムのありようは、地域によって異なり得る。大規模な施設で集約的にサービスが提供される地域もあれば、中小の施設・事業者のネットワークを通じて分散的にサービスが提供される地域もあるだろう。

　また、地域包括ケアシステムは、単に高齢者の生活に関係するさまざまな行政機関・専門職・事業者などの間の連携を深めてネットワークを形成しようというだけでなく、地域の社会資源を活用し、サービスの提供者（支える側）と利用者（支えられる側）を固定的に捉えるのでなく、高齢者自身を含む地域住民が共に支え合うという関係性の創出も目指している。その意味では、「地域共生社会」の実現や、広い意味でのまちづくりとも相通じるものといえる。

2　介護保険の保険関係

1　保　険　者

　介護保険を運営するのは、市町村及び特別区（以下、単に「市町村」という）である（介保３条１項）。ただ、小さな市町村だと保険者としての業務負担が重い場合もあるので、他の市町村とともに広域連合を組織している地域もある。

　市町村は、保険者として被保険者資格の管理や保険料の賦課・徴収などを行うほか、介護保険事業の特別会計を設けて介護保険に関

する収支を管理し、また、厚生労働大臣の定める基本指針に即して
3年を1期とする介護保険事業計画を定める。この事業計画では、
介護給付の対象となるサービスの種類ごとの見込量等が定められ、
その見込量等に基づいて第1号被保険者が負担する保険料の額が算
定される。

2 被保険者

　介護保険の被保険者は、①市町村の区域内に住所を有する65歳
以上の者（**第1号被保険者**）と、②市町村の区域内に住所を有する40
歳以上65歳未満の公的医療保険加入者（**第2号被保険者**）である（介
保9条）。「住所」の概念は、国民健康保険の場合と同じである。

　生活保護受給者の場合は、次のとおりである。まず、65歳以上の
場合には、国民健康保険や後期高齢者医療制度と異なり、生活保護
を受けている者も介護保険の被保険者となる。そして、生活保護制
度から、介護保険料の負担は生活扶助の介護保険料加算として、介
護保険サービスを利用したときの1割負担は介護扶助として、給付
を受ける。次に、40歳以上65歳未満の場合には、公的医療保険加
入者に限定されているので、生活保護を受けていれば（国民健康保険
の適用除外となるので）基本的に介護保険には加入せず、生活保護制
度から介護扶助として介護給付を受けることになる（→ *Chapter 10*）。

　このほか、後で見るように、1号と2号の違いは、要介護状態に
なった原因のいかんや、保険料の負担方法といった点にも現れる。

3　介護保険の給付を受けるには

1 要介護（要支援）認定

　保険証さえあればいつでも保険診療を受けられる医療保険とは異

なり、介護保険の給付を受けるためには、あらかじめ、被保険者が**要介護（要支援）状態**（介保7条1項・2項）に該当すること、及び、**要介護（要支援）状態区分**（いわゆる要介護度のことで、要支援1・2、要介護1～5の7段階がある）のいずれに該当するかについて、市町村の認定を受ける必要がある（介保19条）。これを**要介護（要支援）認定**という（以下では特に要支援を区別せず、要介護とのみ表記する）。

　要介護状態は、介護サービス供給体制の整備状況や家族による介護の可能性等を考慮せず、もっぱら被保険者本人の心身の状況に照らして判定される。ここが老人福祉の措置や障害者の自立支援給付と異なる点である。要介護状態区分は、介護に要する時間を基準として決定される。

2 認 定 手 続

　要介護認定を受けるためには、被保険者が市町村に要介護認定の申請をする必要がある（介保27条1項）。この申請は、指定居宅介護支援事業者（ケアマネ事業者）や介護保険施設、地域包括支援センターなどに代行してもらうこともできる。申請を受けた市町村は、調査担当者を申請者のもとに派遣して、申請者の心身の状況等について全国共通の調査票を用いて面接調査を行い、調査結果をコンピュータで分析して要介護時間を算出し、1次判定を行う。次に、1次判定の結果と主治医の意見書をもとに、市町村に設置された**介護認定審査会**が2次判定を行う。市町村は、2次判定の結果に基づき要介護認定を行い、原則として申請から30日以内に申請者に通知する。

　要介護認定がなされると、被保険者証に、該当する要介護状態区分と介護認定審査会の意見が記載される。市町村は、この意見に基づき、対象サービスの種類を指定することができる。要介護認定の効力は、申請日に遡って生じる。

　要介護認定には有効期間があり（新規の場合は約 6 カ月、継続の場合は約 12 カ月）、継続してサービスを受けるためには、原則として有効期間満了日の 2 カ月前から満了日までの間に、要介護認定の更新を受ける必要がある。

3　特定疾病

　第 1 号被保険者の場合には、要介護状態になった原因は問われないが、第 2 号被保険者の場合は、要介護状態の原因となる身体上・精神上の障害が「**特定疾病**」によって生じたものでなければならない。特定疾病とは、加齢に伴う心身の変化に起因する疾病として、脳血管疾患、パーキンソン病、関節リウマチ、筋萎 縮 性側索硬化症（ALS）、骨折を伴う骨粗 鬆 症、末期がんなどの 16 種類の疾病である（介保令 2 条）。このようにわが国の介護保険制度は要介護状態一般に対応するものではなく、主に加齢に伴う要介護状態に対応する「高齢期の介護保険」であるところに特徴がある。

4　ケアマネジメント

　要介護認定を受けた利用者は、自らの選んだサービス提供者との間でサービス利用契約を結んでサービスを受ける。しかし、在宅の要介護者の場合には、さまざまな介護保険サービスがあり、多様な事業者があるので、利用者本人やその家族が必要かつ適切なサービスの組み合わせを考えて事業者と調整することは難しい。そこで、介護保険では、①利用者のニーズの把握（アセスメント）、②サービス計画（ケアプラン）の作成、③事業者との連絡調整、④サービスの継続的な管理（モニタリング）、⑤再度のアセスメントという一連の過程を「**ケアマネジメント**」（居宅介護支援）と呼び、これらの業務を指定居宅介護支援事業者の**介護支援専門員**（ケアマネジャー）に担当してもらい、その費用を居宅介護サービス計画費（自己負担なしの保

険給付）として支給することにしている。

　なお、要支援者については、地域包括支援センターが介護予防の
マネジメントを担当する。施設入所者についても、施設のケアマネ
ジャーがケアプランを作成することになっている。いずれの場合も、
作成されたケアプラン通りにサービスが提供されたかが事後的に
チェックされる。

4　保 険 給 付

1　介護保険給付の種類

　介護保険法は、保険給付としてさまざまなものを定めている（**表
4-1、表4-2**）。

　ⅰ）**介護給付／予防給付**　　**介護給付**は要介護者に、**予防給付**は要
支援者に支給される。予防給付には施設サービスがない点が大きな
違いである。

　ⅱ）**居宅サービス／施設サービス**　　居宅サービスは在宅生活者に、
施設サービスは施設入所者に対するもので、それぞれ原則として
サービス費の支給という形で支給される。

　居宅サービスには、ホームヘルパー（訪問介護員）などが利用者の
自宅を訪れてサービスを提供する訪問系サービス、利用者が日中事
業所に赴いてデイサービスなどを受ける通所系サービス、利用者が
一時的に施設等に滞在する短期入所系サービスなどがあり、これら
のサービス区分と要介護度に応じて支給限度額が定められている。
医療保険と異なり、限度額を超えてサービスを受けること（**混合介
護**）も認められている（限度額を超える分は全額自己負担となる）。居
宅サービスには、訪問看護やリハビリテーションといった医療系の

◆ 表4-1　介護保険のサービス一覧

		介護給付	予防給付
居宅サービス	訪問	訪問介護（ホームヘルプ） 訪問入浴介護 訪問看護 訪問リハビリテーション 居宅療養管理指導	— 介護予防訪問入浴介護 介護予防訪問看護 介護予防訪問リハビリテーション 介護予防居宅療養管理指導
	通所	通所介護（デイサービス） 通所リハビリテーション（デイケア）	— 介護予防通所リハビリテーション
	短期入所	短期入所生活介護（ショートステイ） 短期入所療養介護	介護予防短期入所生活介護 介護予防短期入所療養介護
	特定施設	特定施設入居者生活介護	介護予防特定施設入居者生活介護
	福祉用具	福祉用具貸与 特定福祉用具販売	介護予防福祉用具貸与 介護予防特定福祉用具販売
地域密着型サービス		定期巡回・随時訪問型訪問介護看護 夜間対応型訪問介護 地域密着型通所介護 認知症対応型通所介護 小規模多機能型居宅介護 看護小規模多機能型居宅介護 認知症対応型共同生活介護（グループホーム） 地域密着型特定施設入居者生活介護（小規模介護専用型特定施設） 地域密着型介護老人福祉施設入所者生活介護（小規模介護老人福祉施設）	— — — 介護予防認知症対応型通所介護 介護予防小規模多機能型居宅介護 介護予防認知症対応型共同生活介護 — —
その他		居宅介護支援 住宅改修	介護予防支援 住宅改修
施設サービス		介護老人福祉施設（特別養護老人ホーム） 介護老人保健施設（老人保健施設） 介護療養型医療施設 介護医療院	— — — —
市町村特別給付		おむつの支給、移送、通所入浴、寝具乾燥、配食、訪問理美容など	

◆ 表4-2　介護保険の給付

介護給付	予防給付
居宅介護サービス費	介護予防サービス費
地域密着型介護サービス費	地域密着型介護予防サービス費
居宅介護福祉用具購入費	介護予防福祉用具購入費
居宅介護住宅改修費	介護予防住宅改修費
居宅介護サービス計画費	介護予防サービス計画費
施設介護サービス費	―
高額介護サービス費	高額介護予防サービス費
高額医療合算介護サービス費	高額医療合算介護予防サービス費
特定入所者介護サービス費	特定入所者介護予防サービス費

サービスも含まれている。

　施設サービスは、介護保険施設に入所して提供されるものをいう。介護保険施設には、原則終身利用の生活施設である介護老人福祉施設（特養）と、本来は在宅復帰に向けた経過的施設である介護老人保健施設（老健）がある。また、経過的に存続してきた介護療養型医療施設（病院の介護保険適用のベッド）に代わる施設として、2018年度から前述の介護医療院が加わった（介護療養型医療施設は2023年度末まで存続が認められる）。介護保険は居宅介護を原則としているが、居宅サービスの保障水準は必ずしも十分とはいえないことから、家族介護者にかかる負担も大きく、施設入所のニーズは依然として少なくない。しかし、施設の整備は、それ自体費用がかかることに加えて、給付費の増加とそれに伴う保険料の上昇を招くことから、必ずしも進んでおらず、多くの入所待機者がいる状況はなかなか改善

されていない。

　なお、有料老人ホーム等は居宅として扱われ、そこで提供される介護サービスは特定施設入居者生活介護として、給付の対象となる。

　iii）**地域密着型サービス**　2005年改正で創設された**地域密着型サービス**は、住み慣れた地域での生活を支えるためのサービスで、原則として当該市町村の住民のみが利用でき、保険者である市町村が指定・監督の権限を有するものである（一般の介護サービスは、都道府県知事の指定・監督の下に置かれ、市町村の範囲を超えた広域的な利用が可能）。市町村は、国の基準の範囲内で、独自の指定基準や介護報酬を定めることができる。

　iv）**市町村特別給付**　以上の法律上定められた給付のほか、市町村は、第1号被保険者の保険料を財源として、条例で独自に**市町村特別給付**を行うことができる。おむつの支給、移送、通所入浴、寝具乾燥、配食、訪問理美容などがある。

> **コラム22　高齢者の住まい**
>
> 　家族のあり方、暮らし方が変容する中、高齢者の居住形態も独居から夫婦2人世帯、3世代同居まで、多様化している。高齢者向けの施設には、特養などの介護保険施設のほかにもさまざまな類型のものがあって、頭がこんがらがってしまいそう。
>
> 　介護保険では、有料老人ホーム（介護付）・養護老人ホーム・軽費老人ホームの3つを「**特定施設**」として、特定施設入居者生活介護という居宅サービスの対象としている（自宅扱い）。
>
> 　これらのなかで最もなじみがあるのは有料老人ホームだろう。現在、有料老人ホームは、介護保険の適用やサービスの内容に応じて介護付・住宅型・健康型の3つがあり、特定施設となるのは介護付のみである。これには介護が必要となったときに施設スタッフがサービスを提供する一般型と、外部の事業者に包括委託する外部サービス利用型がある。住宅型の場合には、外部の事業者と別途契

約をして居宅サービスを受ける。健康型では、介護が必要になったら、契約を解除して退去しなければならない。居住部分の契約方式には、利用権方式（入居時に多額の入居一時金を支払い、終身利用権を得る）、建物賃貸借方式（入居一時金とは別に、毎月家賃等を支払う）、終身建物賃貸借方式がある。

「サービス付き高齢者向け住宅」（サ高住）は、高齢者の居住の安定確保に関する法律（高齢者住まい法）に基づき国土交通省と厚生労働省が共同で所管する高齢者住宅である。一定の面積や設備を備えたバリアフリー構造の住宅で、ケアの専門家による安否確認サービスや生活支援サービスが提供され、高齢者に配慮した契約内容となっているものをいい、事業者が都道府県に申請して、登録を受ける（5年ごとに更新）。提供されるサービス内容によっては、有料老人ホームとして特定施設に該当することがある。

情報を見比べて、自分ならどのような住まいが良いか、考えてみよう。

🎧 2 利用者負担

介護保険サービスの利用に要した費用は、ケアマネジメントにかかる居宅介護サービス計画費等を除いて、原則として利用者負担分を除いた部分が給付費として支給されることになっている（介保41条等）。もっとも、実際には介護報酬として保険者から事業者・施設に支払われるため（**代理受領**）、利用者は利用者負担分のみをサービス利用時に事業者・施設に支払うことになる。利用者負担の割合は、当初は一律1割であったが、現在では、一定以上の所得のある者については2割または3割に引き上げられている。

施設入所者やショートステイ利用者等の食費・居住費は2005年改正で利用者が負担することになったが、低所得者の負担を軽減するため、保険料の所得段階に応じた補足給付（特定入所者介護サービ

ス費）により、低所得者の負担を軽減している。

　また、要介護者が 1 カ月に支払った利用者負担が、所得区分に応じて世帯単位及び個人単位で設定された利用者負担限度額を超える場合には、超えた分が申請により高額介護サービス費として払い戻される。さらに、介護保険の利用者負担額と医療保険または後期高齢者医療の一部負担金等の合計額が限度額を超える場合には、高額医療合算介護サービス費が支給される。その他にもさまざまな負担軽減措置が行われているので、市町村の介護保険の窓口で聞いてみるといいだろう。

5　地域支援事業

　市町村は、被保険者が要介護状態になることを予防し、また、要介護状態になった場合でも可能な限り地域で自立した日常生活を営めるよう支援するため、保険給付とは別に、**地域支援事業**を行う。同事業は、予防重視型システムへの転換を図った 2005 年改正で創設されたもので、公費と保険料を財源として行われる。

　地域包括ケアシステムの推進に向けて、現在、地域支援事業には、①介護予防・日常生活支援総合事業、②包括的支援事業、③任意事業の 3 種類があり、①と②は必ず行うべき必須事業とされている。

　介護予防・日常生活支援総合事業は、要支援者および非該当者を対象とするもので、介護予防・生活支援サービス事業と一般介護予防事業からなる。要支援者向けの訪問介護・通所介護は、2014 年改正で、保険給付から外れて総合事業に移行した。

　包括的支援事業には、地域包括支援センター運営事業（介護予防ケアマネジメント、地域ケア介護の充実）、在宅医療・介護連携推進事

業、認知症総合支援事業、生活支援体制整備事業がある。**地域包括支援センター**は、包括的支援事業と要支援者のケアマネジメントを行う機関で、地域包括ケアシステムの中核となる存在である。市町村または委託を受けた法人が設置・運営し、保健師・社会福祉士・主任介護支援専門員の3職種が配置される。介護保険のことで何か分からないことがあったら、近くの地域包括支援センターに尋ねてみるとよいだろう。

任意事業には、介護給付費適正化事業や家族介護支援事業などがある。

6 介護保険サービス提供体制

1 事業者・施設の指定制度

介護保険による給付は、原則として指定を受けた事業者・施設からサービスを受けたときに支給される。事業者・施設の側からすると、**指定**を受けることで、介護保険給付の対象となるサービスを利用者に提供できる地位を得ることになる（なお、施設の開設自体は、老人保健施設を除き、老人福祉法や医療法で規制されている）。

指定は事業者・施設からの申請に基づいて行われ、都道府県が条例で定める人員・設備・運営に関する基準等を満たしていない場合など、法律で列挙された指定拒否事由に該当しなければ、都道府県知事（地域密着型サービスの場合は市町村）により指定が行われる。指定は6年ごとに更新され、基準を満たしているかが定期的にチェックされる。なお、施設系のサービスについては、サービス供給量が介護保険の財政に与える影響を考慮して、都道府県や市町村の各計画に定められた入所定員等に照らして指定を拒否できること

になっており、量的な規制がかけられている。

　基準に従った適正な運営がなされるように、都道府県や市町村には監督権限が与えられており、勧告や措置命令等を経ても違反が是正されなければ、最終的に指定は取り消され得る。

2 介護報酬の請求・審査・支払

　介護保険の給付について代理受領の方式が採られる場合には、給付相当額は**介護報酬**として事業者・施設に支払われる。

　介護報酬はサービスの種類ごとに単位数の形で設定されている。1単位当たりの単価は、人件費の格差を考慮し、地域区分とサービスの種類に応じて10円から11.40円の範囲で設定されている。事業者・施設は、単位数に単価をかけて介護報酬額を算定し、月ごとに国保連に請求する。国保連は審査を行い、適正であると認める分について支払を行う。基本的に医療保険の診療報酬と同じような形で処理されている。

　なお、介護報酬の不正請求があった場合には、受け取った報酬額の返還が求められるほか、4割相当額の徴収金が徴収される。

7 介護保険の財政

1 財源の構成

　介護保険の財政は、被保険者が支払う**介護保険料**（50％）と国・地方公共団体が負担する公費（50％）によって賄われる。

　公費負担分の内訳は、①居宅給付費は国25％、都道府県12.5％、市町村12.5％、②施設等給付費は国20％、都道府県17.5％、市町村12.5％である。なお、国の負担分の5％は調整交付金とされ、市町村間の高齢者の所得分布等に応じて調整される。

　保険料負担分の内訳は、計画期間ごとに、第1号被保険者と第2号被保険者の全国レベルでの人数比によって定められ、第8期（2021〜2023年度）は第1号保険料23％、第2号保険料27％である。高齢化が進む中、第1号保険料の負担割合が徐々に増えてきている。

2 第1号保険料

　市町村は、介護保険事業の費用に充てるため、第1号被保険者から保険料を徴収する。**第1号保険料**は、市町村ごとに、各計画期間（3年間）の保険給付費の見込額等に基づき算定される。所得段階別の定額保険料の方式が採られており、第1号被保険者本人が市町村民税非課税の場合を基準額として、本人課税の場合には一定率を割増した額、世帯非課税の場合には一定率を軽減した額となる。第8期では、9段階を標準としているが、高所得者に応分の負担を求めるとともに低所得者の負担を軽減するため、標準よりも多くの段階を定めることもできる。

　第1号保険料は、年額18万円（月額15,000円）以上の公的年金給付を受けている場合には、年金保険者が支給する年金から天引きして納付する形で徴収される（特別徴収）。それ以外の場合には、送付された納入通知書を用いて納める普通徴収の方法による（口座振替等も可能）。納付義務は第1号被保険者本人が負うが、世帯主と配偶者も連帯して納付義務を負う。保険料の滞納があると、一定の給付制限の対象となるので注意しよう。なお、災害等の場合には、申請により保険料の納付猶予や減免が認められる仕組みがある。

3 第2号保険料

　第2号被保険者が負担する保険料は、医療保険料として一括徴収され、医療保険者から介護納付金として社会保険診療報酬支払基金に納付された後、各市町村に交付金として定率交付される。**第2号保険料**は、被用者保険加入者の場合は労使折半であり、国保加入者

の場合は国庫補助が行われる。医療保険と同様に、介護納付金についても被用者保険間で総報酬割が導入されている。

4 財政安定化基金

給付費が予想を上回って伸びたり、市町村が通常の徴収努力を行っても保険料の未納が生じたりしたために財政不足が生じた場合には、都道府県が設置する**財政安定化基金**から資金の交付や貸付を受けることができる。基金の財源は国・都道府県・市町村が3分の1ずつ負担する。

8 介護保険の課題

1 制度の持続可能性

介護保険は人々の介護ニーズを掘り起こすことに成功し、給付面では順調に発展してきた。ただ、給付が増えれば負担も増えるわけで、現在では制度の持続可能性、つまり、今後も今の介護保険制度を維持していけるのだろうか、という点が課題となっている。

介護保険の目的は高齢期の介護保障、すなわち、介護の必要な高齢者に、そのニーズを満たし得る質と量のサービスを保障することであり、介護保険はそのような目的を実現するために採用された手段である。そうであれば、介護保障という目的を実現できる手段が他にあるならば、介護保険制度をどうしても維持しなければならないというわけではない。しかし、過去の経験とこれまでの展開を振り返って、やはり介護保険という方法がベターだと判断するならば、介護保険制度を今後も維持していくための方法を考える必要がある。

介護保険財政の構造からすれば、給付費の増加は必然的に保険料の上昇を招く。高齢者の負担能力を考えて、第1号保険料の引き上

げには限界があるとすれば、現行の枠組みを前提として考えられる
対応策には、次の２つがあり得る。１つは、保険料に代わる他の財
源を投入することで、具体的には（第２号保険料の負担割合の引き上
げも難しいとすれば）、公費負担の割合を高めることが考えられる。
ただ、そうすると介護保険の財源の半分以上を保険料ではない公費
が占めることになり、社会保険の性質に関わる議論を生みかねない
（例えば、財源のうち保険料が１％でも存在すれば社会保険といえるの
か？）。

　もう１つは、給付を抑えることである。間接的な方法としては、
介護予防に積極的に取り組み、なるべく要介護状態にならないよう
にすることがあるが、効果はすぐには現れにくい。もちろん、予防
を強調しすぎることによって要介護状態になったことへの非難をも
たらすようになっては本末転倒である。より直接的な方法は、給付
の（範囲と水準の）見直しである。実際、近年の改正では、給付の一
部を事業に移したり、上位所得者の一部負担割合を増やすといった
手法がとられており、今後も引き続き見直しが行われていくものと
思われる。

2 被保険者の範囲

　現行制度の枠組を修正することになるが、介護保険の支え手を増
やすため、介護保険に加入する年齢を今の40歳から引き下げ、被保
険者の範囲を拡大することも考えられる。もっとも、その場合には、
高齢期の介護保障を担うもの、という今の介護保険制度の前提を見
直すことが必要になろう。新たに介護保険に加入することになる若
年者にとって、「加齢に伴う要介護状態」という保険事故に遭遇する
可能性がほぼ皆無であれば、もはやそれは保険ではなく、保険料の
支払いは税金の納付と異ならない。したがって、もし介護保険への

加入年齢を引き下げるのであれば、要介護状態となった原因を問うことなく、要介護状態そのものを保険事故とすべきことになろう。

そうなると今度は、現在、若年期の要介護状態もカバーしている障害者福祉の制度との関係を整理する必要が生じよう。保険優先を原則とし、介護保険では足りない分を障害者福祉制度で補完する、という基本構造を前提とした上で、介護保険でどこまでカバーするのかを再検討する必要がある。

3　介護従事者の確保

介護の仕事は、一定のスキルを必要とする上、心身ともに何かと負荷の多い重労働であるが、その割に賃金水準は高くない。どんなに優れた制度があっても、どんなに立派な施設があっても、実際にそこで介護の仕事をする人がいなければ、介護サービスは提供できない。介護ニーズに見合った介護従事者の量と質を確保することが課題である。

現在、介護従事者の確保策として、①参入促進、②資質の向上、③労働環境・処遇の改善という3つの柱の下にさまざまな事業が試みられているが、即効性のある対策というのは難しい。例えば、介護従事者の賃金水準を引き上げるとしても、個々の介護従事者にどれくらいの賃金を支払うかは、各事業者の経営判断による。事業者の収入の大部分は介護報酬によるから、介護報酬を引き上げて、それによる増収分を賃金の引上げに充ててもらおうとしても、必ずそうなるという保証はない。また、介護報酬を引き上げれば、利用者の支払う一部負担金も増える。より良いサービスを受けられるのであれば利用者の利益にもなるが、高齢者の負担能力も考えておかなければならないだろう。

外国人の受け入れに期待する向きもあるが、優良な外国人介護従

事者ほど、日本に限らずより良い就労環境を求めるだろうから、過度の期待はしないほうがよい。

【参考文献】

　　介護保険制度はどんどん複雑化しているが、本質に立ち返って考えるには、堤修三『介護保険の意味論』（中央法規、2010 年）が有用だ。制度の詳細については、増田雅暢『逐条解説 介護保険法（2016 改訂版）』（法研、2016 年）が詳しい。各国の介護保障制度については、増田雅暢編『世界の介護保障』（法律文化社、2008 年）が便利。大熊由紀子『物語介護保険（上）・（下）』（岩波書店、2010 年）には、介護保険制度の創設をめぐるドラマが描かれている。

Bridgebook

Chapter **5**

労 災 補 償

> **Let's Study**　「過労死」「過労自殺」という言葉は、聞いたことが
> あるだろうか？　厚生労働省の調べによると、「過
> 労死」といわれる脳血管疾患・虚血性心疾患等によ
> る労災補償件数は、年度により増減があり、2019 年度で 936 件の請
> 求があった（うち業務上と認定されたのは 216 件）。一方、精神障害を
> 理由とする労災補償の請求件数は増加の一途をたどっており、2019
> 年度で 2060 件にのぼる（うち業務上と認定されたのは 509 件）。この
> うち 88 件は自殺の事例である。前者は 40 代以降、後者は 30 代以
> 降という働き盛りに多いという特徴がある（以上、厚生労働省による
> 令和元年度「過労死等の労災補償状況」より）。
>
> 　多くの人は、日々の生活のため、またやりがいを求めて仕事をし
> ているのだが、その仕事が原因でけがをしたり病気になったりした
> 場合、働く人はどうすればいいのだろうか。最悪の場合、上記のよ
> うな「過労死」「過労自殺」にもなりかねない。また、職場に向かう
> 途中、交通事故に遭って負傷することも考えられる。このような場
> 合に備えて、労働者を対象とする労災保険制度は様々な補償を用意
> している。また、使用者が労働者の安全を十分に確保するよう配慮
> していなかったために、労働者がけがや病気を負ってしまった場合、
> その使用者自身に責任を問うこともできる。
>
> 　ここでは、労災保険制度の補償内容と補償の仕組み、使用者が負
> う安全配慮義務とそれにかかわる民事訴訟を主に取り上げる。

1 労災補償制度の成り立ち

1 労災補償制度の特徴

(1) 労災保険の役割

　雇われて仕事をする労働者のための社会保険に、労災保険と雇用保険がある。両者を合わせて**労働保険**というが、いずれも労働災害や失業という、労働者特有のリスクに備える役割を担っている。このうち、労災保険は、業務災害といって、仕事が原因でけがをしたり病気をしたりした場合に、その災害に遭った労働者に対して必要な医療サービスを提供したり、仕事を休んでいる間の所得補償を行っている。病気やけがに対しては公的な医療保険があるということは、すでに *Chapter 3* で学んだ。それなのになぜ、労災保険が別個に存在するのだろうか？それは、労災保険の成り立ちと関係がある。

(2) 無過失責任での補償

　労災保険がなかったころは、原因が何であれ、病気やけがはすべて医療保険の対象とされていた。仕事が原因の病気やけがの責任は、だれが負うべきだろうか？ それは、労働者を働かせることで利益を得ている使用者だといえる。しかし、実際に使用者に責任を問うことは難しい。なぜなら、私法の原則からいうと、災害が発生したことについて使用者に故意あるいは過失があったと証明されなければならないからである。この証明ができないと、結局、労働者は補償を受けられなくなってしまう。そこで、労働者を保護するために、労働基準法は使用者に災害補償の義務を課し、実行しなかった場合の罰則を用意している（労基法「第8章災害補償」〔75条 - 88条〕）。これにより、故意・過失の有無を問わず、使用者に災害補償の責任を問うことができるようになった。しかし、これでも十分とはいえない。

⑶　補償責任の社会保険化

　なぜなら、あくまで補償責任が問われるのは使用者個人だからである。その使用者に支払能力がなかった場合、やはり労働者は実際に病気やけがに対する補償を受けることはできない。労災保険制度は、この問題点を解決するために作られた。保険の仕組みを用いることで、労働者の病気・けがへの補償責任を負う使用者が皆でそのリスクを分かち合うことができ、労働者も保険から確実に必要な給付を受けることができるようになる。

　こうして創設された労災保険は、正式名称を労働者災害補償保険という。つまり、労働者の災害に対する使用者の補償責任をカバーする保険というわけだ。使用者の補償責任が基礎にあるということは、事業主だけが労災保険の保険料を負担し、被災労働者は自己負担なく治療等の必要な医療サービスを受けることができる、といった点にも表れている。

2　労災保険制度の広がり

　労災保険制度ができた当初、労災保険の給付は労基法の災害補償と同内容であったが、時を経るにつれて、給付の範囲や水準が充実してきた。つまり、中小零細企業の事業主や独立自営業者にも加入を認める特別加入制度や通勤途上の災害を対象とする通勤災害制度が新たに導入され、給付の形態も一時金に加えて年金が取り入れられた。2020年9月には、複数の会社に雇用されている労働者、いわゆるマルチ・ジョブホルダーが被災した場合に労災認定されやすくする改正も行われた。

　こうした状況は、労基法から離れて労災保険独自の道を歩み始めたとして「**労災のひとり歩き**」現象と呼ばれる。

2 労災保険の保険関係

労災保険法は、労働者を使用するすべての事業に強制適用される（労災３条）。独自の労災補償制度がある公務員は適用除外で、農林水産業で労働者５人未満の個人経営事業などは暫定的に任意適用とされている。保険関係は事業主が事業を開始した日に成立し、事業主は保険者である政府に対して保険料を納付する義務を負い、被災した労働者やその遺族には給付請求権が生じる（徴収３条・４条）。保険関係は、事業が廃止される、あるいは終了した日の翌日に消滅する（徴収４条の２・５条）。このように労災保険では、「事業」を単位として保険関係が発生し、保険料が納付される。

🦈 1 労災保険の被保険者？

⑴ 労災保険における労働者

労災保険では、事業主が保険料を納付し、労働者は被災した場合に給付の対象となる。このように、保険料納付義務者と受給権者が異なるため、他の社会保険にある被保険者は存在しない。では、どのような者が「**労働者**」として労災保険の給付対象となるのだろうか？

　ⅰ）「使用される者」とは？　このことについて労災保険法に明文規定はないが、労災保険制度が労基法の災害補償制度を基礎に成り立っていることから、労基法９条にいう労働者と同じだと解されている。つまり、事業に「使用される者」で「賃金を支払われる者」のことで、正社員かアルバイトかといった雇用形態は問わない。この「使用される者」とは、使用者の指揮命令下にある者のことをいい、契約の形式ではなく、労働実態から指揮命令下にあるか否かが判断される。例えば、傭車運転手という自己の所有するトラックを用いて運送業務に従事する者について、労災保険法上の労働者に該

当するかが争われた横浜南労基署長事件（最一小判平8・11・28労判714号14頁）では、指揮監督の態様や時間的、場所的な拘束の程度、報酬の支払方法等からみて労災保険法上の労働者に該当しないと判断された。近年は、働き方が多様化したことで「労働者」に該当するかの判断が難しいことも多い。

(2)　特別加入制度

労災保険は、「労働者」が業務災害や通勤災害を被った時にその補償として給付を与えることを目的とするので、労働者でない者、例えば、事業主や自営業者、家族従業者等は、仕事中に被災しても給付を受けられない。しかし、中には労働者と同様の保護が必要だと考えられる場合もある。そこで、①中小事業主とその家族従業者、②一人親方とその家族従業者、③特定事業従事者（特定農作業従事者・家内労働者など）、④海外派遣者については、**特別加入**が認められている。ただし、特別加入した場合でも、業務のすべてについて労災保険で保護されるわけではなく、対象となるのは、「労働者の行う業務に準じた業務の範囲」に限定される（東京地判平7・11・9判時1551号133頁）。

なお、2020年9月からは、雇用労働と特別加入をする就業を掛け持ちしている場合や特別加入をする就業を複数している者が、2021年4月からは、創業支援等措置に基づいて事業を行う高年齢者も労災保険給付の対象となることになった。

2　保　険　者

労災保険は、国が保険者となる（労災2条）。労災保険は、**1**でみたように労基法とのかかわりが深いため、保険適用や保険料徴収、労働災害にあたるかの認定や給付等の事務は労働基準監督署が主に行っている。

3 労災保険の財政

　労災保険の財源は、①事業主が負担する保険料、②国庫負担、③積立金とその運用収入からなる。財源のほとんどは、①で占められている。

1 保険料の仕組み

　労災保険の保険料は、徴収法の定めに従い、**労働保険料**として雇用保険の保険料と一括して徴収される。このうち、労災保険の保険料は、全額事業主が負担し、賃金総額に一定の保険料率を乗じて算出される。

　労災保険料率は、すべての適用事業の過去3年間の業務災害と通勤災害の災害率などを考慮して、0.25％（金融・保険業、通信業など）から8.8％（金属鉱業など）の間で事業の種類ごとに定められる。事業が異なれば、災害発生率も異なるという考えに基づいているのだが、災害の発生率は、事業場によっても違いがある。そこで、過去の災害発生率に応じて保険料率を一定範囲で上下させる**メリット制**が採用されている（徴収12条3項）。つまり、災害発生率を低くすれば保険料率が下がるので、事業場が労災予防に努めるインセンティブとなる。

2 労働保険事務組合

　保険料の納付や各種申請は、本来事業主が行わなければならないが、中小企業の事業主はこれらの事務を**労働保険事務組合**に委託することができる。労働保険事務組合は、厚生労働大臣の認可を受けて事業主団体が設立するもので、中小企業の労働保険手続を簡素化し、労働保険への加入を促進する役割を担っている。

4　どのような災害が労災保険の対象となるか

1　業務上外認定の仕組み

(1)　業務上傷病とは

　労災保険の給付は、労働者に生じた負傷・疾病・障害・死亡が「業務上の事由」または「通勤」によると認定されると支給される（労基75条、労災1条）。認定は、労働基準監督署長が行う。しかし、どのような場合に「業務上」の傷病と判断されるのかは、労災保険法には規定されていない。そこで、たくさんの労災保険給付申請を処理するために示される行政解釈をみてみると、「業務上」傷病は下の図5-1のように捉えられている。まず、労災には、事故（物との接触や転落など、発生状況が時間的に明確な突発的出来事）をきっかけに生じる負傷や疾病と事故をきっかけとしない職業性疾病とがある。事故と負傷・疾病の関係（②③）は、医学的に判断されるべきことなので、業務上外認定にとっては、業務と事故（①）、あるいは業務と職業性疾病（④）の間が重要となる。

(2)　給付対象となるのは、業務起因性がある傷病

　被災労働者の傷病が「業務上」であると認められるには、客観的にその傷病が業務に起因して発生したものだといえなければならない。使用者の指揮命令に従って業務に従事していたところ、傷病を

◆図5-1　業務上傷病とは？

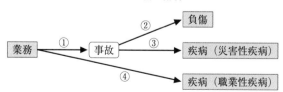

発症したというように、その業務と傷病との間に一定の因果関係が必要となる。この業務を原因とすることを**業務起因性**という。労災保険は事業主が保険料を負担して労災の発生に備える制度であるので、業務起因性がある場合にのみ、その傷病に対して事業主が責任を負うべき、すなわち労災保険の給付の対象とすべきだと考えるのである。

まず業務遂行性が必要　　行政実務では、「業務起因性」を判断する前に「業務遂行性」の有無を検討する。この**業務遂行性**とは、労働者が業務を行っていた状態にあること、つまり、労働者が労働契約に基づいて使用者の支配下において労務を提供していたということを意味する。使用者の支配下にあったとして業務遂行性が認められてはじめて、次に発生した傷病と業務との間に客観的な因果関係があったかどうかを検討する。業務遂行性がなければ業務起因性は認められないことから、業務遂行性は、業務起因性の第一次的判断基準だといわれる。しかし、業務遂行性があったとしても必ずしも業務起因性が認められるわけではない。

　具体的には、**図5-1**①④の間で業務起因性が認められ、**図5-1**②③で医学的にみて事故と傷病との間に因果関係があると認められると、その傷病は「業務上」生じたものとして、労災保険の給付対象となるのである。以下では、事故性の傷病（**図5-1**①）と事故が介在しない職業性疾病（いわゆる職業病、**図5-1**④）に分けて、どのような場合に業務遂行性や業務起因性が認められるのかを述べよう。

2 事故性の傷病の場合

⑴　**事故性の傷病についての業務上外認定**

　図5-1①の、事故が業務に起因するか否かの具体的な判断は、事故の発生場所と時間とに着目して、次の4つに分けて考えよう。

ⅰ）**職場内で就業時間中の事故**　この場合は、原則として労働者は使用者の指揮命令のもとで労務を提供しているものとして、業務遂行性と業務起因性はともに認められる。仕事に従事していた際に事故が起きた場合はもちろんのこと、作業の準備中やトイレへ行くなど仕事に必然的に伴う行為をしている際に事故が起きた場合にも、業務遂行性も業務起因性もあると判断される。他方で、使用者の指揮命令に従わずに労働者が勝手にとった行動が原因で事故が起きた場合や労働者が故意に事故を発生させた場合などは、業務起因性が否定される。

ⅱ）**休憩時間中の事故は？**　労働者が職場内にいる場合でも、休憩時間中は業務に従事していない。しかし、休憩時間中に同僚とスポーツをしていたら転倒して負傷する、といった事故が起きうる。こうした休憩時間中の事故については、業務には従事していないが労働者が職場内にいる場合には、業務遂行性はあると判断される。しかし業務起因性は、事業場施設に不備があったり欠陥があったために事故が生じた場合にのみ、肯定される。先の例だと、スポーツ中にぶつかった施設の手すりが腐食したために転倒したなどの事情があれば、業務起因性は認められるだろう。また、形式的には休憩時間中だが、使用者からの指示に従って作業をしていたような場合には、業務遂行性も業務起因性もあると判断される。

ⅲ）**事業場の外で業務をしていた場合**　では、出張や得意先外回りなどを命じられて、労働者が事業場の外で業務を行っていた場合はどうだろうか？　この場合は、実際に業務を行っていない移動中や食事などの私的な行為をしている間も含めて、その最中に発生した事故については原則として業務遂行性があると認められる。他方で、出張業務以外の私的な目的のために出張の経路をはずれた場合、例えば出張先の観光名所に立ち寄ろうとした際に起きた事故につい

ては、もはや業務をしているとはいえないとして業務遂行性が否定される。

　ホテルなどでの宿泊中に生じた事故についても、特別の事情がない限り出張業務に起因する災害として業務上と認められる（福岡高判平5・4・28判タ832号110頁）。しかし、積極的に私的な行為をとったために事故が生じたと考えられる場合、例えば、宿泊先で飲酒して泥酔していたために階段から落ちてけがをしたようなケースでは、泥酔したことにその原因があるとして、業務起因性は否定される。

　iv）**業務か否かが問題となる場合**　　では、運動会や社内旅行、取引先の接待の際に負傷した場合はどうなるだろう？　こうした社外行事については、その参加や出席が使用者の業務命令であるといった特別の事情がある場合には業務遂行性が認められる。例えば、取引先とのゴルフは、単に親睦を図るために行われたものである場合は業務ではないが、その場で取引に関する重要な話し合いをするとして使用者から特別に命令を受けて行事に参加したという場合は、業務に従事していたとして、業務遂行性と業務起因性が認められることがある。

> **コラム23　独立自営業者が仕事中に負傷したら？**
>
> 　「働く」方法は、実は多様である。会社に勤める、アルバイトをする、公務員になる他に、自分で会社を始めたり、フリーランスで仕事をすることもできる。後者の雇われずに働く人のうち、ひとりで業務を行っている人を「独立自営業者」と呼ぶ。具体的には、自営業者、フリーランス、個人事業主として働く人たちのことだ。最近では、クラウドソーシングというインターネット上で仕事と人を仲介する仕組みを使って仕事をするクラウドワーカーや、単発で仕事を請け負うギグワーカーも増えてきている。こうした独立自営業者は、自分で取引先や業務量を決められるといった自由度が高い反面、

仕事がなくなった場合や仕事中にけがをした際の補償がないという側面がある。

　労働者であれば、失業時には雇用保険が、仕事による病気・ケガには労災保険が用意されている。この背景には、失業して賃金を失うと、労働者の生活が成り立たないし、使用者は労働者を雇って利益を上げているのだから、仕事が原因で災害が起きた場合はその補償責任も負うべきであるという考え方がある。これに対して独立自営業者は、自分の裁量で仕事を行うので、仕事を失った場合の生活維持も仕事が原因で被災した際の補償も、本人が責任を持つべきだと考えられてきた。しかし、独立自営業者の中には、特定の取引先から仕事を受注しており、労働者と似た働き方をしている者もいる。その場合、仕事を失ったり、病気・ケガをした際のダメージも労働者に類似するので、損害の全てを独立自営業者自身が負わなければならないのは酷なようにも思われる。

　現在は、労働者かそうでないかによって社会保障の内容が異なっているのだが、労働者の中にも副業や兼業をする者も増え、労働者とそれ以外の働き方の垣根は低くなってきている。今後ますます、働き方の多様化は進むであろう。それに合わせて、社会保障制度も働き方に左右されない仕組みへと転換することが求められている。

3　職業性疾病（職業病）の場合（図5-1④）

(1)　職業性疾病についての業務上外認定

　ⅰ）困難な立証　　1でみた業務上の傷病と異なり、**職業性疾病（職業病）**は何らかのアクシデントをきっかけに発症するわけではない。しかも多くの場合は、長期にわたって有害物質に接したり、過重労働が行われたりしたためにゆっくりと症状が進行し、次第に病気になるという経過をたどる。しかも、業務に従事している間ではなく、就業時間外や自宅にいるときに発症することもある。さらに、病気の発症要因は、業務要因に加えてその労働者自身に基礎疾病が

あったり、加齢や生活要因が影響したりすることもあり、その業務起因性を立証することはきわめて難しい。

ⅱ）**具体的な職業性疾病**　そこで、労基法では、業務との因果関係が確定した疾病を定型化し、例示列挙することでその業務起因性を認めている（労基 75 条 2 項、労基則 35 条、別表第 1 の 2。以下、**表 5 - 1**）。例えば、チェンソーを使ったために指先の毛細血管が切断されて循環障害が生じる白ろう病や、粉塵が舞い散る場所で業務したことによるじん肺などが典型例である。いわゆる「過労死」を引き起こす脳・心臓疾患は第 8 号に、第 9 号には、過重労働による精神疾患が挙げられている。この脳・心臓疾患と精神疾患には、複数の会社に雇用され、業務を行ったことを原因として発症した場合も含まれる（改正労基則 18 条の 3 の 6）。

◆ **表 5 - 1　業務上疾病の種類**（労基則 35 条・別表第 1 の 2）

① 業務上の負傷に起因する疾病
② 物理的因子による次に掲げる疾病（略）
③ 身体に過度の負担のかかる作業態様に起因する次に掲げる疾病（略）
④ 化学物質等による次に掲げる疾病（略）
⑤ 粉じんを飛散する場所における業務によるじん肺症又はじん肺法（昭和 35 年法律第 30 号）に規定するじん肺と合併したじん肺法施行規則（昭和 35 年労働省令第 6 号）第 1 条各号に掲げる疾病
⑥ 細菌、ウイルス等の病原体による次に掲げる疾病（略）
⑦ がん原性物質若しくはがん原性因子又はがん原性工程における業務による次に掲げる疾病（略）
⑧ 長期間にわたる長時間の業務その他血管病変等を著しく増悪させる業務による脳出血、くも膜下出血、脳梗塞、高血圧性脳症、心筋梗塞、狭心症、心停止（心臓性突然死を含む。）若しくは解離性大動脈瘤又はこれらの疾病に付随する疾病
⑨ 人の生命にかかわる事故への遭遇その他心理的に過度の負担を与える事象を伴う業務による精神及び行動の障害又はこれに付随す

る疾病
⑩ 前各号に掲げるもののほか、厚生労働大臣の指定する疾病
⑪ その他業務に起因することの明らかな疾病

(2) いわゆる過労死の場合

　i）過労死とは何か　　過労死とは、業務に起因して脳卒中や心臓疾患を引き起こし死に至ることで、慢性的な疲労やストレスがその引き金になるとされる。これについて、労働省（当初）は災害主義、すなわち業務に関連する災害やそれに準ずる過激な業務が、発病の直前や発病当日に生じた場合にのみ業務上として認めるとの立場をとっていた（昭36・2・13基発116号）。

　ii）過重負荷の存在　　その後この行政通達は改定され、とくに過重な業務に従事したという過重負荷と、その過重負荷が発症のせいぜい1週間前までに生じたことが要件とされていた（昭62・10・26基発620号）。しかし、通常過重負荷となる長時間労働は、それが慢性的に続いていたために過労死の原因となる疾患が引き起こされるのであって、発症の1週間前だけを考慮に入れるのでは限定的だとして上記の基準は批判されていた。そこで、1995年に出された新基準では、発症1週間より前の業務をも考慮に入れて総合的な判断をすることになった（平7・2・1基発38号）。また、過重かどうかの判断は誰を基準にするかも問題であったが、これに関しては、同僚・同種の労働者を基準にしていたものから、同程度の年齢・経験等を有する労働者を基準に判断することとなった。このように、数度の改定が行われてきたが、長期間にわたる疲労の蓄積をどのように評価するかは明確ではなかった。

　iii）どんな場合が「過重」か　　そうした中、観光バス運転手と支店長付運転手について、最高裁判所は、業務による過重負荷が労働

者の基礎疾患を自然な経過を超えて増悪させたとして、業務と疾病の間の因果関係を認めた（前者は最一小判平12・7・17労判786号14頁。後者は最一小判平12・7・17労判785号6頁。）。これをきっかけに、脳・心臓疾患の認定基準がさらに改正され、どの程度の疲労の蓄積を評価すべきかが明らかにされた（平13・12・12基発1063号）。

　主な改正点は、①過重業務性を、発症直前から前日までの間に異常な出来事に遭遇した、あるいは約1週間以内に過重業務に従事した、あるいは約6カ月にわたって過重業務に従事したかで判断すること、②発症前1カ月間に100時間の時間外労働、あるいは発症前2カ月から6カ月の間につき80時間の時間外労働が認められる場合は、業務と発症との関連性が強いと判断すること、③業務の過重性を判断する評価要因として、労働時間のほか、不規則勤務、交代制・深夜労働、作業環境、精神的緊張を伴う業務であることを考慮することとし、対象労働者についても、④基礎疾患を有するものの日常業務を支障なく行える同僚労働者も比較対象にすることが定められた。

　さらに、2020年改正では、複数の会社に雇用される労働者について、ひとつの会社との関係だけでは過重性が認められない場合にも、雇用されているすべての会社での仕事上の負荷、すなわち労働時間やストレスなどを総合的に評価して労災認定することとなった。

　iv）**健康診断で予防を**　　このように、労災認定の判断基準は整備されてきたが、本来は労災を予防することが必要である。その一環として、2001年には**二次健康診断等給付**（労災26条以下）が設けられ、労働安全衛生法に基づく定期健康診断又は雇入れ時健康診断等のうちもっとも最近のもの（一次健康診断）で、脳血管疾患及び心臓疾患に関連する一定の項目について異常が認められる場合、二次健

康診断を実施したり、脳・心臓疾患の発症の予防ための特定保健指
導を行ったりすることとなった（給付については→**5**-🦀1）。

⑶　**過労で自殺をした場合**

ⅰ）**増える過労自殺**　　**過労自殺**とは、過労や仕事によるストレス
が原因で、労働者が精神神経疾患を発症させ、さらにそれが進行し
て自殺することをいう。一般的な自殺者数は減少しており、2019年
で2万人程度、40・50歳代の男性に多い（警察庁「令和元年中におけ
る自殺の状況」）。他方で過労自殺は、年齢にかかわらず20代・30代
にもみられる。多くの人にとって無関係といえない過労自殺は、労
災保険ではどのように扱われるのだろう。

ⅱ）**自殺は自分の意思？**　　一般的には、自殺は本人の自由な意思
によると考えられるので、労災認定に必要な「業務と死亡との因果
関係」はこの自由意思によって切断され、「業務外」と判断される。
このように、本人の故意が介在する場合には、労災保険法上の保険
給付は行われない（労災12条の2の2第1項）。かつて行政解釈でも、
「心神喪失」の識別能力を欠く状態に陥ったと認められるときにだけ、
故意によるものではないとして、業務上の認定を行うとしており、
過労自殺が労働災害として認められるケースはごく例外的な場合に
限られていた（昭23・5・11基発1391号、昭59・2・14基収330号の2）。

　しかしその後、電通事件の地裁判決（東京地判平8・3・28労判692
号13頁）は、労働者の過労自殺について使用者の安全配慮義務違反
を理由に使用者の損害賠償責任を認めた。さらに、加古川労基署長
事件（神戸地判平8・4・26労判695号31頁）は、新入社員がインドで
の海外勤務のストレスから反応性うつ病にかかり自殺したとして、
業務起因性を認め、労働基準監督署長による葬祭料及び遺族補償一
時金の不支給処分を取り消した。

ⅲ）**過労自殺の認定基準**　こうした裁判例の動きを受けて、厚生労働省は、過労自殺の労災認定に関する新たな認定基準（平成11年9月14日基発第554号「心理的負荷による精神障害等に係る業務上外の判断指針」）を策定し、疾病の発症以前から続く恒常的な長時間労働は、それ自体心理的負荷が強いと評価するようになった。その後、精神障害の労災申請件数が大幅に増加し（**表5-2**）、認定結果が出されるまでの期間も平均8カ月超と長期化していたことから、審査の迅速化や効率化を図るために、2011年に再度新たな精神障害の認定基準が示された（平23・12・26基発1226第1号「心理的負荷による精神障害の認定基準について」）。これにより、①ストレスの強度の評価表（心理的負荷評価表）に具体例や時間外労働の時間数が記載され、②いじめやセクシュアル・ハラスメントのように繰り返し行われるものは、その開始時点からのすべての行為を対象として心理的負荷を評価することとした。

ⅳ）**メンタルヘルス対策**　以上のように、過労自殺についても労災認定の判断基準が明確化されたことで、労災による補償が広く及

◆ **表5-2　脳・心臓疾患及び精神障害の労災補償状況**

		2015年度	2016年度	2017年度	2018年度	2019年度
脳・心臓疾患	請 求 件 数	795	825	840	877	936
	支給決定件数	251	260	253	238	216
精 神 障 害	請 求 件 数	1515	1586	1732	1820	2060
	支給決定件数	472	498	506	465	509

（注）請求件数は当該年度に請求されたものの合計であるが、支給決定件数は当該年度に請求されたものに限らない。
〈出典：厚生労働省　令和元年度「過労死等の労災補償状況」より作成〉

ぶこととなった。しかし、より重要なことは、労働者がメンタルヘルスを阻害することなく、労務に従事することである。そうした観点から、2005年11月に労働安全衛生法が改正され、医師による面接指導の実施と労使の自主的な**メンタルヘルス対策**の促進が規定された（2006年4月施行）。そこでは、時間外・休日労働が1カ月当たり100時間を超え、かつ、疲労の蓄積が認められる労働者から申し出があった場合、医師による面接指導を実施すること、医師の意見に基づき、使用者は労働時間の短縮や作業の転換などの事後措置を実施しなければならないとされる。さらに2014年には労働安全衛生法が改正され、**ストレスチェック制度**が導入された。これにより、2015年12月から従業員数50人以上の事業主は、年に1回、従業員のストレスチェックを実施することが義務付けられた。ここで高ストレスと判断された従業員に対しても、医師による面接指導が実施される。

4　通勤災害

　通勤中の事故も保障　　通勤は、労働者が業務を行うために必要となる行為である。しかし、通勤している間は業務に従事しているわけではないので、通勤途中に災害に遭遇したとしても原則として業務外となる。しかし、通勤途中に交通事故などに遭うケースが増加したことで、1973年に**通勤災害制度**が創設された（労災7条1項3号）。労基法とは別に設けられた労災保険法独自の制度であるため、通勤災害の給付からは「補償」という言葉がはずされ、療養給付に労働者の一部負担が求められる点は業務上災害と異なるが、他は同様の給付内容である。

　通勤災害とは、「労働者の通勤による負傷、疾病、障害又は死亡」（労災7条1項3号）をいう。したがって、「通勤」に該当する行為が

存在し、通勤と災害との間に相当因果関係が存在することが必要である。

(1)「通勤」とは

労災保険法上の**通勤**とは、労働者が、就業に関し、労災保険法7条2項に定める場所の間を、合理的な経路及び方法により移動することをいい、業務の性質を有するものは除かれる。また、中断、逸脱があってはならず、通勤と災害の間に相当因果関係があると通勤災害と認められる。

ⅰ）3種類の移動　　労災保険法7条2項では、①住居と就業の場所との間の往復、②厚生労働省令で定める就業の場所から他の就業の場所への移動、③第一号に掲げる往復に先行し、又は後続する住居間の移動がいずれも「通勤」に該当しうることが規定される。

①の「住居」とは、通常労働者が居住して日常生活を送る家のことだが、単身赴任者が継続的に家族のもとへ帰省している場合は、その帰省先住居もここでいう「住居」とされる。②は、マルチ・ジョブホルダーが1つ目の職場から次の職場に移動する間の災害を通勤災害として保護するために加えられた。③には、単身赴任者が赴任先と帰省先を移動する場合に該当する。②③は、就業形態の多様化に伴い、2005年改正で新たに加えられた。

ⅱ）逸脱と中断　　まず、「逸脱」とは、通勤の途中で通勤とは無関係な目的のために合理的な経路をそれることをいう。また「中断」とは、通勤の途上で通勤を中断してそれと関係のない行為を行うことをいう。この逸脱・中断があった場合、原則として、その間だけでなく、その後の行程についても通勤とは認められない（労災7条3項）。ただし、経路近くの公衆トイレを使用するといった通勤途上の些細な行為の場合は、中断・逸脱には当たらない（昭和48・11・

22 基発 644 号)。

　また、日常生活上必要な行為を最小限で行った場合は、通勤経路に復帰した以降は通勤とみなされる（労災 7 条 3 項但書）。具体的には、①日用品の購入、②職業教育訓練、③選挙権の行使、④病院等での診察・治療、⑤要介護状態にある配偶者・父母らの介護が該当する（労災法施行規則 8 条）。

5　労災保険の給付

1　給付の種類

(1)　給付の概要

　労災保険の給付には、大きく分けて、業務災害に関する保険給付、通勤災害に関する保険給付、二次健康診断等給付の 3 種類がある。業務災害と通勤災害では、保険給付の内容はほとんど同じだが、制度の成り立ちに違いがあるため、通勤災害の保険給付の名称には「補償」の語が付けられていない。労災保険の給付水準をみてみると、他の社会保障給付に比べて一般的に高いといえる。例えば、業務外の傷病の場合に提供される療養の給付では、患者は 3 割の一部負担金を支払わなければならないが、業務上や通勤災害による傷病では、療養（補償）給付として治療費の全額が支給される。傷病が原因で仕事を休む場合でも、私傷病の場合に支給される傷病手当金は賃金の 3 分の 2 相当であるが、労災保険からは賃金の 60% 相当の休業（補償）給付に加え、賃金の 20% 相当の休業特別支給金が支給される。このように労災保険の給付が高水準な理由は、労働災害や職業性疾病は、使用者からの指揮命令下にあるがゆえに遭遇する「労働者」に特有なものなので、その労働者が労働から得ていた収入をより適

切に給付に反映させようということにある。

では、労災保険給付の詳細は次頁の**表**5-3に譲り、続いて、代表的な給付内容をみておこう。

⑵ **代表的な給付**

ⅰ）**療養補償給付**　被災労働者が無料（通勤災害の場合は、初診時に一部負担200円が必要）で必要な治療を受けることができるもので、労災病院及び都道府県労働局が指定した病院・診療所で行われる。療養の給付は、傷病が治癒するまで、すなわち、症状が安定し、疾病が固定した状態となり、治療の必要がなくなるまで行われる。

ⅱ）**休業補償給付**　被災労働者が療養のため労働することができず、そのために賃金が受けられない場合に支給される。金額は、1日につき給付基礎日額（平均賃金）の60％相当額である。休業してから最初の3日間は待期期間として休業補償給付は支給されないが、使用者は平均賃金（労基12条）の60％の休業補償を行う（労基76条）。休業補償給付が支給される間は、さらに給付基礎日額の20％相当の休業特別支給金が支給される。複数の会社に雇用される労働者の場合は、すべての会社から支払われる賃金の合算額をもとに保険給付の額が決められる。

ⅲ）**障害補償給付**　業務上の傷病が治った後身体に一定の障害が残った場合に支給される。対象となる障害の程度は、障害等級表で定められる（労災法施行規則別表第1）。このうち1級から7級までの障害に該当する場合は年金が、8級から14級までの場合は一時金が支給される。

ⅳ）**遺族補償給付**　被災労働者が死亡した場合に、被災労働者と生計維持関係にあった遺族（配偶者、子、父母、孫、祖父母、兄弟姉妹）に支給される。遺族補償給付の受給資格者がない者にも遺族（補償）

◆ 表5-3　労災保険の給付

	支給される場合	給付の名称	給付の概要	特　別支　給　金
業務災害（通勤災害）に関する保険給付	療養のため休業する場合	療養(補償)給付	療養費の全額	なし
		休業(補償)給付	休業4日目から休業1日につき給付基礎日額の60%	休業特別支給金
		傷病(補償)年金	療養開始後1年6カ月経過しても傷病が治らず、その傷病が重い場合に、年金給付基礎日額の313日分（1級）〜245日分（3級）の年金	傷病特別支　給　金（年金・一時金）
	障害が残った場合	障害(補償)年金	給付基礎日額の313日分（1級）〜131日分（7級）の年金	障害特別支　給　金（年金・一時金）
		障害(補償)一時金	給付基礎日額の503日分（8級）〜56日分（14級）の一時金	障害特別支　給　金（一時金）
	被災労働者が死亡した場合	遺族(補償)年金	遺族数に応じ、年金給付基礎日額の153日分〜245日分の年金	遺族特別支　給　金（年金・一時金）
		遺族(補償)一時金	遺族補償年金受給資格者がいない場合、その他の遺族に対し給付基礎日額の1,000日分の一時金	遺族特別支　給　金（一時金）
		葬祭料（葬祭給付）	315,000円＋給付基礎日額の30日分（最低保障額は給付基礎日額の60日分）	なし

	介護を要する場合	介護（補償）給付	ひと月あたり、常時介護は 166,950 円、随時介護は 83,480 円を上限	なし
二次健康診断等給付	脳血管疾患や心臓疾患の異常所見があった場合	二次健康診断	脳血管や心臓の状態を把握するための二次健康診断	なし
		特定保健指導	二次健康診断結果に基づき、疾患予防のために医師や保健師による保健指導	

〈出典：令和2年版「厚生労働白書」133頁の図表を改変〉

一時金等が用意される。

2 給付制限

　これらの給付は、労働者が故意に負傷、疾病、障害もしくは死亡またはその直接の原因となった事故を発生させた場合は、支給されない（労災12条の2の2第1項）。労働者が故意の犯罪行為もしくは重大な過失、あるいは正当な理由なく療養に関する指示に従わないことにより、負傷、傷病、障害もしくは死亡またはその直接の原因となった事故を発生させる、または負傷等の程度を増進させる、回復を妨げる時は、保険給付の全部または一部を支給しないことがある（労災12条の2の2第2項）。

3 他の社会保障給付との調整

　労災保険と医療保険は、いずれも疾病、負傷、死亡に対する給付を用意しているが、労災保険制度で業務上と認定された場合には、医療保険による保険給付は行われない（健保55条、国保56条1項）。

　他方で、公的年金給付である障害年金や遺族年金は、業務上外にかかわらず保険給付がなされるので、労災保険の年金給付、すなわ

ち傷病補償年金、障害補償年金、遺族補償年金と同時に支給される
ことがある。しかし、併給がなされると、給付合計額が以前の賃金
より高額になるため、一定の範囲で調整が行われる（詳細は、労災別
表第1第1〜3号、労災令2、4、6条）。

> **コラム24　労災保険の多様な役割——社会復帰促進等事業**
>
> 　労災保険制度は、労災が発生した際に必要な保険給付を行うだけ
> でなく、被災労働者の社会復帰の促進、被災労働者や遺族の援護、
> 労働者の安全や衛生の確保などを行うことで、労働者の福祉の増進
> に寄与することも目的としている（労災2条の2）。具体的には、
> ①療養やリハビリテーションの施設の設置運営など、被災労働者の
> 社会復帰を促進するために必要な事業、②被災労働者の療養生活や
> 介護の援護、遺族の就学の援護等の事業、③業務災害の防止、健康
> 診断などを通じた労働者の安全や衛生の確保、賃金の支払の確保を
> 図るために必要な事業、が行われる（労災29条）。
>
> 　例えば、①には、**特別支給金制度**がある（詳細は**表5-3**）。そのた
> め、労災保険では、他の社会保険に比べて高い給付水準となる。他
> に、労災病院を設置したり、被災労働者に義肢などの費用を支給し
> たりもする。②では、労災が原因で重度の障害が残ったり、死亡し
> たりしたことで、子どもの学費の支払いが困難になった場合に労災
> 就学等援護費が支給される。③のひとつである賃金の支払の確保と
> は、企業が倒産したために労働者が給与や退職金を受け取れなかっ
> た場合に、事業主に代わって一定範囲で立替払を行うもので、特に
> 不況時には活用されることが多い。倒産企業の賃金を労災保険の制
> 度で立て替えるというのは、不思議だろうか。確かに、賃金の立替
> 払は、労働災害とは直接は関係しない。しかし、倒産時の賃金の支
> 払も、労働災害への補償と同様に、使用者の責任で確実に行わなけ
> れば労働者は生活に窮する。そこで、社会復帰促進等事業の1つと
> して、労働者には未払賃金の一部を支払い、その分は本来支払う義
> 務を負う使用者に求償する仕組みを用意したのである。

6 労災についての民事訴訟

業務上被災した労働者に労災保険給付が支給されると、使用者は保険給付により支払われた価額の限度で、労基法に定められた補償責任を免れる（労基 84 条）。そうすると、使用者は労災を起こしたことについて、民事上の損害賠償責任は負わなくて済みそうである。しかし、労災補償制度では、①精神的損害を補償する給付はない、②給付は定型的で実損害をカバーできない、③労働者に過失があったり業務以外にも原因があったりすると給付を受けられないこともある。そのため、労災保険ではカバーできない部分について、民事訴訟を起こすこともできるようになっている。以下では、労災にかんする民事訴訟の内容をみていこう。

1 労災民訴の 2 つのパターン

民事訴訟によって、労災について使用者の責任を追及するには、不法行為を根拠とする方法と労働契約上の債務不履行を根拠とする方法とがある。

(1) 不法行為責任を問う

まず、不法行為としての責任を問う場合には、①使用者自身の故意または過失を理由に民法 709 条を根拠にするもの、②上司などの労働者が使用者の事業の執行について不法行為をしたとして民法 715 条の使用者責任を根拠とするもの、さらに、③土地の工作物の設置・保存の瑕疵によって損害を受けたとして民法 717 条の土地工作物の占有者としての責任を根拠とするものなどがある。

いずれも使用者の不法行為責任を問うものであるので、被災労働者は使用者の故意・過失（注意義務違反）を証明しなければならない。

(2)　債務不履行責任を問う

　これに対して、労働契約上の債務不履行として責任を問う方法であれば、労働者は災害の発生と相当因果関係にある損害の立証をすればよく、使用者自身が自らに責任がないことを立証しない限り、責任を免れることができないことになり、立証責任の点で労働者に有利となる。また、消滅時効についても、不法行為は3年だが（民724条）、債務不履行であれば10年（民166条1項2号）と長くなる点も労働者にとってメリットといえる。そのため、最近の労災民訴では使用者に債務不履行責任を問う訴訟が増えている。

　この場合は、使用者が労働契約上の安全配慮義務に違反したとして債務不履行責任を追及することになる。

🦴 2　使用者の安全配慮義務

(1)　安全配慮義務とは

　安全配慮義務は、陸上自衛隊事件最高裁判決（最三小判昭50・2・25判時767号11頁）において、「ある法律関係に基づいて特別な社会的接触の関係に入った当事者間において、その法律関係の付随的義務として当事者の一方または双方が相手方に対して信義則上負う義務」として、一般的に認められたものである。労働契約においては、使用者は、労働者との間の労働契約に基づいて、「労働者の生命および身体を危険から保護するよう配慮すべき義務」を負っており（川義事件、最三小判昭59・4・10判タ526号117頁）、労働契約法でも、使用者の安全配慮義務が明記されている（労契5条）。

(2)　安全配慮義務の具体的内容

　では、使用者は具体的にどのような義務を負うのだろうか。それは、労働者の職種や地位、安全配慮義務が問題となる具体的状況によって異なるが、例えば、労働者の利用する施設や機械などを整備

する、人員配置を適切に行う、労働者への安全教育や適切な業務指示を行うことなどである。

　さらに、過労死や過労自殺について使用者に責任追及する中で、安全配慮義務の一内容として、使用者は労働者の健康に配慮する義務も負っていると考えられるようになった。そこでは、使用者は労働者の労働時間や勤務状況を把握し、健康診断などを通じて労働者の健康状態を把握したうえで、適正な労働条件を確保し、労働時間を短縮したり、業務を軽減する措置を講じたりしなければならない（システムコンサルタント事件、東京高判平 11・7・28 判時 1702 号 88 頁）。

3　労災保険給付と損害賠償の調整

　上述のように、労災が生じた場合、労働者は労災保険給付を請求することも使用者に損害賠償責任を追及することもできる。しかし、いずれの方法も被災労働者の損害を補償するという目的で行われるので、重複部分が出てくる。その重複は、どのように調整されるのだろうか。

⑴　使用者の損害賠償責任と労災補償・労災保険給付の関係

　労災への補償のうち、使用者自身が責任を負うものに損害賠償責任と労働基準法上の災害補償がある。この両者は、使用者が被災労働者に対して災害補償を行うと、原因が同じ労災については、災害補償の額分の損害賠償責任を負わなくてよい（労基 84 条 2 項）という関係となる。

　また、労災保険給付がなされた場合には、労基法 84 条 2 項の規定が類推適用される。つまり、使用者は原因が同じ労災について、労災保険給付の額分は損害賠償責任を負わなくてもよい（最三小判昭 52・10・25 判時 870 号 63 頁）。労災に対して支給される給付が年金給付であった場合には、将来支給される給付部分について、あらかじ

め損害賠償額から控除できるのかという問題がある。これについては、最高裁は控除できないとの立場であったが、これには労働者が民事損害賠償と労災保険給付との二重の損害補填を受ける可能性があるとの問題点が指摘されたため、一定範囲内で調整する規定が設けられた（労災附則64条）。

⑵ **第三者行為災害**

労災保険給付の原因である災害が、政府、事業主、被災労働者以外の第三者の行為によって生じることもある。第三者が故意や過失で災害を起こしたのであれば、第三者に対して不法行為を理由に損害賠償責任を問うことができる（民709条）。そのため、ここでも労災保険給付との重複問題が生じる。しかし、労災保険は使用者の補償責任をカバーするために作られたものであるので、政府から労災保険給付がなされたとしても、それによって災害を起こした第三者が損害賠償責任を負わなくてもよいとするのは妥当ではない。そこで、政府が労災保険給付を行った場合、政府は、被災労働者が第三者に対して有する損害賠償請求権のうち労災保険給付分を代位取得する（労災12条の4第1項）。政府は、被災労働者に代わって、災害を起こした第三者に求償という形で損害賠償請求をすることができる。また、第三者からの損害賠償が保険給付より先になされた場合には、政府はその損害賠償の額分は保険給付をしないことができる（同条第2項）。

7 労災保険制度の課題

ⅰ）メンタルヘルス対策の充実　　安全対策を徹底して行うことで、労災事故自体は減少しつつある。しかし、本 *Chapter* の冒頭でも見

たように、過労死・過労自殺の発生件数は増えている。過剰なノル
マが設定されたり、不況期のリストラの結果、残った少数の従業員
で過重な業務を抱えることになったという職場も少なくない。職場
でのいじめやパワハラなど、人間関係が問題となることもある。こ
うした労働環境の悪化を背景に、2015 年にはストレスチェック制度
がスタートした。

　メンタルヘルス対策の強化とともに、被災労働者が復職できるよ
う環境を整備していくことも必要である。これについては、健康状
態が改善したかどうかの判断が困難、改善したといっても以前と同
じ業務には就けない、いったん復職しても病気が再発するといった
ことが問題となる。これらの課題には、労災保険制度だけでなく、
産業医の役割や使用者の解雇権といった労働法分野の内容も含めて、
総合的な解決策を考えていかなければならない。

　ⅱ）**働き方の多様化への対応**　　近年の大きな変化に、働き方の多
様化がある。兼業・副業をする労働者も増加しているし、フリーラ
ンスのような雇われない働き方をする者も増えつつある。こうした
動きを受け、2020 年改正では、複数の会社に雇用される者への労災
保険給付が拡充されたが、マルチ・ジョブホルダーとして働くすべ
ての者が労災保険の対象となるわけではない。特別加入の対象は限
定的であるため、雇用労働と業務委託での就業を掛け持ちしており、
後者が特別加入の対象でない場合などには、やはり補償の対象外と
なる。フリーランスで働く場合も、労災保険の補償が及ぶ範囲は限
られている。しかし、仕事が原因で傷病すると、雇用以外の働き方
をする者もダメージを受ける点に変わりはない。2021 年 4 月から
は、柔道整復師、演芸・芸能、アニメーションの制作なども特別加
入の対象に含まれることになった。

　労災保険法は、使用者の災害補償責任を基礎に、労働者を対象とする仕組みとして発展してきた。今後は、その枠組みを維持しながらも労働者に類似する者を補償対象に加えていくのか、あるいは、使用者の災害補償責任を超えて、さらに広く仕事全般にまつわる災害を補償する仕組みへと転換するのか、さらなる議論が必要とされている。

【参考文献】

　労災保険法をより詳しく学びたい人は、保原喜志夫＝西村健一郎＝山口浩一郎編『労災保険・安全衛生のすべて』（有斐閣、1998 年）を読んでみよう。少し前の書籍だが、制度の成り立ちから法律問題、実務まで詳しく述べられている。さらに本格的な研究書として、山口浩一郎『労災補償の諸問題（増補版）』（信山社、2008 年）がある。メンタルヘルス問題を扱う書籍は多数あるが、西村健一郎・朝生万里子『労災補償とメンタルヘルス』（信山社、2014 年）は、メンタルヘルスにかかわる労災保険法上の扱いや労務管理上の問題を詳細に取り上げている。

Chapter **6**

雇 用 保 険

Let's Study

　大学生の人は、４年生になるころには「就活」に励み、卒業後は企業に勤めたり、公務員などになって仕事をするだろう。働くことで、自分の能力を磨き、やりがいを感じられるし、もちろん収入も得られる。キャリアに加え、結婚、子育てなども含めた自分の将来像を思い描き、胸躍らせている人も多いだろう。しかし、働くことはいいことばかりではない。会社が倒産して失業する、パワハラやセクハラのためにやむを得ず会社を辞めることになるかもしれない。あるいは、転職のために自ら会社を辞めたり、派遣や有期雇用の場合には、期限が来たら会社を去らなければならないこともある。この *Chapter* では、こうした事情から職を失った人のために用意されている雇用保険制度を中心に学ぼう。

　雇用保険制度の最大の役割は、やはり、労働者が「失業」した場合の所得保障と再就職支援である。雇用保険制度は、失業で失われた生活の糧を給付で補いつつ、できるだけ早く、再就職できるようサポートしている。また、定年を迎えたり、育児や介護のために仕事を続けることが難しくなった場合や、転職やまさかのリストラに備えて、自らの能力を磨くキャリアアップのための給付もある。一見すると、雇用保険があれば失業への備えは万全に見えるが、実は働く人のすべてが雇用保険を利用できるわけではなく、雇用保険の対象にならない人向けの求職者支援制度も用意されている。

　雇用保険制度は、その時の経済情勢や雇用環境の影響を強く受ける。また、雇用保険以外の社会保障制度や労働市場政策とのかかわりも深い。この *Chapter* では、やや視野を広げて、他の施策とのかかわりもみておこう。

1 雇用保険制度の成り立ち

1 「雇用」保険制度の誕生

　労働保険の１つである雇用保険は、1974 年に誕生した。失業により生活を支える収入を失うことは、労働者にとって最大のリスクなので、そうした場合の給付は当然用意されている。雇用保険法の前身である、1947 年の失業保険法も失業給付を主な内容としていた。しかし、これでは「失業」という最悪の事態を避けることはできない。そこで、雇用保険法は、失業時の生活保障に加えて、雇用調整助成金に代表される雇用の維持・安定を目的とする事業や労働者の職業能力開発事業をも実施することとなった。また、育児・介護休業給付のように、雇用が継続している間に支給される給付も加えられた。このように、総合的な雇用政策を実施する法制となったことから、名称は「失業」保険から「雇用」保険に、失業給付も失業「等」給付へと改められた。

2 雇用保険の目的

　ⅰ）**失業中の所得保障**　　雇用保険の給付のうち、特に**失業等給付**には２つの目的がある（雇保１条）。そのひとつは、失業時の所得保障である。雇用保険の失業等給付、なかでも基本手当は、失業によって失われた所得に代わるものとして支給されるので、この点は、老齢や障害、生計維持者の死亡の場合に金銭給付を行う年金と同様の性格だといえる。

　ⅱ）**再就職の支援**　　第２の目的は、失業者を早期に再就職させることである。失業者にはひとまず所得保障給付で失業中の生活を支えなければならないが、再び職を得て生活を安定させるためには、再就職を促す仕組みが必要となる。具体的には、基本手当の受給に

際して、求職活動や職業訓練への参加を求めたり、早期に再就職した場合に就職促進給付を支給したりする。

さらに、雇用保険には雇用継続給付や育児休業給付、教育訓練給付のような失業の予防を目指す給付も設けられているし、雇用安定事業と能力開発事業という雇用保険二事業もある。これらは、失業した者への対応というよりは、失業の予防に着眼した施策であり、雇用保険制度は労働市場政策と強い関連があるともいえる。

このように、雇用保険は、失業中の所得を保障する機能と失業者の再就職支援という機能を併せ持っており、これら双方を通じて失業者の生活保障を図ろうとする点に特徴がある。

2　雇用保険の保険関係

雇用保険も労災保険と同様に、労働者が雇用されるすべての事業が強制適用の対象とされている（雇保5条）。農林水産業で労働者が5人未満の個人事業が暫定的に任意適用とされる、事業を単位に保険関係が成立する、保険料が徴収されるといった点も労災保険と共通する（→ *Chapter 5*-**2**）。労災保険と雇用保険は、いずれも労働者のための社会保険、つまり労働保険として作られていることから、制度の仕組みには共通するところが多い。

雇用保険についての届け出は、事業主が行わなければならない（雇保7条）。しかし、事業主がその届け出をしなかったために被保険者資格が得られず、失業しても失業等給付を受給できないことがある。そうした場合には、労働者自らが確認請求をすることで、被保険者資格を得ることもできる（雇保8条・9条）。

1 被保険者

(1) 雇用保険における労働者

雇用保険の被保険者は、「適用事業に雇用される労働者」である（雇保4条1項）。ここでいう「労働者」とは、使用者の指揮命令下で労務を提供し、対価として賃金を受け取る者のことであり、労働基準法9条が定める「労働者」と同じだと解されている（浦和地判昭57・9・17労判394号25頁）。具体的にどのような者が「労働者」となるのかは、労災保険の給付対象を判断するのと同じ基準が用いられる（→ *Chapter 5*- **2** - 1(1)）。そうすると、どのような雇用形態の者もすべて雇用保険に加入することになりそうである。しかし、実はそうではない。

(2) 働いているのに雇用保険の対象外？

雇用保険の被保険者は、年齢や就労形態に基づいて4種類に分けられ（表6-1）、さらに多数の適用除外規定が設けられているからだ（雇保6条）。公務員は他に類似する制度があるから適用除外とな

◆ 表6-1 雇用保険の被保険者の種類

被保険者の種類	被保険者となる者の条件	根拠規定
① 一般被保険者	②、③、④以外の被保険者	雇保4条1項
② 高年齢被保険者	65歳以上の者で、③、④に該当しない者	雇保37条の2
③ 短期雇用特例被保険者	季節雇用者のうち、雇用期間が4カ月を超え、週の所定労働時間が30時間以上の者	雇保38条
④ 日雇労働被保険者	日々雇用される者、または30日以内の期間雇用者	雇保42条・43条

るのだが、その他は、雇用保険の給付で生活保障をするニーズが少ないという理由から、適用除外とされてきた。昼間の学生も原則として適用除外なので、アルバイトなどをしていても雇用保険の被保険者とはならない。しかし、失業した際に雇用保険の対象とならなかったために生活に困窮する者も少なくない。最後のセーフティネットとして、生活保護（→ **Chapter 10**）が設けられているが、補足性の原則から生活保護の対象にもならないことも多い。そこで、1つには雇用保険の適用対象を拡大することで、他方では雇用保険と生活保護の間に位置づけられる制度として求職者支援制度を創設することで、失業した際の保障の網をできるだけ広げるという改革が行われた。

(3) **適用対象の拡大**

このうち、雇用保険の適用対象の拡大は段階的に行われ、2009 年改正で継続雇用の見込みが 6 カ月から 31 日にまで短縮された（雇保 6 条 2 号）。つまり、雇用の期間が 31 日以上である場合は雇用保険の一般被保険者に、31 日未満の場合は日雇労働被保険者として雇用保険の被保険者となる。しかし、週の所定労働時間が 20 時間以上でなければ雇用保険の適用対象とならないので（雇保 6 条 1 号）、短時間の職にしか就いていない場合には、やはり適用対象外となる。この点、65 歳以上の高年齢者について少し事情がかわる。まず、65 歳以降に雇用される者は、高年齢被保険者となる（雇保 37 条の 2）。その際、ひとつの会社では週 20 時間未満しか働かないが、複数の会社での所定労働時間を合計すると週 20 時間を超える場合に、その者が厚生労働大臣に申し出ると高年齢被保険者となれるようになった（雇保 37 条の 5 第 1 項。2022 年 4 月施行）。高年齢者は多様な働き方をする者が多いこともあり、ひとまず高年齢者のマルチ・ジョブ

ホルダーだけを雇用保険の適用対象とすることで、今後、マルチ・ジョブホルダー全体に雇用保険が必要かどうかを見極めようとしているのである。

2 保険者

雇用保険の保険者は、国である（雇保2条）。雇用保険の保険適用や保険料徴収は、労働基準監督署が、給付の支給は公共職業安定所（ハローワーク）が中心となって行っている。

3 雇用保険の財政

(1) 保険財政の内訳

雇用保険の財源は、①労働者と事業主双方が負担する保険料、②国庫負担、③積立金、④雇用安定資金、⑤育児休業給付資金で支えられている。このうち、①がその大部分を占めている。②は、原則として、求職者給付の4分の1（ただし、高年齢求職者給付と育児休業給付に国庫負担はなく、日雇労働求職者給付は3分の1）、雇用継続給付と育児休業給付については8分の1を賄う。雇用保険財政は、景気がよく失業者が少ないときはゆとりがあるが、不景気で失業者が増えると支出が増えてひっ迫する。そのため、不況期の備えとして、失業等給付用に③、雇用保険二事業用に④が設けられている。また、育児休業給付は年々受給者数が増加しており、失業等給付に匹敵するほどの給付総額となっていた。そこで、2020年改正で育児休業給付の財源を失業等給付から切り離し、育児休業給付用として⑤が設けられた。

(2) 保険料の仕組み

雇用保険の保険料は、徴収法の定めに従い、労災保険の保険料と

◆ 表6-2　2020年度　雇用保険料率表

	①＋②雇用保険料率	①労働者負担（失業等給付・育児休業給付の保険料率のみ）	②事業主負担	失業等給付・育児休業給付の保険料率	雇用保険二事業の保険料率
一般の事業	0.9%	0.3%	0.6%	0.3%	0.3%
農林水産清酒製造の事業	1.1%	0.4%	0.7%	0.4%	0.3%
建設の事業	1.2%	0.4%	0.8%	0.4%	0.4%

〈出典：厚生労働省HP（https://www.mhlw.go.jp/content/000617016.pdf）〉

一括で徴収される。雇用保険の保険料は、労働者と事業主の双方が負担するが、その負担割合は異なっており、事業の種類によっても違いが設けられている（表6-2）。保険料の額は、賃金額に**表6-2**の保険料率をかけて算出される。**表6-2**のように、労働者に支給される失業等給付と育児休業給付のための保険料は労使が半分ずつ負担するが、雇用保険二事業は事業主向けの助成金を主な内容とするので、そのための保険料は事業主のみが負担する。また、保険料率には弾力条項が設けられており、1.15〜1.95％の間で厚生労働大臣が増減させることができる（徴収12条5項）。2016年には積立金額が一定水準を超えたことから、法改正により雇用保険料率を一時的に引き下げている（2021年度まで）。保険財政の状況に合わせ、保険料率を柔軟に変えられる仕組みとなっている。

◆ 表6-3　雇用保険の主な給付と二事業

	支給される場合	給付の総称	給付の名称	給付の概要
失業等給付	失業した場合	求職者給付	基本手当（一般求職者給付）	給付日数は、離職理由、年齢、被保険者期間によって異なる。倒産・解雇による離職者は90～330日、その他は90～150日
			高年齢求職者給付	65歳以上の失業者に対し、被保険者期間に応じて30又は50日分の一時金として支給
			短期雇用特例求職者給付	季節労働者に30日分の一時金として支給（当分の間40日分）
			日雇労働求職者給付	失業のつど一日単位
	早期に再就職した場合	就職促進給付	就業促進手当	再就職先の就業形態に応じ、就業促進定着手当、再就職手当などを支給
	自主的に職業訓練をした場合	教育訓練給付	教育訓練給付金	教育訓練受講費の最大60％相当額を支給
			教育訓練支援給付金	45歳未満の離職者に対し、訓練中に基本手当の80％相当額を支給（2021年度まで）
	雇用の継続が困難な場合	雇用継続給付	高年齢雇用継続給付	60歳以後の賃金額の15％相当額を支給
			介護休業給付	介護休業取得前の賃金額の67％相当額を支給
育児休業給付	育児休業した場合	育児休業給付		育児休業取得前の賃金額の50％相当額（最初の6か月は67％）を支給
雇用二事業	雇用安定事業	雇用調整助成金、労働移動や地域雇用開発を支援する助成金の支給など		
	能力開発事業	職業能力開発施設の設置・運営、事業主による能力開発についての助成金の支給など		

〈出典：令和2年版「厚生労働白書」154頁の図表を加工〉

4 失業した場合の給付

　雇用保険の給付は、①失業者への給付である求職者給付、②早期の再就職を果たした者への就職促進給付、③自主的に教育訓練に取り組んだ者への教育訓練給付、④雇用の継続が困難な者への雇用継続給付に分けられる（**表6-3**）。失業時に支給されるものと雇用継続中に支給されるものの双方があるので、失業等給付と称される。

1 給付の種類

　求職者給付は、さらに被保険者別に、(a)基本手当（一般求職者給付）、(b)高年齢求職者給付、(c)短期雇用特例求職者給付、(d)日雇労働求職者給付に分けられる。詳細は、**表6-3**の通りだが、以下では、中心的な給付である基本手当について説明しよう。

2 基本手当の受給要件と手続

⑴ どのような場合に受給できる？

　基本手当はどのような場合に受給できるのだろうか？　少なくとも、仕事を失っていることは必要だが、それだけでは不十分だ。一言に「失業」といっても、仕事を失う理由は様々である。こうした多様な「失業」状態を、雇用保険はどのように扱うのだろうか。まずは、基本手当を受給できる条件を確認しておこう。

　それは、①被保険者が離職し、失業しており、②離職前2年間に被保険者期間が通算して12カ月以上（特定受給資格者は離職1年前に6カ月）あり、③公共職業安定所に出頭し、求職の申し込みをし、受給資格の決定を受け、④失業認定日に公共職業安定所に出頭し、失業の認定を受けた場合である（雇保13条・15条。**図6-1**を参照）。このように、基本手当を受給するまでにいくつかのステップを経なければならないので、実は会社を辞めてから実際に基本手当を受け

◈ **図6-1　雇用保険給付の受給までの流れ**

離　職	・雇用保険被保険者証の確認 ・雇用保険被保険者資格喪失届と離職証明書に記名押印、または自筆署名（ハローワークへの提出は事業主）。離職理由等の記載内容を確認。 ・離職後、雇用保険被保険者離職票が届く。

受給資格決定	・住所地を管轄するハローワークで、「求職申込み」と離職票の提出。 ・ハローワークで受給資格の決定と離職理由の判定 ・受給説明会の日時が知らされる。

受給説明会への参加	・指定の日時に出席。 ・雇用保険受給資格者証、失業認定申告書が渡される。 ・第一回目の「失業認定日」が知らされる。

求職活動	・ハローワークの窓口で職業相談、職業紹介を受けるなどの積極的な求職活動を行う。

失業の認定	・原則として、4週間に1度、失業の認定が行われる。 ・「失業認定申告書」に求職活動の状況などを記入し、「雇用保険受給資格者証」とともに提出。

受　給	・雇用保険給付が支給される。

〈出典：ハローワーク HP より作成（https://www.hellowork.go.jp/insurance/insurance_guide.html）〉

取るまで早くても1カ月近くかかる。会社を辞めてすぐに、基本手当を受給することはできないのだ。では、受給までにどのような手順を踏むのだろうか。

⑵　**「失業」とは**

ⅰ）**労働の意思と能力**　　ここで注目しなければならないのは、雇

用保険法での「**失業**」の意味である。単に、職を失ったということではない。雇保4条3項では、失業とは、労働の意思と能力があるにもかかわらず、職業につくことができない状態にあることと定められている。このように、働く意思とその能力が求められているので、妊娠・出産・育児、あるいは結婚したことで家事に専念するため、すぐには就職できないときや、定年退職をして、しばらく休養しようと思っているような場合は、基本手当をはじめとした失業給付を受給することはできない。病気やけがの程度が重い場合にも、労働能力がないと判断されることがある。これは、雇用保険が失業時の所得保障だけでなく、再就職支援をも目的とすることから、再就職が可能な者にのみ基本手当を支給するのである。

ⅱ）**受給資格期間**　　続いて、基本手当を受給するには、離職の前2年間に被保険者期間が通算して12カ月以上あることが求められる。雇用保険も社会保険の1つであるので、保険給付を受ける前提として、被保険者に一定期間の保険料納付を求める趣旨から、こうした受給資格期間が設けられている。この受給資格期間は、特定受給資格者や特定理由資格者に該当すると、離職1年前に6カ月以上あることに緩和される。

ⅲ）**特定受給資格者とは**　　**特定受給資格者**となるのは、解雇や倒産を理由に離職した人である。労働者が自分の都合で退職する場合には、退職するまでにその後の生活設計をすることができるし、退職する時期も選ぶことができるだろう。しかし、倒産や解雇をきっかけに離職する場合は、そうした準備はなかなかできない。それだけ、失業中の所得保障をするニーズが高いといえる。そこで、先述のように受給資格期間を短縮して、基本手当を受給しやすくしているのである。*3*(3)でみるように、所定給付日数についても、辞め

た理由による違いが設けられている。

　iv）**特定理由離職者**　　突然に職を失うのは、解雇や倒産ばかりではない。有期雇用で、次の契約更新があると思っていたのに、実際には更新されなかった場合も、同様に失業のダメージは大きい。実際に、リーマン・ショックをきっかけに生じた世界的な不況の中では、多くの有期雇用者が離職を余儀なくされた。また、労働者自らが退職した場合でも、傷病が原因でそれまでの仕事が続けられない、あるいは育児や介護を担うことで退職せざるを得ないこともある。そこで、こうした有期雇用の期間満了による離職者や、傷病や育児・介護など正当な理由のある自己都合退職者を**特定理由離職者**として、特定受給資格者と同様に扱うこととなった。ただし、この特定理由離職者の扱いは、2009年3月31日から2022年3月31日までの間に離職した場合に限られる。

　(3)　**求職の申込み**

　さらに、公共職業安定所（ハローワーク）で求職の申込みを行う。この条件も、再就職をしようとする者についてのみ失業中の所得保障を行うという、雇用保険の性格の表れである。

　(4)　**受給への最後のハードル**

　ⅰ）**失業の認定**　　最後に、ハローワークから指定された失業認定日にハローワークに出向き、「**失業の認定**」を受けなければならない。この手続きは、認定日以前の期間、その者が「失業」（雇保4条3項）していたか否かをハローワークが確かめるために行われる。失業していたか否かの確認は、日々行うべきものだが、毎日ハローワークに出頭していたのでは、求職者の再就職活動に差し障りがあるし、ハローワークの業務も膨大となる。そこで、4週間に1回失業の認定日を指定し、その日に直前の4週間のすべての日の失業認定を行

うことにしたのである。

　傷病、就職の面接、職業訓練の受講、天災などのやむを得ない理由（親族の看病、死亡、葬儀など）のためにハローワークに行けないときは、事前に証明書を提出することで失業認定を受けられるが、これらの理由なく出頭しなかった場合は失業認定されない（神戸地判昭 61・5・28 労判 477 号 29 頁）。

　ⅱ）**求職活動の実績**　　失業認定を受けようとする期間に、求職活動をしたという実績も必要である（雇保 10 条の 2）。求職活動の方法はいろいろあるが、単に新聞やインターネットで求人情報を探すといったことでは足りず、実際に求人に応募して面接を受けたり、再就職のための講習を受けたりといったことが求められる。

　1 -🖋 2 でみたように、雇用保険の再就職を促進するという目的から、基本手当は積極的に求職活動をしている人にだけ支給するのである。

　ⅲ）**待 期 期 間**　　求職の申込み後の、失業の状態にある 7 日間は待期期間として、基本手当は支給されない（雇保 21 条）。7 日程度の失業であれば、わざわざ雇用保険の給付を与えなくても、生活に困るようなことはないだろうと考えられているからだ。

🖋 3　基本手当の内容

⑴　どれぐらいの額か

　基本手当の額は、基本手当日額をもとに算出される。**基本手当日額**は、原則として離職した日の直前の 6 カ月に支払われた賃金（賞与は除く）の合計を 180 で割って算出した金額で、この約 50〜80％が基本手当の給付日額となる。賃金額が低いほど、高い率が用いられ、最高額と最低額も設定されている（**表 6 - 4**）。

　失業の認定を受ける期間中に臨時のアルバイト・内職などをする

◆ 表6-4　**基本手当日額の最高額と最低額**（2020年3月1日現在）

年齢区分	最高額	最低額
30歳未満	6,815円	
30歳以上45歳未満	7,570円	2,000円
45歳以上60歳未満	8,330円	
60歳以上65歳未満	7,150円	

〈出典：厚生労働省HP（https://www.mhlw.go.jp/content/
000602232.pdf）をもとに作成〉

ことはできるが、その収入をハローワークに届け出なければならず
（雇保19条3項）、その収入額に応じて基本手当が減額される（雇保
19条1項）。

(2)　**受給できる期間に制限が**

　基本手当は、原則として、離職した日の翌日から1年間（所定給付
日数によって延長あり）に受給しなければならない（雇保20条）。受
給要件を満たせばいつでも受給できる、というわけではないのであ
る。受給期間が設定される理由は、雇用保険がもともと短期的な失
業を保護の対象としていることにある。しかし、その間に病気、け
が、妊娠、出産、育児等のために引き続き30日以上働くことができ
なくなった場合は、その日数だけ、受給期間を延長することができ
る（最長で3年間）。

(3)　**何日受給できる？**

　基本手当を受給できる所定給付日数は、離職理由に応じて3つに
分けられ、さらに年齢や被保険者であった期間ごとに細かく設定さ
れている（雇保22条・23条。**表6-5**）。このようにして、再就職が困
難な人ほどより手厚い給付が得られるようにしている。

◆ 表 6-5　基本手当の所定給付日数

区分	被保険者期間	1年未満	1年以上5年未満	5年以上10年未満	10年以上20年未満	20年以上
①特定受給資格者・特定理由離職者（③を除く）	30歳未満	90日	90日	120日	180日	—
	30歳以上35歳未満		120日	180日	210日	240日
	35歳以上45歳未満		150日		240日	270日
	45歳以上60歳未満		180日	240日	270日	330日
	60歳以上65歳未満		150日	180日	210日	240日
②①③以外の離職者	全年齢	—	90日		120日	150日
③就職困難者	45歳未満	150日	300日			
	45歳以上65歳未満		360日			

(注)有期雇用期間満了による特定理由離職者については、受給資格にかかる離職の日が2009年3月31日から2022年3月31日までの間にある場合に限る。

〈出典：ハローワークＨＰ（https://www.hellowork.mhlw.go.jp/insurance/insurance_benefitdays.html）をもとに作成〉

⑷　基本手当を受給できない!?

ⅰ）給付制限とは　　　雇用保険は、あくまで短期の失業中の所得保障を行うものであるし、再就職を促すことも重要な目的の1つとされている。しかし中には、基本手当に頼り、十分な再就職活動をしない者もいる。また、離職したことの責任が労働者側にあると考えられる場合には、そうでない場合と同等の扱いをすると受給者の間で不公平感が生じることになる。そこで、①正当な理由なく、ハローワークからの職業紹介や職業訓練、職業指導を拒否した場合、②労働者に解雇される重大な理由がある場合と正当な理由なく自己都合退職をした場合は、基本手当はすぐには支給されず、一定期間

の後に支給することとしている（①は1カ月、②は1～3カ月、雇保32条・33条）。

ⅱ）**不正行為をしたら…**　　実際には求職活動をしていないのに、失業認定申告書に活動実績を記載した。すでに再就職をしているのにそれを申告せず、基本手当を受給している。自営業を始めたにもかかわらず、それを申告しなかった。これらはすべて、不正受給の典型例とされている。こうした場合、その不正行為があった日以降は、基本手当が一切支給されず、不正に受給した基本手当相当額の返還が命ぜられる。さらに、不正受給の2倍に相当する額以下の金額の納付（いわゆる「3倍返し」）が命ぜられる。

コラム25　若者の雇用を守るための仕組み

　「学校を卒業したけれども就職先が見つからない。」「正社員になりたかったのにアルバイトしか見つからない。」「就職先が思っていたのとずいぶん違うので、辞めようか悩んでいる。」就職について、このような悩みを抱える若者は少なくない。学生の間は学校から幅広いサポートを得られても、卒業するとそうもいかない。労働契約法が改正され、有期雇用であってもその企業に勤め続けられる可能性もあるが（労契18、19条）、まだ働き始めていない人にはあまり効果がない。ここでは、社会の仕組みとして用意されている若者の就労支援策を紹介しておこう。

　まず、都道府県が設置するジョブカフェがある。ここは、若者が自分に合った仕事を見つけるための様々なサービスを無料で提供しており、ハローワークを併設しているところもある。まさに学校の就職部の都道府県版だ。卒業後はもちろん、在学中も利用できる。新卒者向けの支援を行う新卒応援ハローワークも、全都道府県に設けられている。

　今は非正規雇用だが将来は正社員になりたい人には、ハローワークのわかもの支援コーナーが頼りになりそうだ。ここでは、専門の職員が担当制で個別支援をしており、面接指導などのセミナーも実

施している。こうした若者支援に特化したわかものハローワークも、全国に設置されている。

2015年には若者雇用促進法が制定され、若者の採用や育成に積極的な企業を認定するユースエール認定制度も創設されている。ほかにも、雇用のミスマッチを解消するため、平均勤続年数や研修の有無などの職場情報を提供する仕組みや労働関係法令に違反した企業をハローワークで新卒者に紹介しないようにする仕組みも取り入れられた。

以前は、定年まで同じ企業で働き続け、必要な教育も企業が中心に行ってきた。新卒一括採用を行う企業も多く、若者は比較的職を見つけやすいといわれてきた。しかし、転職する人が増え、新卒の採用方法も多様化が進んでいる。企業による社員教育が選別化されていることも考えると、若い人の進路変更を手助けする仕組みを社会に用意しておくことは不可欠である。学校を卒業した後の人生は、長いのだから。

5 求職者支援制度の創設

1 雇用保険だけでは足りない？

4でみたように、1年ほどの失業期間であれば、給付日数の範囲内で基本手当を受給できる。場合によっては、訓練延長給付（雇保24条）や個別延長給付として、基本手当を受給する期間を延長することもできる。しかし、その間に再就職を果たせるとは限らない。それに、雇用保険の適用対象が拡大されたとはいえ、受給資格期間が設定されているために基本手当が受給できないこともある。就職先が見つからないままに学校を卒業した、いわゆる学卒未就労者も雇用保険の対象外である。それに、自営業者は雇用保険法上の労働者ではないため、自営業を廃業した場合も雇用保険は受給できない。

失業期間が長期化していることや非正規雇用者が増えていることを考えると、雇用保険の対象外となる者への所得保障が必要だと指摘されるようになった。そこで、職業訓練の実施等による特定求職者の就職の支援に関する法律が2011年5月に成立し、同年10月から雇用保険の附帯事業として、**求職者支援制度**がスタートした。

2 どのような場合に受給できるか

(1) 職業訓練とのかかわり

求職者支援制度では、所得保障と職業訓練とが密接に関連付けられている。そのために、対象となるのは、労働の意思と能力を有しており、職安所長が職業訓練の必要があると認めた者に限られる（求職2条）。求職者支援制度から支給される給付は「**職業訓練受講給付金**」と呼ばれ、職業訓練に従事している間のみ支給される。

(2) 対象者は？

求職者支援制度は、次の4つの条件を満たす「特定求職者」を対象とする。①ハローワークに求職の申し込みをしていること、②雇用保険の被保険者や受給者でないこと、③労働の意思と能力があること、④職業訓練などの支援が必要だと職安所長が認めたこと、である。

特定求職者向けに実施される職業訓練は、**求職者支援訓練**という。これは、民間の訓練機関が厚生労働省の認定を受けて実施するもので、受講は無料である。職業に就くための基本的能力を習得するための基礎コース（2〜4ヶ月）と、特定の職業に必要とされる実践的な能力を習得するための実践コース（3〜6ヶ月）がある。

(3) 家族に収入があるとダメ？

職業訓練受講給付金を受給するには、収入や資産などの一定要件を満たさなければならない。具体的には、①本人の収入が月8万円以下、世帯全体の収入が月25万円（年300万円）以下、②世帯全体の

金融資産が300万円以下、③現在の居住地以外に土地・建物を所有していない、④すべての訓練実施日に出席している、⑤同一世帯内に同時に職業訓練受講給付金を受けている者がいない、⑥過去3年以内に、不正行為などで給付金を受けたことがない、のすべてを満たさなければならない。

このように、本人のみならず世帯を単位とした支給要件が設けられたため、実際に利用できる人は限られるとの指摘もある。

⑷　**受給額と受給期間**

職業訓練受講給付金には、月額10万円の職業訓練受講手当と交通費に相当する通所手当、訓練施設に併設される宿泊施設を利用する場合等に支給される寄宿手当がある。

受給期間は原則1年とされており、訓練内容などからみて必要があると判断された場合は2年まで延長することも可能である。

6　雇用継続中の給付

雇用保険には、雇用の継続が困難となった場合の給付として、次の2種類が用意されている。雇用契約関係が続いているので「失業」はしていないのだが、職業生活を続けていくことが困難になる場合として、高年齢と介護を想定し、仕事をやめて「失業」しないようにする給付をそれぞれ設けている。

1　高年齢雇用継続給付

まず、定年などで収入が下がった場合に受給できる**高年齢雇用継続給付**がある。定年に達したことで収入が下がると、働かずに基本手当や年金などを受給して暮らしたいと考えがちだ。高年齢雇用継続給付は、高年齢者が働く意欲を持ち続けられるよう、低下した収

入分を一部補うために支給される。

　具体的には、雇用保険の被保険者であった期間が5年以上ある60歳以上65歳未満の一般被保険者が、原則として60歳以降の賃金が60歳時点に比べて、75%未満に低下した状態で働き続ける場合に支給される。支給額は、60歳以上65歳未満の賃金が60歳時点の賃金の61%以下に低下した場合は、各月の賃金の15%相当額、60歳時点の賃金の61%超75%未満に低下した場合は、賃金の15%相当額から一定割合に応じて逓減される（賃金が一定額を超えると支給されない）。

　支給期間は、働き続ける人と定年などでいったん離職した人とで異なり、前者に対しては**高年齢雇用継続基本給付金**として、被保険者が60歳から65歳に達する月までの間、後者には**高年齢再就職給付金**として、60歳以後の就職したときから、65歳を限度として、1年又は2年である。

2　介護休業給付金

　育児休業や介護休業の仕組みは、育児介護休業法で定めている（→**コラム26**）。しかし、休業中に賃金を支払うかは、使用者が決めてよいので、休業できたとしても、会社によってはその間無給となることがある。休業中に大幅に収入が下がるのでは安心して休業できないし、休業をきっかけに離職することにもなりかねない。そこで、介護休業をした場合の所得保障として、**介護休業給付金**が設けられている。これは、介護休業の期間のうち、通算93日まで支給され、支給額は、休業前賃金の67%相当である。使用者からの賃金が支払われ、賃金と介護休業給付金の合計が休業前賃金の80%を超えるときは、その分を差し引いて支給される。介護休業は、3回まで分けて取得することができるので、介護休業給付金もそれに合わせて3回まで分割して支給される。

7 育児休業をした場合の給付

育児休業中の所得保障として、**育児休業給付**がある。以前は、育児も介護と同様に雇用継続を困難とする理由であるとして、育児休業給付は雇用継続給付の一つとされていた。しかし、育児休業給付の受給者数が年々増加しており、このままでは失業等給付の財源の多くを占める可能性が生じたため、2020 年からは育児休業給付と失業等給付の財源を区別し、互いに財源を十分に確保できるようにした。

育児休業給付金の内容は従来と変わらず、休業開始から 180 日目までは休業開始前の賃金の 67%、181 日目からは 50%が支給される。支給期間は、育児休業の期間を基礎とするので、原則として 1 年である（育児休業が延長されるときは、支給期間も延長）。使用者からの賃金と合計すると、休業前賃金の 80%を超えるときの扱いは、介護休業給付金と同様である。

コラム26 育児や介護をしながら、仕事を続けるには？

上記では、育児休業給付金や介護休業給付金を取り上げたが、そもそも育児休業や介護休業はどのような制度なのだろう。

育児休業は、1 歳未満の子を育てる労働者が対象で、原則として 1 年である。奥さんが専業主婦の男性も利用できるし、有期雇用でも長く務めている場合には対象となる。労働者から休業の申し出があると、使用者は人員不足などを理由に休業を断ることはできない。また、父母がともに育児休業をする場合には 2 カ月間延長できる（パパ・ママ育休プラス）。さらには、保育所に入れないなどの事情がある場合には、子が 2 歳になるまで休業を延長できる。

もちろん、職場復帰後も育児は続くので、就労中の育児支援策として、短時間勤務制度、残業や深夜業の免除、看護休暇制度なども

ある。短時間勤務制度は、3歳までの子を育てる労働者を対象に6時間勤務を基本として導入することが企業に義務付けられている。看護休暇制度は、小学校就学前の子が1人いると年5日、2人以上であれば年10日与えられる。風邪などの子の看病に加え、予防接種や健康診断の場合にも利用できる。

　家族が要介護状態となった場合には、介護休業がある。自分の父母、配偶者、子、配偶者の父母、祖父母、兄弟姉妹及び孫が要介護状態になった場合に、要介護者1人につき、要介護状態になるごとに通算で93日の休業ができる。休業は、3回まで分けることができ、入院時・介護開始期・看取り期などの状況に合わせて利用できる。育児の場合と同様に、就労中の介護支援制度として短時間勤務制度、残業や深夜業の免除の制度もある。短時間勤務制度などの支援策は3年間で2回以上、残業の免除は介護終了時まで利用できる。対象家族（要介護状態に限定されない）1人につき年5日、2人以上だと年10日の介護休暇もある。

　では、実際の利用状況はどうだろうか。育児休業取得率は女性で83.0％、男性の育児休業取得率は7.48％と男女の差は依然として大きい（令和元年度雇用均等基本調査）。そのため、男性の育休取得を促進するための制度改革も予定されている。常用労働者に占める介護休業者の割合は、0.11％と非常に低い（令和元年度雇用均等基本調査）。実際に、妊娠・出産、介護のために仕事を辞めざるを得なかった人もいるし、法で禁止されているにもかかわらず使用者から解雇を言い渡されたというケースも耳にする。こうした現実は、両立支援策の未定着、保育所や介護施設などの福祉サービスの不足、休業制度の使いにくさといった問題があることを示している。

　育児や介護をしながら仕事を続ける人は、今後ますます増えるであろう。さらに、病気や障害を抱える人もいるし、企業にとっては、労働力人口が減る中で「男性で若くて健康な人」以外の人をどのように活用していくかは死活問題にもなりつつある。多様な人が私生活を維持しながら働くにはどのような仕組みが必要か、*Chapter 4*や*9*の内容も合わせ、考えてみてもらいたい。

---

8 雇用システムの変化と雇用保険

　ここまで、雇用保険の主な給付内容を見てきたが、その内容は何度も改正を重ねることで形作られてきた。そうした改正は、日本の雇用システムや労働市場の状況に強く影響を受けてきた。

1　日本型雇用システムとのかかわり

　日本の多くの企業は、従来から従業員に長期雇用を保障してきた。特に、正社員は、多くの場合定年まで雇用されてきたのである。この長期雇用制を影から支えてきたものに、雇用調整助成金制度がある。

(1)　雇用調整助成金の役割

　雇用調整助成金は、雇用保険の雇用安定事業の1つとして行われている事業主向けの助成金である。不景気や産業構造の変化により、これまで通り従業員を雇用し続けることが難しくなった場合、1つの対応策として経営上の理由から従業員を解雇するという整理解雇が考えられる。しかし雇用調整助成金は、整理解雇ではなく、一時的に労働者に休業や出向、あるいは教育訓練に従事させる事業主を支援する。つまり、整理解雇を避けて、労働者が職を失うことを予防することにつながっているのである。具体的には、労働者を休業させた場合の休業手当、出向の場合は出向元が負担した賃金、教育訓練に従事する間の賃金のそれぞれ2分の1（中小企業には3分の2）相当を雇用調整助成金として支給する。この雇用調整助成金は、リーマン・ショック後や東日本大震災後の不況期、さらにはコロナ禍の影響で事業継続が困難となった事業主にも特例として活用され、雇用の維持に一定の効果を発揮してきた。

2 社会状況の変化への対応

(1) 働き方の多様化

しかし、雇用環境は大きく変わりつつある。ひとつには、非正規雇用者の増大がある。有期雇用をはじめとする非正規雇用者は、正社員らの雇用を守るため、不況期に雇止めにされたり、整理解雇の対象とされたりすることがある。まさに、雇用の調整弁として位置づけられてきたのである。有期雇用であっても5年を超えて働き続ける場合には無期雇用に転換されるため（労契18条）、非正規雇用であっても長く働き続ける者もいる。しかし、様々な職場で短期の有期雇用で働く場合は、生活が不安定になりやすい。

また、兼業や副業をする者、フリーランスのような雇われない働き方をする者も増えている。兼業・副業をする者の一部には雇用保険が適用されるようになったが、その対象はかなり限定的である。

さらに、雇用保険が社会保険方式をとる以上、すべての失業者を雇用保険の対象とすることは困難である。雇用保険料を用いる制度として求職者支援制度が創設されたが、雇用保険とは別に、税を財源とした所得保障制度を用意することも検討しなければならない。

(2) 失業の長期化

もう1つの変化に、失業の長期化がある。これまで、特に日本の経済状況が良かったころは、失業は短期的なもので、1年程度の失業給付を用意しておけば十分再就職が可能だと考えられてきた。しかし、経済成長が鈍化して有効求人倍率が伸び悩み、産業構造の変化に伴って労働者により高度の能力が求められるようになったことで、失業期間は長期化する傾向にある。こうした状況への対応として、雇用保険では離職理由に応じて基本手当の所定給付日数に長短を設けたり、個別延長給付や訓練延長給付といった形で支給期間の

延長を図ったりしてきた。

3 より堅固なセーフティネットに

(1) 残された課題

　以上のように、時代の変化に合わせて失業時の所得保障制度は変わりつつある。しかし、いくつかの課題も残る。マルチ・ジョブホルダーを広く雇用保険の適用対象に含めるか、フリーランスのような雇われない働き方をする者に所得保障制度を用意すべきかの検討が必要である。他にも、所定給付日数や給付制限の有無に影響する離職理由の判定が容易ではないといった問題もある。失業の長期化に対しては、職業教育訓練の内容やその間の所得保障を十分に行い、失業者の職業能力を高めることで再就職につなげていくことが必要となる。企業は職業教育訓練の対象を縮小させているし、職場で求められる能力が高度化していることも考えると、働く人の能力向上を社会全体で支える仕組みを用意しておかなければならない。

　また、求職者支援制度は、失業時の生活保障の網をこれまで以上に拡充し、給付と職業訓練とを密接に関連付けて、雇用を通じた生活保障の実現を促している点は、積極的に評価できる。しかし、収入・資産要件があるために利用者が限定されること、訓練に従事している間しか所得保障がなされないこと、訓練内容が必ずしも再就職に役立つものではないこと、雇用保険の被保険者でない者を対象としながらも財源は雇用保険の保険料であることなど改善すべき点も多い。

　さらに、雇用保険の財政問題も浮上している。ここしばらくは失業率も低く、雇用保険の積立金は十分確保されていたことから、保険料率も国庫負担率も引き下げてきた。しかしながら、コロナ禍による雇用情勢の悪化により、積立金残高は急減している。失業時の

所得保障という重要な役割を果たすため、雇用保険の財源をどのように確保するのかを考えなければならない。

⑵　「雇用」の重要性

　人が自分らしい充実した生活を送るためには、「仕事」のような何らかの役割を担っていることが重要だといわれる。その「仕事」の中でも大きな位置を占める「雇用」を守り、いったん「雇用」を失った者には所得保障をしつつ、スムーズに次の「雇用」を用意する。このような機能を十分に発揮するために、雇用保険は、失業時の所得保障制度として、また再就職支援という労働市場政策としての一面を持ちながら、時代の変化に合わせて発展していかなければならない。

━━ コラム27　失業から就労へと後押しする多様な支援策 ━━

　この章では、雇用保険という社会保険の仕組みによる失業時の保障制度をみてきたが、その他にも、失業時の生活を支え、雇用へとつなぐ方策が用意されている。

　その１つに、**生活福祉資金貸付制度**がある。生活に窮しているのに雇用保険も求職者支援制度も利用できないような場合に、一定の条件の下で貸付けを受けることができる。これには総合支援資金、福祉資金、教育支援資金、不動産担保型生活資金の４種類の貸付資金があり、例えば、日々の生活費のためには、生活支援費として単身者は月15万円以内、２人以上の世帯は月20万円以内を最長１年、住宅を借りる際には住宅入居費として40万円以内を借りることができる。この総合支援資金を利用する者には、生活の立て直しを効果的に図るため、就労についての相談や計画的な家計管理の指導といった継続的な相談支援が合わせて実施される。利用を希望する場合は、市町村の社会福祉協議会で申請する。貸付制度であるので資金の返済が前提となるが、一時的な困窮状態を支えるものとして有効であろう。

　これに対して、収入や預貯金がほとんどなく、働くことができない、あるいは働いていても十分な収入が得られない場合には、生活

保護の利用が考えられる（→ *Chapter 10*）。これまで生活保護は、高齢者や障害のある人など働くことが難しい人の最低生活を支えてきたが、最近の傾向として、若くても仕事が見つからずに生活保護を受給する人が増えている。そのため、就労が可能な人に対しては自立支援プログラムとして、ハローワークと連携した就労支援はもちろんのこと、就労経験の乏しい人には就労体験やボランティア活動の機会も提供される。

　このように、従来からあった雇用保険と生活保護に加え、両者の隙間を埋めるべく、求職者支援制度、さらに生活福祉資金貸付制度がある。加えて、*Chapter 10* でみるように、生活困窮者自立支援法が制定されたことで、生活と就労の双方を視野に入れた総合的な支援の体制が構築された。これらの制度をうまく組み合わせて、働くことができる人に向けた就労支援をより一層強化していく必要があるだろう。

【参考文献】

　雇用保険の基本的な仕組みを知りたい場合は、ハローワークのホームページが有用だろう。ここでは、給付の内容や受給手続きの方法についての説明はもちろん、ハローワークの利用の仕方や求人情報検索のページなども載せられている（https://www.hellowork.mhlw.go.jp/）。

　専門的な文献としては、例えば、日本社会保障法学会編『ナショナルミニマムの再構築』（法律文化社、2012 年）の第Ⅳ部の各論文、労働市場の変化が雇用・労災保険に与える影響を特集する日本労働研究雑誌2021 年 1 月号（№726）がある。

　より広く、社会保障と雇用の関係について考えたい人には、酒井正『日本のセーフティネット格差──労働市場の変容と社会保険』（慶應義塾大学出版会、2020 年）をお勧めする。

Chapter **7**

社 会 福 祉

Let's Study

これまでみてきた社会保険制度には、金銭面で人々の生活を支える所得保障の仕組みが多くある。しかし、健康で文化的な最低限度の生活を保障するという社会保障制度の目的を達成するには、所得保障だけでは十分でない。

例として、孤児に対する支援を考えてみよう。

親のいない子どもにお金を与えさえすれば、その子どもは健やかに成長するだろうか。想像すればすぐわかるだろうが、この方法はうまくいかないだろう。というのも、子どもというのは、経済的に自立できないだけでなく、人格的にも十分成長していない。だから、子どもにお金を与えれば十分なのではなく、やはり親に代わってその子どもを養育する仕組みが必要なのである。

では、親代わりの誰かに、孤児を養育するために、お金だけを支給するというのはどうだろう。思うに、この方法もうまくいくとは限らない。たとえば、その親代わりの誰かが、養育費をパチンコにつぎ込んでしまったら、せっかくのお金が無駄になってしまう。

このように、社会保障制度の目的を達成するには、お金だけでなくサービスそのものが人々の手に渡った方が良い場合がある。こうしたサービスの提供を目的としているのが社会福祉制度である。社会福祉制度は、障害者や高齢者、児童、ひとり親家庭など自立した生活を営むのに困難を抱えることが多い人々に対してサービスが利用できる状況を提供している。この *Chapter* では、そうしたさまざまな社会福祉サービスに共通する仕組みについて勉強しよう。

1 社会福祉制度の意義と特徴

1 社会福祉制度とは

社会福祉制度とは、事前の拠出なく、主としてサービスが利用できる状況を提供することにより、人々の心身の健やかな育成を促し、能力に応じて自立した日常生活が送れるよう支援することを目的とするものである。

他の社会保障制度と社会福祉制度を比べてみると、社会保険制度とは、①事前の拠出を必要とせず、財源をもっぱら税に頼っている点などで異なっている。また、公的扶助制度との違いは、②所得制限が厳格でない点などであり、社会手当制度とは、③給付がサービス利用に関連づけられている点などで異なる（**表7−1**）。なお、社会福祉制度は、サービスそのものを提供する現物給付のみを給付形式とする点が、長年の特徴であった。しかし現在では、少なくとも形式的には金銭給付が増えている。サービスが利用できる状況を提供するのが目的なのに、形式的にはお金を支給することが多いとい

◆ 表7−1　各制度の特徴

	社会保険	公的扶助	社会福祉	社会手当
財　源	保険料（＋税）	税	**税**	税（＋企業からの拠出）
事前の拠出	要	不要	**不要**	不要
給付の形式	金銭給付・現物給付	金銭給付・現物給付	**金銭給付・現物給付**	金銭給付
所得制限	原則としてなし	あり	**原則としてなし**	ある場合が多い（ただし緩い）

うのは、ちょっと説明が必要なので、後述の「措置から契約へ」をよく確認してほしい（→ **4** - **3**）。

　社会福祉制度が、事前の拠出を必要とせず、税を財源としているのは、貧困対策から分化してきたものだからである。この意味で、社会福祉制度は、公的扶助制度との共通点が多い。実際、第2次大戦直後の社会福祉制度は、貧困対策と未分化で、むしろ公的扶助制度の副産物のように考えられていたといわれている。

　しかし、現在の社会福祉制度を公的扶助制度と異なる独自の制度として位置づけることについて異論はみられない。その理由としては、サービス利用の重要性が認識されるようになったことが大きいと考えられる。社会福祉制度の特徴にもかかわるので、以下では少し詳しくみてみよう。

2 サービスの提供を目的とした制度

　社会保障制度のなかで、サービスそのものを提供する現物給付を中心に発展してきたのは、社会福祉制度だけである。この点が、社会福祉制度の大きな特徴だった。後でみる「措置から契約へ」の流れのなかで、形式上は金銭給付が増えたけれども、実際は、その金銭給付を利用者ではなくサービスの提供主体に受け取らせる代理受領という仕組みを使うことで、利用者は、無料で、あるいは、一部の費用負担だけで、サービスを直接受けたような形になる。この方法を金銭給付の現物給付化ということがある（→ **4** - **4**）。こうした現物給付化の活用などもあって、社会福祉制度は、今なおサービスそのものの提供を目的とした制度となっている。このように、社会福祉制度がサービスそのものの提供を主眼としているのは、社会福祉制度の目的である「生活の自立」と大きな関係がある。

　自立した生活には、何が必要だろうか。すぐに思いつくのは、お金かもしれない。たしかに、ある程度のお金がなければ、自力で生

活していくことは難しい。けれども、国が貧困対策を講じ、お金さえ支給すれば、人々が自立した生活が送れるとも限らない。

このことは、社会福祉制度の発展のきっかけとなった第2次大戦直後のことを考えるとよくわかる。戦争によって多くの人が傷つき、みんながおなかを空かせていたとき、まず支援の手がさしのべられたのは、貧困者、児童、そして身体障害者だった。巷には、戦災孤児、戦地で負傷し復員した大量の元兵士、空襲等で身体に障害を負った数多くの一般人があふれていたからだ。これらの人たちに対して、戦前の制度がそうであったように、当初は身体障害者も児童もひとまとめに「貧困者」として経済的に支援することが考えられたのだけれども、実際の制度は、そうはならなかった。なぜならば、冒頭のLet's Studyでも触れたように、親のいない子にお金を与えるだけでは、その子の健全な成長や自立した生活が保障されたとはいえないからである。身体障害者の自立にしてもそうだ。お金が手に入って貧困が解消されても、たとえば、リハビリテーションや職業訓練など、それぞれの障害に応じて、身体の機能を代替ないし補完するような医学的・社会的支援サービスが整備され、これを利用できないのであれば、身体障害者は、自立した生活を送ることが難しい。

だからこそ、それぞれの自立を支援し、対象者の特性を考慮したサービスそのものを提供するために、児童福祉法（1947年）と身体障害者福祉法（1949年）が生活保護法（1946年。1950年に改正）とは別に成立したのである。

3 社会福祉制度の展開と発展

(1) 重視されなかった所得制限──貧困者も富裕層も

児童と身体障害者に対する支援が先行した社会福祉制度だけれども、現在ではさらにその他のカテゴリーに対象者が拡大されている。

具体的には、知的障害者・精神障害者を含む障害者全般、児童、そしてひとり親家庭や高齢者がそうである（→ **Chapter 1**-**1**-🖉2）。

こうした対象者の設定は、全国民を対象とする生活保護制度と比べると"非"網羅的ではある。けれども、社会福祉制度は、その対象者の経済的な側面に対する着目の仕方からみると、生活保護制度の場合よりも広い。つまり、現在の社会福祉制度は、多くの場合、対象者について所得制限を設定していないため、貧しい人も裕福な人もみな社会福祉制度を利用できる（たとえば、児童福祉制度について → **Chapter 9**）。これは、前述のように、貧困状態でなくとも、自立した生活に支障がある場合が考えられるからである。

つまり、社会福祉制度が目的とする自立した生活とは、経済的な困窮の解消とは必ずしも直結しないといえる。したがって、たとえば、現在の社会福祉制度が果たす機能は貧困からの救済（救貧機能）と貧困に陥らないようにする予防（防貧機能）のどちらだろうか、と聞かれれば、そうした尺度では測れない独自の側面があるということになろう。

⑵ **介護保険との類似性**

さらに注意しておきたいのは、介護保険との関係性である。

後述のとおり（→ **4**-🖉3）、高齢者に関する介護サービスの提供の仕組みは、「措置から契約へ」という流れのなかで社会福祉制度から社会保険制度に移行したため、主に財源の点で社会福祉制度とは区別されることになった。他方で、同じく「措置から契約へ」の流れを受けて社会福祉制度において契約方式が普及したことによって、介護保険制度と社会福祉制度は、給付の形式やサービス提供の法的枠組みなどの点ではよく似たものになっている。さらに、両者は、自立支援のためのサービスが対象者に行き渡るようにするという点で根は同じだ。そうしたことも考え合わせると、社会福祉制度と社

会保険制度は、以前よりも共通する要素が増したといえるかもしれない。

2　社会福祉制度の主体

1　社会福祉サービスの対象者

(1)　"非"網羅的な対象者

　社会福祉制度は、自立のためのサービスを必要とする主体を適宜把握し、その特性に応じて利用者別に成立してきた制度である。そのため、自立支援のためのサービスを必要とするすべての主体を網羅するものとはなっていない。現在の社会福祉制度の対象者は、前述のとおり、主に、障害者、児童、ひとり親家庭および高齢者である。社会福祉制度の法律も、この各カテゴリーに対応する形で整備されてきた（図7-1）。

　ただ、これ以外の主体についても、自立した生活を送るための支援を必要とする人々は当然存在すると考えられるので（たとえば、アルコール依存者など）、現行の"非"網羅的な社会福祉制度では、どう

◆ **図7-1　社会福祉分野の主な法律**

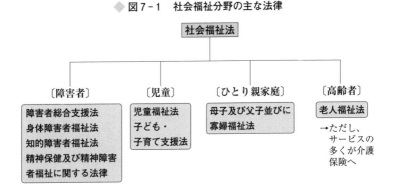

しても間隙ができてしまう。このように、社会福祉制度から漏れる人々については、一定の基準（「保護基準」と呼ばれる）で測る最低生活水準を下回り、経済的自立を欠く場合に限り、生活保護制度がその自立を支援する役割を果たすことになっている（→ *Chapter 10*）。

(2) 高齢者福祉と介護保険

社会福祉制度の対象者のなかでも高齢者に対する自立サービスは、現在、その多くが社会保険制度、つまり *Chapter 4* で勉強した介護保険制度によって担われている。介護保険制度は、老人福祉法による高齢者のための社会福祉制度と、老人保健法（現在の「高齢者の医療の確保に関する法律」の前身）に基づく高齢者医療制度という2つの制度によって実質的に対処されてきた介護の問題を、介護保険という形で統合し、新たに構築し直したものだった（詳しくは、→ *Chapter 4*）。

この介護保険制度ができたことで、在宅サービス（ホームヘルプやショートステイ、デイサービスなど）にせよ施設サービス（特別養護老人ホームなど）にせよ、介護サービスの多くは、社会福祉制度が直接に提供することはなくなった。ただし、介護そのものではないものの介護にかかわるサービス（配食サービスなど）や高齢者の生き甲斐や健康保持にかかわるサービス（老人クラブへの援助など）、施設サービスの一部（養護老人ホームなど）などについては、依然として、社会福祉立法、具体的には老人福祉法が重要な役割を果たしている。

2 社会福祉サービスの供給主体

(1) 2種類の社会福祉事業と経営主体

社会福祉サービスは、社会福祉法によって**第1種社会福祉事業**と**第2種社会福祉事業**の2つに分けられている（社福2条）。大まかにいえば、施設に入所してサービス提供を受けるタイプのものが第1

◆ 表7-2 2種類の社会福祉事業

	第1種社会福祉事業	第2種社会福祉事業
種類	施設入所が主流 (ex. 生活保護法上の救護施設・更生施設、児童福祉法上の乳児院・母子生活支援施設、老人福祉法上の養護老人ホーム・特別養護老人ホーム、障害者総合支援法上の障害者支援施設、売春防止法上の婦人保護施設等に関する事業)	在宅サービスや通所サービスが主流 (ex. 生活困窮者自立支援法上の認定生活困窮者就労訓練事業、児童福祉法上の障害児通所支援事業、母子及び父子並びに寡婦福祉法上の母子・父子施設経営事業、老人福祉法上の老人居宅介護等事業・老人デイサービス事業、障害者総合支援法に規定する障害福祉サービス、身体障害者福祉法に規定する身体障害者生活訓練等事業、知的障害者福祉法に規定する知的障害者の更生相談に応ずる事業等)
経営主体	国、地方公共団体、社会福祉法人、都道府県知事の許可を受けた主体	どのような主体でも可 (ただし、都道府県知事への届出が必要。また、各社会福祉立法で別個の要件を設けている場合がある)

種社会福祉事業であり、それ以外の在宅サービスや通所サービスなどが第2種社会福祉事業とされている。

経営主体に関しては、このどちらの事業を担うかによって法規制に違いがある。具体的には、第1種社会福祉事業の方が第2種社会福祉事業よりも経営への参入が制限されており、経営主体に対する制約がより大きい。この法規制の差は、主として、利用者の権利保護の必要度を反映したものである。社会福祉サービスの対象者は、自立した生活に困難を伴うせいで、その提供者との関係で従属的な地位に置かれやすく、場合によって虐待や経済的搾取などの被害にあうこともないとはいえない。そのため、このような弊害の危険性がより大きいと考えられる施設入所によるサービスなどが、第1種社会福祉事業としてより強固な規制のもとに置かれているのである。

まず、第1種社会福祉事業を経営できるのは、原則として3種類、

具体的には、①国、②地方公共団体、そして③社会福祉法人である（社福60条）。これ以外の主体が第1種社会福祉事業を経営しようとする場合には、都道府県知事の許可を得なければならない（社福62条2項・67条2項）。

　一方、第2種社会福祉事業については、社会福祉法上は都道府県知事に届出さえすればどのような主体でも経営できることになっている（社福68条の2第2項・69条）。ただし、社会福祉の分野ごとに、社会福祉法以外の法律（社会福祉法との関係では特別法に当たる）が別途制限を置いていることがある。たとえば、保育所を設置するのは、社会福祉法上は届出さえあればどのような主体でも良いはずだが、児童福祉法上の扱いは異なる。国、都道府県および市町村以外の主体が保育所を設置しようと思えば、届出ではなく都道府県知事の認可が必要である（児福35条4項）。

(2)　**社会福祉法人とは**

　許可なしで第1種社会福祉事業の経営が認められている主体のうち、現在中心的な役割を果たしているのは、地方公共団体と社会福祉法人である。

　地方公共団体のなかでは、市町村の役割がもっとも大きい。このように公的主体のなかで市町村が重要な役割を果たしているのは、地域住民のニーズを把握しやすく、地域の実情に即した実効的なサービス提供が期待できると考えられているためである（→**3**-🔎1）。

　一方の**社会福祉法人**も、社会福祉事業の経営主体として欠くべからざる存在になっている。社会福祉法人というのは、上記の第1種および第2種社会福祉事業を行うことを目的として、社会福祉法の規定に従って設立された法人のことである（社福22条）。社会福祉事業を行うことを目的としないものは、社会福祉法人とは名乗れな

いし、社会福祉法が定める資産要件や所轄庁による監査指導といったさまざまな規制もかなり厳しい。その公共性や透明性の確保を徹底するため、こうした規制は近年強化される方向にもある（平成28年社会福祉法改正による一定規模の社会福祉法人に関する会計監査人による監査の義務化等）。こういう厳しい条件をクリアしたものだけが社会福祉法人を名乗れることになっているため、社会福祉法人が提供しているサービスということになると、利用者としてもある程度安心して利用できる。

このように、法規制も厳しいが、それ以上に社会福祉法人になるメリットも大きいといわれている。とくに、①第1種または第2種社会福祉事業の経営主体となることができる、②税制上優遇される（ほとんど非課税となる）、③寄付金を受けやすい（社会福祉法人への寄付金等が非課税となるため）、④設立や経営に関して公的援助（低金利での融資など）や補助金等を受けやすい、⑤行政機関とのパイプが太く、委託事業や情報提供を受けやすい、等のメリットは、安定的な事業運営という点から無視できないものである。

3 社会福祉制度の行政機関

1 権限は国から市町村へ

社会福祉サービスの多くは地域生活に密着したものであるので、国や都道府県よりは、より人々に近い市町村が行う方が効果的であって、その市町村自身が自らいろいろなことを決められた方がよい。

2000年の地方分権一括法（「地方分権の推進を図るための関係法律の整備等に関する法律」）は、もともとは国の事務として実施してい

た社会福祉サービスのほとんどを、国の関与を極力避ける形で市町村が処理する仕組みに変更した。

　この改正の結果、地方公共団体の事務は、**法定受託事務**と法定受託事務以外の**自治事務**にわけられたが（自治2条8項・9項）、社会保障制度関連の事務は、法定受託事務とされた生活保護関連の事務以外は、ほぼ自治事務とされている（**図7-2**）。法定受託事務も自治事務も、国ではなく地方公共団体自身が処理する事務である。ただし、法定受託事務が、本来国（または都道府県）が担うべきとされている事務であるのに対して、自治事務は、地方公共団体が自主的に責任をもって処理する事務である。このため、地方公共団体に条例制定権があり、国（または都道府県）の関与も、参考意見を提示したり、相談に応じたりするにとどまる。

　このような地方分権の流れを受けて、社会福祉制度においては、

◆ **図7-2　地方分権のイメージ**

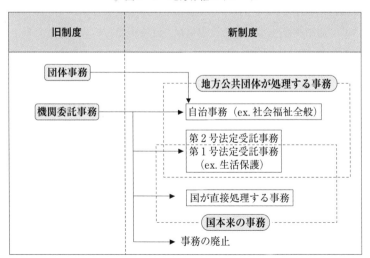

地方公共団体のなかでもより人々に近い市町村の役割が大きく拡大している。一方、国や都道府県が所管するものとしては、主として、市町村がカバーできない広域にわたる事務が残された。たとえば、国については、社会福祉制度に関する企画・立案、法解釈や法改正等の法律の運用、基準の作成や補助金等の交付など、また、都道府県に関しては、国と市町村との間の連絡や調整、社会福祉法人や社会福祉施設の許認可・監督等、市町村への助言などである。

2 福祉事務所

社会福祉に関する国の行政機関としては、厚生労働省や厚生労働大臣の諮問機関たる社会保障審議会がある。一方、都道府県や市町村には、社会福祉関係の事務部局（「○○福祉部」や「福祉○○部」といった名称が多い）が置かれている。このほかに、都道府県と市には、福祉に関する事務所（福祉事務所）が必ず設置される（社福14条1項・2項。町村の場合、設置は任意）。

福祉事務所とは、社会福祉各法に定める援護や育成、更生の措置に関する事務をつかさどる社会福祉行政機関である。こうした社会福祉行政機関としては、福祉事務所のほかに、児童相談所、身体障害者更生相談所、知的障害者更生相談所、婦人相談所等もあり、それぞれの専門分野に特化した業務を遂行している。

このような専門機関が設置されたのは、生活保護法や児童福祉法などが制定された当初、その実施機関が市町村長とされており、自治体によって事務処理体制に差が生じたためである。こうした地域格差を解消し、どのような地域においても効率的な事務処理が可能になるように、1951年制定の社会福祉事業法（社会福祉法の前身）で、福祉事務所の仕組みが導入された。

社会福祉制度の所管に関して、都道府県と市町村では市町村の役

割が大きいように、都道府県の福祉事務所と市町村の福祉事務所とでは、市町村の福祉事務所の役割の方が大きい。具体的にみると、まず、市町村の福祉事務所は、福祉六法（生活保護法、児童福祉法、母子及び父子並びに寡婦福祉法、老人福祉法、身体障害者福祉法、知的障害者福祉法）に関する事務を所管する（同6項）。これに対して、都道府県の福祉事務所は、福祉六法のうち生活保護法、児童福祉法、母子及び父子並びに寡婦福祉法に関する事務を管轄するにとどまる。これは、この3法以外の福祉六法に関する援護事務が、1993年および2003年に都道府県から市町村に委譲されたためである。

4　社会福祉制度の法律関係

1　多様な法律関係

　はじめにみたように、社会福祉制度は、対象となる人たちに、その自立を支援するためのサービスを提供する仕組みである。しかし、その自立支援のためのサービスを行政だけで十分に提供することは到底無理である。そのため、行政は、（国や地方公共団体直営の場合を除けば）社会福祉サービスの提供を民間主体に何らかの形で「任せて」いる場合がある。

　もっとも、一口に「任せて」いるといっても、法律関係は一様ではない。これは、もともとは「措置方式（ないし措置制度）」と呼ばれる仕組みによって提供されてきた社会福祉制度が、「**措置から契約へ**」の呼び声のもとに、措置方式に加えて、「契約」的要素をその法律関係に取り込んだ仕組みを新たに採用するようになったからである。

2 措置方式

⑴ 措置方式とは

措置方式とは、福祉サービスに関するさまざまな事柄を行政庁が判断したうえで、福祉サービスの提供を行政権限として一方的に決定することにより実施する仕組みである。この仕組みが措置方式と呼ばれるのは、行政庁が権限をもつ「福祉の措置」と呼ばれる一連のサービスが社会福祉諸法に規定されており（たとえば、母福第3章から第5章、老福第2章）、この措置権限に基づいて福祉サービスを提供する仕組みだからである。

しかし、上記のとおり、福祉サービスのすべてを行政が直接に提供することが難しいため、措置権限をもつ行政庁は、民間の事業者や施設等に対してサービスの提供を「お任せ」する契約（措置委託契

◆ **図7-3　措置方式**

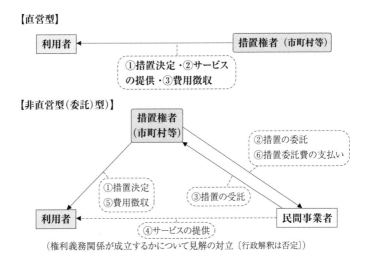

【直営型】

利用者　←　措置権者（市町村等）
①措置決定・②サービスの提供・③費用徴収

【非直営型（委託）型】

措置権者（市町村等）
②措置の委託
⑥措置委託費の支払い
①措置決定
⑤費用徴収
③措置の受託
利用者　←　民間事業者
④サービスの提供
（権利義務関係が成立するかについて見解の対立〔行政解釈は否定〕）

約）を結ぶことで、実際のサービスの提供の多くを民間事業者等に
ゆだねることになる。なお、このように、措置方式をめぐる法律関
係にも契約が登場するので、これも契約方式なのではないかと思う
人もいるかもしれない。しかし、後に出てくる契約方式は、利用者
とサービス提供主体との関係で契約が利用されていることに注目す
るものなので、混同しないように注意しよう（→ 3）。

(2) **行政による一方的な決定**

　この措置方式の大きな特徴は、行政庁が一方的に決めるという点
にある。

　措置は、行政庁の一方的な行政行為（行政処分）と理解されており、
福祉サービス受給の要否やサービス提供者の選定、サービスの内
容・程度、サービス利用者の費用負担や負担額などさまざまな事柄
を行政庁が一方的に決定する。

　行政庁が一方的に決めた事柄に不満がある場合、利用者は最終的
には裁判で争うことができるが（→ *Chapter 11*）、行政庁の決定が覆
えされないことも多い。というのも、客観的・一義的に決まるもの
（要件該当性など）には、裁判所の審査が全面的に及ぶけれども、そ
うでないもの（複数の要件該当者のうち、誰を入所させるかなど）につ
いては、裁判所は、原則として、措置権者たる行政庁の裁量を広く
認めるからである。つまり、裁判所としては、客観的・一義的な基
準を観念できないものに関しては、行政庁の判断に著しく不合理な
点でもない限り、裁量権の範囲の逸脱または濫用があるとは認めな
い傾向がある（たとえば、保育所入所について、東京地判平 19・11・9 判タ
1279 号 132 頁等）。だから、結局のところ、利用者としては行政庁の
判断に従わなければならないということになりやすい。

　さらに、措置の発動についても、行政が一方的に行う（職権主義）。

実際には、サービスを受けたいという利用希望者からの相談や申出が措置実施の契機となることは多いけれども、職権主義のもとでは、こうした申出などには法的意味がない。したがって、行政庁が利用希望者の申出等に応えず放置したとしても、利用希望者としては不平をいう術はないことになる（つまり、行政庁に応答義務がない）。

(3) **措置方式の問題点**

このような行政の一方的な決定の仕組みには、大きくいって2つの問題点がある。

1つ目は、利用者の多様なニーズに応えにくいという点である。利用者自身は、サービスの提供者や内容等を選ぶことを法的に保障されていないし、サービスの提供者としても、他の提供者とサービス内容を競うインセンティブが働きにくいからである。また、量的なニーズにも応えにくい。というのも、サービスの具体的内容を決定するのも費用を負担するのも（直営型の場合はサービスの提供も）措置権者（行政庁）であるため、措置権者は、あくまで予算や提供できるサービス量の範囲内でサービス提供の必要性を判断しがちになり、サービスの供給が不十分となりやすいからである。

2つ目の問題点としては、利用者の法的地位が不安定になるとい

◆ 表7-3　措置方式と契約との比較

	措置方式	**契　約** (ex. 個人宅お掃除サービス)
内　容	行政が一方的に決定	当事者の合意による
サービスの契機	職権主義	利用者からの申込み
利用者の法的地位	不明確 （「反射的利益」論が根強い）	債権債務関係

う点が挙げられる。なぜなら、措置が職権によって始まるとされていることの反面として、利用者の申請権が否定されがちだからである。さらには、サービスを受ける地位自体も、（少なくとも行政解釈によれば）利用者の権利とは考えられていない。単に行政庁に措置義務があることから派生する**反射的利益**と理解されている。この理解は、たとえば、医師の診療義務（応招義務）と患者の受診の利益に関する考え方に似ている。医師は、公法である医師法上（つまり、国との関係で）、患者の診療を拒むことができないという診療義務を負っているが（医師法19条1項）、だからといって、患者はある医師に医療契約を締結することを権利として主張したり、私法上強制できたりするわけではない。これは、受診に関する患者の利益が、医師法上の診療義務の副産物のように考えられているからである。社会福祉サービスを受ける利益も同様に捉えられているということは、行政庁の措置義務はあくまで公的なものであり、利用者は行政庁に対して義務を履行するよう求める権利はないということになる。

3　「措置から契約へ」

上記のような問題点を踏まえてなお、措置方式には賛否両論があったけれども、政策としては、1990年代後半から、措置方式の根本的な見直しへと舵が切られることになった。このときの社会福祉制度に関する一連の改革を、**社会福祉基礎構造改革**と呼ぶ。その基本的な理念は、①自己決定の実現、②福祉サービスを自ら選択できる利用者本位の仕組みの整備、③公私の適切な役割分担、④民間活力の利用、である。

社会福祉基礎構造改革のもと、これまで措置方式で運営されてきた多くの社会福祉制度が、利用者の選択に基づき利用者と事業者とが直接「契約」する方式に変更された。具体的には、介護保険方式

や自立支援給付方式（→ 🏮4）などがこれに当たる。上記に挙げた改革の理念との関係でいえば、次のようになる。つまり、利用者と事業者との契約こそ、利用者自らが選択できる利用者本位の仕組みであるから、自己決定が実現できる。もっとも、サービスの提供者がこれまでと同じでは供給量が増えず、利用者の選択肢が広がらない可能性があるので、規制を緩和して民間の参入を促す。一方、公的機関については、サービス提供者としての役割は縮小させ、原則として、資金提供者や監督、コーディネーター役に徹する、ということである（このため、契約方式のもとでは、サービス提供主体としての国等の責任追及が難しくなることについて→ ***Chapter 11***-**3**-🏮2）。

　こうした考え方のもと、まず、1997 年に児童福祉法の改正や介護保険法の成立が実現した。さらに、2000 年には、社会福祉法（社会福祉事業法を改名）が成立すると同時に、社会福祉に関するその他の法律の多くも改正された。これによって、社会福祉制度上の仕組みの多くが「**措置から契約へ**」刷新されることとなったのである。

　同時に、措置方式と結びつけられて理解されてきた職権主義も変更を余儀なくされた。というのも、行政庁が応答義務を負わない職権主義では、利用希望者が放置され、その法的地位が不安定になりかねないためである。そこで、現在の社会福祉制度の多くは、「申請主義」をとることが明確にされた（障害者総合支援法 20 条、児福 22条・23 条・24 条等）。申請主義によれば、行政庁は、利用者から申請があった場合に初めて行政権限を行使できるというだけでなく、申請があれば、それに対する諾否を回答する義務を負うことになる。

🏮 4 さまざまな契約方式

⑴ 自立支援給付方式

まずは、障害者福祉の分野で用いられている**自立支援給付方式**に

ついてみよう。2005年に成立した障害者自立支援法で導入された方式なので、この名前で呼ばれている。障害者自立支援法自体は、2013年度から施行されたいわゆる「障害者総合支援法」（正式名称は「障害者の日常生活及び社会生活を総合的に支援するための法律」）に変更されているけれども（→ **Chapter 8**）、その法律関係は、障害者自立支援法時代と同じである。

図7-4をみるとわかるように、自立支援給付方式では、措置方式と違って、利用者と指定事業者・施設との間に契約関係がある。このように利用者が事業者等と契約を締結してサービスの提供を受けたときに、市町村がサービスにかかった費用の一部または全部を支給するというのが契約方式に共通してみられる構造である。

「契約方式」というと、行政庁と利用者との間に契約を結ぶような印象をもつ人もいるかもしれないが、このとおり、利用者とサービ

◆ **図7-4 自立支援給付方式（代理受領のケース）**

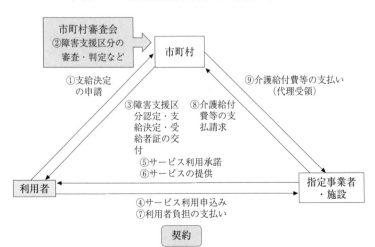

スを提供する事業者等との間の契約であることに注意しよう。

　この契約関係に、市町村は2つの側面でかかわってくる。1つ目は、サービスの利用をチェックする側面である。市町村は、利用者からの申請を受け、自立支援給付を支給するかどうかの支給決定を行う（障害者総合支援法19条以下）。支給決定にあたっては、市町村の付属機関として設置された市町村審査会が**障害支援区分**の審査・判定などを行う。市町村は、この審査・判定に基づいて障害支援区分を認定し、その区分や介護者の状況、本人の希望等を勘案して自立支援給付の支給の要否等を決めることになっている。契約方式のもとでは、措置方式と違って、行政庁が予算を勘案してサービスの総量を調整しない。そのため、定員のある施設サービスと異なり、サービス提供に際限がなくなりがちな在宅サービスに関してはとくに、利用者の希望のままにサービスが提供され、利用量が過剰になり、その分費用が増えすぎるおそれもある。そして実際、障害者の自立支援にあっては、施設への入所というよりは、住み慣れた在宅でのサポートが近年はより重視されてきた。そこで、支援の必要性をチェックする仕組みを設けているのである。

　もう1つは、費用の支給の側面である。契約方式では、措置方式と異なり、市町村は、サービス提供そのものの責務は負っておらず（市町村の直営のケースを除き）、主としてサービスの利用にかかるお金の支援等にとどまっている（このため、契約方式のもとでは、サービス提供主体としての市町村等の責任追及が難しくなることについて→*Chapter 11*-**3**-*2*）。市町村がどのように費用を支給するかといえば、障害者総合支援法では、サービス利用にかかった費用を、サービス利用後に市町村が利用者に払い戻すという**費用償還方式**を原則としている（障害者総合支援法29条1項等）。ただし、利用者が直接

に指定事業者や施設に支払う自己負担分以外の費用は、市町村が事業者や施設に直接支払う**代理受領**の方法も利用できる（同4項・5項等）。これを代理受領というのは、市町村が支給する金銭給付を利用者の代わりに事業者等が受領する、という意味である。実際は、費用償還方式よりは、この代理受領の方がよく使われている。この方法は、医療保険の療養費の現物給付化と同じである（→ *Chapter 3*）。こうした現物給付化によって、利用者は社会福祉制度からサービスそのものの提供を受けたのとあまり変わらない結果になっている。

⑵　介護保険方式

　社会福祉制度ではないけれども、高齢者に対する介護サービスの提供、つまり介護保険（→ *Chapter 4*）も、契約方式によるものといえる。

　介護保険におけるサービス提供の仕組みは、自立支援給付方式の仕組みとよく似ている（**図7-4**と**図7-5**を比べてみよう）。けれども、

◆ **図7-5　介護保険方式（代理受領のケース）**

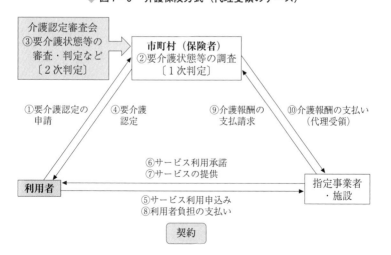

介護保険における要介護認定においては、自立支援給付方式と異なり、介護者の状況や利用者の意向などを市町村が考慮しないことになっており、市町村の裁量の余地が自立支援給付方式の場合よりも小さい。この点は、自立支援給付方式の方が措置方式の流れをより強く引いているといえる。

(3) 子どものための教育・保育給付に関する契約方式

児童福祉の分野では、子ども・子育て支援法による子どものための教育・保育給付等の支給（詳しくは、→ *Chapter 9*）が、原則として契約方式で提供されている。(1)や(2)でみた、サービス利用のチェックと費用支給について市町村が契約方式にかかわるという点は、これら以外の契約方式にも共通することが多い。この子どものための教育・保育給付等に関する契約方式も、同様の特徴をもっている。

ただし、サービス利用のチェックのあり方は、(1)や(2)の場合とは異なる。つまり、市町村には、サービスの不適切な利用を抑制する

◆ **図7-6　子どものための教育・保育給付に関する契約方式（代理受領のケース）**

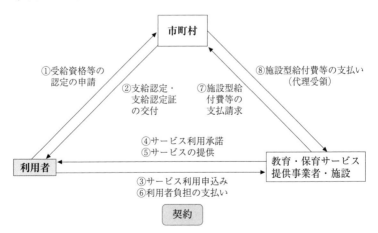

というよりは、必要なサービスが確保されるよう配慮する役割が期待されている（たとえば、保育所における待機児童の解消）。これは、子どものための教育・保育給付が、定員のあるなんらかの施設やサービス（保育所、幼稚園、認定こども園等）での利用を前提としていることが多いという事情が影響しているかもしれない。また、(1)の市町村審査会や(2)の介護認定審査会のような特別なチェック機関も設けられていない。これもまた、主として施設へ入所したうえで利用するものが多い保育（教育）サービスは、定員に縛られてサービスの利用者が限定され、サービスの過剰利用ということが起こりにくいためと思われる。これを反映して、子ども・子育て支援法では、市町村が、必要なサービスが提供されるように積極的に働きかけるという形で、利用者と事業者等との契約にかかわっている（たとえば、市町村による利用のあっせんおよび要請とこれに対する施設・事業者等の協力義務〔子ども・子育て支援法42条・54条〕等）。

　また、子どものための教育・保育給付に関する契約方式では、自立支援給付方式に比べて、支給要件やサービスの必要量の認定に関して市町村の裁量の余地は狭められている。これらの決定にあたって重要なのは、むしろ国が定める基準である。保育の必要性に関する判断を市町村にゆだねると、保育の量が増えにくいということから、全国統一の客観的な基準によることにしたのである。

5　再び措置方式を考える

(1)　契約方式導入後の措置方式の意義

　もっとも、「措置から契約へ」とはいっても、措置方式が廃止されたわけではない。措置方式が必要とされる状況は、今なおある。これは、社会福祉サービスが必要とされるケースには、利用者の自己決定が機能しない場合があるからである。

◆ 図7-7　保育所入所方式（1997年以降子ども・子育て支援法まで）
　　　　※私立保育所については、今後も当面この形式を取る。

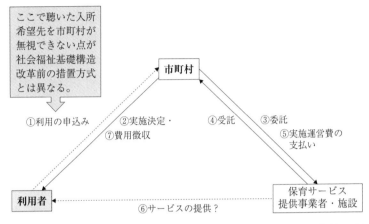

ここで聴いた入所
希望先を市町村が
無視できない点が
社会福祉基礎構造
改革前の措置方式
とは異なる。

市町村

①利用の申込み　　②実施決定・　　④受託　　③委託
　　　　　　　　　⑦費用徴収　　　　　　　⑤実施運営費の
　　　　　　　　　　　　　　　　　　　　　　支払い

利用者　　　　　　⑥サービスの提供？　　　保育サービス
　　　　　　　　　　　　　　　　　　　　提供事業者・施設

　まず、契約方式というからには、契約の締結にあたって有効に意
思表示をする能力（意思能力）や、単独で有効に法律行為をなしうる
能力（行為能力）が必要である。しかし、児童や高齢者などについて
は、これらの能力が不十分な場合もありうるため、現在でも、こう
した主体にかかわるサービスが措置方式に基づいて提供されること
がある（たとえば、養護老人ホームへの入所など）。
　一方、原則として契約方式だが、場合によって措置方式によって
サービスが提供されることを予定しているものもある（老福10条の
4第1項・11条、身福18条1項、児福21条の6など）。これは、かりに
利用者本人の意思能力や行為能力が十分な場合でも、当事者からも
その家族からも、サービスの利用申請が期待できないケースが考え
られるからである。たとえば、各種の虐待（高齢者虐待、障害者虐待、
児童虐待など）がその例である。こうしたケースについては、利用希
望者からの申請を待たずに一方的に権限を行使できる職権主義が力

を発揮する。

⑵　措置方式と自己決定

　また、契約方式に変更しなければ措置方式に対して指摘されていたような欠点（→🔖2）を克服できなかったかに関しては、疑問も残る。

　図7-7は、1997年に採用された保育所入所に関する仕組みを図示したものだが、現在も私立保育所については、この方式で運用されている。この保育所入所方式では、保護者が入所を希望する保育所を選択して、保護者の申込みに基づき、保護者と事業者とが契約する方式と当初説明されたが（行政解釈）、入所決定や費用徴収につき、それ以前と同様に行政が主導することから、措置方式であるとの理解がかなりある（大阪高判平18・1・20判自283号35頁等）。この理解が正しいとすれば、措置方式のもとでも、利用者の多様なニーズにこたえ、その権利性を強化することは可能であったことになる。

　そうだとすると、措置方式と契約方式の違いとして大きいのは、市町村がサービス提供者としての責任を負うかどうかの点ではないかという疑問がわいてくる。この違いからどんな帰結が生じるかについては、さらに *Chapter 11* で確認してみてほしい。

5　生活の自立のために

　この *Chapter* でみたように、もともとは公的扶助制度と未分化であった社会福祉制度は、人々の生活の自立を支える仕組みとなるべく、必ずしも経済的な尺度にはとらわれない独自の制度として発展してきた。そして現在の仕組みは、「措置から契約へ」のスローガンのもと、人々の生活の自立を支えるというに相応しい「利用者本位」

のシステムへの転換を狙って構築されたものである。

たしかに、「措置から契約へ」の変更によって、利用者の自己決定が尊重された利用者本位の仕組みには近づいた。けれども、その反面で、契約方式への切り替えのために、市町村が負う責務の内容が大きく変わったことは無視できない。また、この仕組みが、実際に利用者本位のものとして機能するには、たくさんの壁がある。たとえば、人々の多様なニーズや嗜好に応えうるだけの多彩で、なおかつ、一定の水準を満たしたサービスが、少子高齢化で働き手の減少が予想されるこれからの日本社会で十分に提供されるだろうか。また、お金の問題（利用者の自己負担）がサービスの利用を不当に抑制することがあってはならない反面、利用者の費用負担を含めた財政システムを構築するには、（とくに今後の社会保障費の増大が予想される現在では）財源の有限性を考えざるをえないだろう。制度の利用者とサービス提供者との対等性をどのように確保すべきかという問題もある。考えなければならない課題は多い。

【参考文献】

社会福祉制度をさらに勉強するなら、菊池馨実『社会保障法〔第2版〕』（有斐閣、2018年）の「第8章 社会サービス保障」などを読むと、関連する裁判例や学説を知ることができ、より深い理解につながるだろう。
河野正輝＝阿部和光＝増田雅暢＝倉田聡編『社会福祉法入門（第3版）』（有斐閣、2015年）などは、制度の法的関係の具体的なケースがたくさん引用してあり、わかりやすく詳しい。

Chapter **8**

障害者福祉

「障害」と聞いて何を思い浮かべるだろう。多くの人は、聴覚や視覚、身体的な不自由や知的機能の発達に遅れが見られる知的障害なのではないだろうか。しかし、ひと言に「障害」といっても内容や程度は実にさまざまであるし、内部障害と呼ばれる心臓や腎臓の機能障害がある場合は、外見では障害があるとわからないこともある。「障害」のない人の個性が多様であるのと同様に、「障害」の様相も多様なのである。

障害のない自分には、障害者福祉は関係ないと思っている人もいるかもしれない。しかし、交通事故や病気がきっかけで自分が障害を持つことも考えられるし、糖尿病や高脂血症は内部障害の原因となることもある。さらに、過労などをきっかけにメンタルヘルス不全となって精神障害を持つこともあると聞けば、障害者福祉を自分のこととして考えられるのではないだろうか。それに、障害のある人が世の中にいる以上、社会の一員である自分と無関係とはいえない。

この章では、まずは、障害者福祉法制の変遷をみる。日本の法制が、WHO や ILO といった国際機関の「障害」観や障害者権利条約を締結する過程での議論など、国際的な動向の影響を強く受けていることがわかるだろう。続いて、障害者総合支援法や個別の障害者福祉法が用意する福祉サービスの内容とその提供方法について、さらに障害者差別解消法と、障害のある人をとりまく法制度について学ぼう。

1 障害者福祉法制の変遷

1 これまでの流れ

(1) 種別ごとの福祉法制

　障害者福祉は、傷痍軍人への援助策としてスタートするが、戦後になってまずは 1949 年に身体障害者福祉法が制定された。ここでもやはり、傷痍軍人や戦争被害者が念頭におかれ、彼らの職業能力の回復を図ることが中心であった。次いで、1950 年に精神衛生法では、精神障害者の措置入院が定められ、1960 年になって知的障害者への施策を定める精神薄弱者福祉法が制定された。このころは、身体・精神・知的と障害の種別ごとに、また施設での福祉を中心に法整備が進められてきた。

(2) 新たな理念の登場

　転換点となるのは、国際連合で国際障害年とされた 1981 年である。この時作成された「国際障害者行動計画」で、障害者の完全参加と平等を目指して、リハビリテーションの理念とノーマライゼーションの思想が掲げられた。これにより、障害者が一般市民と同等の権利を享受し、社会生活を営めるよう保障することが重要だと考えられるようになったのである。これを受けて、障害者対策の基本理念を明らかにし、それまでバラバラに行われてきた施策をより効果的に推進するために、1993 年に障害者基本法が制定された。ここでは、法の目的として、あらゆる障害者を対象に、障害者の自立と社会経済活動への参加を促進することが明確化された。基本施策を見ても、医療・介護はもちろん、教育、雇用の促進、住宅の確保、バリアフリー化などが幅広く盛り込まれた。さらに 2004 年には、障害者の自立と社会参加をより一層進めるため、「何人も、障害者に対して、

障害を理由として、差別することその他の権利利益を侵害する行為をしてはならない」と障害者に対する差別の禁止を明文化し（旧障害基3条3項）、地方自治体に障害者計画の策定を義務付けるなどの改正が行われた。

2 サービス提供方法の変化

このように、障害者基本法の制定と改正を通じて、障害者についての基本的な考え方や方針が示されてきたが、障害者へのサービス提供の仕組みは、長らく措置方式という方法が用いられていた。これが大きく変化するのは、2003年に導入された**支援費支給方式**で、障害者の主体性を尊重し、障害者自身がサービス利用を選択できるようにするために「契約」が取り入れられたのである。2005年の障害者自立支援法、同法の改正法として2012年に成立した障害者総合支援法では、支援費支給方式を基礎とした**自立支援給付方式**が用いられている。各方式の詳細は、*Chapter 7*で学んだとして、ここでは、行政が一方的に給付の可否や給付内容を決定していた方法から、利用者自らが希望する給付内容を選択することができるようにする、と考え方が変わった点を確認しておこう。福祉制度の中で障害者を単なるサービスの受け手ととらえるのではなく、自ら物事を判断する主体とみるようになったのである。しかし現実の制度には、まだ多くの課題が残されている。この点については、具体的な制度を見る中で触れていこう。

> ### コラム28 サービスは必要だが契約が結べない？
>
> 1-2でみたように、障害者総合支援法のサービスは、利用者がサービス提供事業者と締結するサービス利用契約に基づいて提供される。そのため、利用者自身が契約を締結できることが前提となるが、障害者の中には、判断能力が不十分なために、契約内容をよく

理解しないままに契約を締結してしまったり、単独では契約できなかったりすることがある。こうした場合の制度として、成年後見制度や福祉サービス利用援助事業がある。いずれも障害者のためだけの制度ではなく、認知症などの高齢者も利用できるが、ここで概要をみておきたい。

　成年後見制度には、**法定後見**（民7条以下）と**任意後見**（任意後見法）がある。法定後見制度は、さらに後見、保佐、補助の3つにわかれ、判断能力の程度に応じて選ぶことができる。申立権者の申立てにより、家庭裁判所が適任と認めるものを成年後見人（あるいは保佐人、補助人）として選任する。成年後見人らは、本人の利益を考えながら、本人を代理して契約などの法律行為をしたり、本人が自分で法律行為をするときに同意したり、法律行為を後から取り消したりする。こうすることで、悪徳商法の被害から財産を守ったり、福祉施設への入退所のための契約をしたりすることができる。他方で、すべての法律行為に成年後見人らがかかわるようになると、本人が自分の意思で自由に行動することができなくなってしまう。そこで、食料品や衣類の購入といった日常生活にかかわる行為は取消しの対象外としている。任意後見制度は、本人が十分な判断能力があるうちに、あらかじめ自らが選んだ代理人（任意後見人）に自分の生活や財産管理について代理権を与える契約（任意後見契約）をするものである。

　この成年後見制度が、主に財産管理や身上監護のためのものなのに対して、**福祉サービス利用援助事業**では日常生活上の支援をする。こちらは、社会福祉協議会が実施し、福祉サービスや苦情解決制度の利用援助、住宅の賃借、日用品の購入などの消費契約、住民票の届出などの行政手続き援助、預金の引き出しや預け入れといった日常生活費の管理を行う。ただし、このサービスの利用には、実施主体と契約することが必要なので、本人に契約の内容について判断しうる能力がなければならない。判断能力が著しく欠ける場合には、成年後見制度と併用することが必要となる。

　成年後見制度では、多くの場合は親族が後見人などになるが、親族であれば常に本人のために行動するとは限らない。中には、預貯

金を横領するなどの事件も起きているし、親族間の関係が良くなかったり、そもそも身寄りがいないこともある。そうした場合は、弁護士、司法書士、社会福祉士などの専門家、社会福祉協議会などに後見人を依頼することもできる。なお、以前は後見人を選任すると選挙権を失うとする公職選挙法の規定があったが、東京地判平25・3・14（判時2178号3頁）はこれを違憲・無効と判断した。これを受けて、2013年に公職選挙法が改正され、成年被後見人も選挙権・被選挙権を有することとなった。

3 障害の概念の変化

　障害者福祉の各法は、障害のある人を対象とするので、まずは「障害（者）」とは何かを定義しなければならない。しかしながら、障害の中身は多種多様であり、時代とともに定義の仕方も変遷している。

(1) 機能障害に着目する医学モデル

　1975年の国連総会での障害者の権利宣言は、障害者を「先天的か否かにかかわらず、身体的又は精神的能力の不全のために、通常の個人又は社会生活に必要なことを確保することが、自分自身では完全に又は部分的にできない人」と**機能障害**（impairment）に着目して定義づけている。

　これに対し、1980年のWHOによる**国際障害分類**では、機能障害に加え、能力障害（disability）と社会的不利（handicap）の3次元で障害をとらえた。このように障害をとらえることで、能力障害があるために日常生活の活動が制限され、社会的不利から社会への参加が制約されるとの指摘が可能となり、障害者の社会活動への積極的な参加を重視する概念へと変化することとなった。しかしながら、あくまで機能障害に注目した定義であるため、障害者への治療やリハビリを通じて障害を克服することに主眼が置かれていた。こうし

た定義は、医学的なアプローチを中心とすることから**医学モデル**と呼ばれる。

(2) 障壁との相互作用で障害が作られる

社会モデルの登場　WHO が 2001 年に国際障害分類の改訂版として示した**国際生活機能分類**では、機能障害・活動・参加に加え、環境因子という観点が加えられ、それらの相互作用により障害状態が生じるとされる。

この国際生活機能分類の発想は、2006 年に採択された**障害者権利条約**にもみられる。ここには障害者や障害の定義は存在しないが、目的のなかで、「障害者には、長期的な身体的、精神的、知的又は感覚的な障害を有する者であって、様々な障壁との相互作用により他の者と平等に社会に完全かつ効果的に参加することを妨げられることのあるものを含む。」と述べられている。つまり、様々な障壁との相互作用により「障害」状態が作り出されることが示唆されている。このように障害をとらえると、機能障害を持つ人の生活が困難となるのは、その人自身にではなく社会の側にその要因があるのであり、そうした要因を取り除くためには社会が変化しなければならないことになる。こうした障害のとらえ方は、先の医学モデルに対して**社会モデル**と呼ばれる。

(3) 障害概念の意味

この障害の社会モデルは、障害の原因を社会にあるとする点で、これまでの障害のとらえ方に大きな変革を迫るものであった。他方で、障害法制の各法は、それぞれに趣旨や目的を有し、それにしたがって障害（者）の定義が置かれるので、ある説得的な障害概念が定立されたとしても、それが直接各障害法制の障害（者）定義となるわけではないし、それひとつで統一されるとも限らない。障害のとら

え方自体も、歴史的にみて大きく変化してきており、また今後も新たな視点から構築された概念が生み出されるであろう。現時点では、障害の社会モデルをはじめとした障害概念は、障害者にかかわる各法規制の内容が適切であるかを検討する際に、重要な指針を提供してくれることを指摘しておこう。

障害 or 障がい？　また、現行法では「障害」という表記が用いられているが、「害」という語に「障害のあることが害悪である、社会に害悪をもたらす」といったマイナスイメージが含まれるとして、「障がい」や「障碍」と表現されることがある。この点は障がい者制度改革推進会議でも話し合われたが、見解の一致が見られず、当面は従来の「障害」という語を用いることになった。確かに、適切な表現を用いることは適切な理解が広がるきっかけとなるし、障害のある当事者が不快に思う表現は避けるべきであろう。しかし、表現を変えるだけで障害法制の理念や人々の考え方が変化するわけではない。表記の問題と合わせ、障害とは何かについて真摯に向き合い、障害法制へと反映させていくことが必要だろう。

4　障害者施策の進展

　日本は、2014年1月に障害者権利条約を批准した。批准のために、2011年に障害者基本法の改正、障害者自立支援法の改正法として2012年に障害者総合支援法を制定、さらに2013年に障害者差別解消法も制定された。障害者総合支援法は後述の**2**で、障害者差別解消法は**6**で触れるとして、ここでは障害者基本法の改正と障害者虐待防止法をみておこう。

⑴　2011年の障害者基本法の改正

　2011年7月の改正障害者基本法では、総則から基本的施策の部分にまで多岐にわたる改正が行われた。ここではポイントとなる点をみておこう。

ⅰ）社会モデルによる障害者の定義　　障害者基本法では、障害者は、「身体障害、知的障害、精神障害（発達障害を含む。）その他の心身の機能の障害（以下「障害」と総称する。）がある者であって、障害及び社会的障壁により継続的に日常生活又は社会生活に相当な制限を受ける状態にあるもの」と定義した（障害基2条）。ここでは、精神障害の1つに発達障害を含むことを明示し、「その他の心身の機能の障害がある者」にまで範囲が拡大していることに加え、機能障害だけでなく、社会的障壁によって生活上の制限を受ける者を障害者ととらえた点が重要である。先にふれた、障害概念の「社会モデル」の考え方が取り入れられているのである。

ⅱ）配慮しないことも差別に　　差別の禁止についても、大きな変化がある。障害者に対する差別を禁止する規定は、2004年の障害者基本法改正で取り入れられていたが（旧障害基3条）、何が差別に当たるのか、また差別があった場合にどのような法的対応がとられるのかが明確でなく、あまり効果がないと指摘されていた。この点2011年の障害者基本法改正では、4条1項で障害者への差別を禁止するとともに、新たに4条2項で、社会的障壁を除去することについて「必要かつ合理的な配慮」をしないことが障害者差別になりうると規定した。但し、障害者権利条約のように、差別や合理的配慮の内容を示す定義規定は置かれていない。

この「必要かつ合理的な配慮」とは、アメリカで制定された障害を持つアメリカ人法（the Americans with Disabilities Act : ADA）の中で、雇用分野での差別の1つとされ、その後各国に広まり、障害者権利条約でも、障害者に実質的な機会の平等を保障するために取り入れられた考え方である。例えば、公共の施設に車いすの人が施設に入ろうとする場面では、スロープを付けるというように、これまでのやり方を変更したり、調整したりすることを指す。これまで「差

別の禁止」といえば、偏見などに基づいて判断しないといったように、ある行為をしないことが求められたのに対し、「必要かつ合理的な配慮」をしないことが差別として禁止されると、社会の側に何らかの積極的な行動をとることが求められる。この合理的配慮という考え方は、2013年の障害者差別解消法にも受け継がれている（→ **6** -*2* ）。

(2)　**障害者虐待防止法の制定**

　従来から、障害者への虐待は問題視されており、施設内や職場、家族からの虐待の存在が指摘されていた。そこで2011年6月に、障害者虐待防止法が成立した（2012年10月施行）。同法は、障害者基本法が定める障害者（障害基2条1号）に対する虐待の防止を目的とする。障害者への虐待は、何人も許されない（障虐3条）が、特に実際に障害者を養護する者、障害者福祉施設の従事者ら、障害者の雇い主らからの虐待については、それが発見された場合の対応方法や再発防止のための措置を定めている。ここでいう**虐待**とは、暴行などの身体的虐待、性的虐待、暴言などの心理的虐待、食事を与えない、長時間放置するといったネグレクト、障害者の金銭を勝手に使用するなどの経済的虐待を指す。また、障害者虐待を発見した者に対して、自治体等への通報を義務付けている。しかし、例えば障害者施設に勤務する職員が他の職員らによる虐待を発見したと通報した場合、施設から解雇されるなどの不当な扱いを受けることが考えられるため、そうした通報者に対する不利益な取扱いは禁止されている（障虐16条4項）。

2　障害者総合支援法による福祉サービス

　障害者福祉は、実に多くの法によって支えられており、全体像の

イメージは図8-1のようになる。まずは、障害者を対象とする福祉と医療サービスのうち、中心的な役割を果たす障害者総合支援法に基づく福祉サービスからみていこう（所得保障の障害年金は *Chapter 2* や *5*、各手当は *Chapter 9*、生活保護は *Chapter 10*）。

1-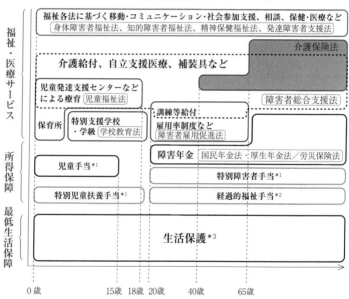2でみたように、支援費支給方式が導入されたことで、障害者自身がサービスを選択できるようになった。2005年の障害者自立支援法に基づいて自立支援給付方式が導入され、2012年の障害者総合支援法でも同じ方式が用いられている。以下では、障害者総合支援法で提供される福祉サービスの詳細をみていこう。

◆ **図8-1　障害者福祉の全体イメージ図**

*1 それぞれに所得制限あり
*2 特別障害者手当、障害年金不支給の場合のみ支給
*3 困窮などの受給要件あり（→*Chapter 10*）

🌈 1 適用対象と財政

⑴ どんな人が対象となる？

　障害者総合支援法は、身体障害者、知的障害者、精神障害者ならびに障害児を対象とする。それぞれの内容は、障害者福祉各法と児童福祉法の定義に従うが、障害保健福祉施策見直し整備法により、精神障害者には発達障害者も含まれることが明確にされた。2013年4月からは、治療方法が確立していないいわゆる難病患者らも加えられ、制度の谷間を埋めるべく、障害者の範囲は拡大されてきている。

　なお、障害児向けのサービスを提供する施設や事業は、児童福祉法に根拠規定が統一され、体系も整備された（→ **Chapter9-1-🌈4⑵**）。但し、居宅サービスを利用する手続きは、障害支援区分の認定をしないという点を除き、障害者総合支援法の仕組みに従って行われる。

⑵ だれがどのように財源を支えるのか？

　支援費制度のもとでは、サービス利用が大幅に増えたにもかかわらず、財政基盤が弱いことが問題視されていた。そこで障害者自立支援法では、国は、障害福祉サービスや相談支援、自立支援医療、補填具にかかる費用の50％を必ず負担することとなり、残りの50％は、市町村と都道府県が25％ずつ負担する。この点は、障害者総合支援法でも同様である。

⑶ サービス利用料は必要か？

　かといって、サービスを無料で利用できるわけではない。利用するには、原則としてサービス費の1割の利用料を負担しなければならず、食費や光熱費なども、居住・滞在に要する費用として利用者の自己負担となる。但し、世帯の所得に応じて月ごとの負担上限額が設定されており（**表8-1**）、各種の負担軽減措置がとられている。

　その他、世帯の中に複数の利用者がいることで利用料の合計が高

額となる場合には、高額障害福祉サービス費として、基準額以上は利用者に払い戻される（障総76条の2）。医療費や食費等の実費負担には減免措置が（特定障害者特別給付費、障総34条）、グループホームの利用者には家賃助成もある。

2 給付の種類

障害者総合支援法の給付は、大きく自立支援給付、相談支援事業、地域生活支援事業に分けられる（**表8-2**）。このうち**自立支援給付**には、介護の支援を行う**介護給付**と訓練等の支援を行う**訓練等給付**があり、 3でみるように、それぞれ利用手続も異なる。

そして、介護給付費、訓練等給付費、自立支援医療費、補装具費とあるように、障害者総合支援法の給付は、いずれも費用の支給である。しかしながら、**代理受領**の仕組みが用いられているため、利用者はサービス事業者に利用者負担分を支払うことでサービスを利用できるようになっている（→ *Chapter 7*）。

給付の詳細は、**表8-2**で確認してもらいたい。

3 サービス利用の手続

(1) 介護給付費の場合

これらのサービスを利用しようと思ったら、サービス事業者を見

◆ **表8-1　障害福祉サービスの利用者負担**

区　分	世帯の収入状況	負担上限月額
生活保護	生活保護受給世帯	0 円
低所得	市町村民税非課税世帯	0 円
一般1	市町村民税課税世帯（所得割16万円未満）	9,300 円
一般2	上記以外	37,200 円

◆ 表8-2　障害者総合支援法の給付

自立支援給付	介護給付費	居宅介護 (ホームヘルプ)	自宅での入浴、排せつ、食事の介護等
		重度訪問介護	重度の肢体不自由者で常に介護を必要とする人に、自宅で、入浴、排せつ、食事の介護、外出時における移動支援などを総合的に行う
		同行援護	視覚障害により、移動に著しい困難を有する人に、移動に必要な情報の提供(代筆・代読を含む)、移動の援護等の外出支援を行う
		行動援護	自己判断能力が制限されている人が行動するときに、危険を回避するために必要な支援、外出支援を行う
		重度障害者等包括支援	介護の必要性がとても高い人に、居宅介護等複数のサービスを包括的に行う
		短期入所 (ショートステイ)	自宅で介護する人が病気の場合などに、短期間、夜間も含め施設等で、入浴、排せつ、食事の介護等を行う
		療養介護	医療と常時介護を必要とする人に、医療機関で機能訓練、療養上の管理、看護、介護及び日常生活の世話を行う
		生活介護	常に介護を必要とする人に、昼間、入浴、排せつ、食事の介護等を行うとともに、創作的活動又は生産活動の機会を提供する
		障害者支援施設での夜間ケア等 (施設入所支援)	施設に入所する人に、夜間や休日、入浴、排せつ、食事の介護等を行う
	訓練等給付費	自立訓練(機能訓練・生活訓練)	自立した日常生活又は社会生活ができるよう、一定期間、身体機能又は生活能力の向上のために必要な訓練を行う
		就労移行支援	一般企業等への就労を希望する人に、一定期間、就労に必要な知識及び能力の向上のために必要な訓練を行う
		就労継続支援(A型=雇用型、B型)	一般企業等での就労が困難な人に、働く場を提供するとともに、知識及び能力の向上のために必要な訓練を行う
		共同生活援助 (グループホーム)	夜間や休日、共同生活を行う住居で、入浴、排せつ、食事の介護等、相談や日常生活上の援助を行う
		就労定着支援	就労移行支援などを利用して一般就労を始めた障害者が抱える生活面の課題を解決するために、課題の把握や就労場所への連絡調整、障害者への支援の実施などを一定期間行う。
		自立生活援助	障害者支援施設等を利用していた障害者が1人暮らしを希望する場合に、本人の意思を尊重した地域生活を支援するため、一定期間、定期的な巡回訪問等の支援を行う。

自立支援医療費	精神通院医療、更生医療、育成医療	
補装具費	補装具の購入費、修理費、貸与費	
高額障害福祉サービス等給付費	65歳になるまで長期間にわたり、障害福祉サービスを利用してきた低所得の高齢障害者が、障害福祉サービスに相当する介護保険サービスを利用する場合に、介護保険サービスの利用者負担を軽減する。	
相談支援事業	計画相談支援	サービス利用支援と継続サービス利用支援を行う
	地域相談支援	地域移行支援と地域定着支援を行う
	障害児相談支援	障害児支援利用援助と継続障害児支援利用援助を行う
地域生活支援事業	市町村事業	相談支援	相談支援として、障害者、保護者、介護者らからの相談、情報提供、虐待防止、権利擁護を行う。市町村には、基幹相談支援センターを設置する
		成年後見制度利用支援	補助がなければ利用が困難な場合に、成年後見制度の利用費用の補助を行う
		コミュニケーション支援	聴覚、言語機能、音声機能、視覚等の障害のある人に対し、手話通訳者、要約筆記者、点訳者などを派遣する
		日常生活用具給付等	重度障害のある人などに対し、日常生活用具の給付や貸与をする
		移動支援	円滑に外出できるよう、移動を支援する
		地域活動支援センター	創作的活動又は生産活動の機会の提供、社会との交流等を行う施設
		その他	市町村の判断で、福祉ホーム、訪問入浴サービス、日中一時支援、社会参加促進などの事業を行う
	都道府県事業	専門性の高い相談支援	発達障害、高次脳機能障害など専門性の高い障害についての相談や情報提供などを行う
		広域的な支援	都道府県相談支援体制整備事業など、市町村域を越えて広域的な支援が必要な事業を行う
		その他（研修を含む）	都道府県の判断で、福祉ホーム、情報支援、障害者IT総合推進、社会参加促進などの事業、サービス、相談支援者、指導者などへの研修事業を行う

〈出典：厚生労働省 HP（http://www.mhlw.go.jp/bunya/shougaihoken/service/taikei.html）を基に作成〉

◆ **図8-3　申請から支給決定までの流れ**

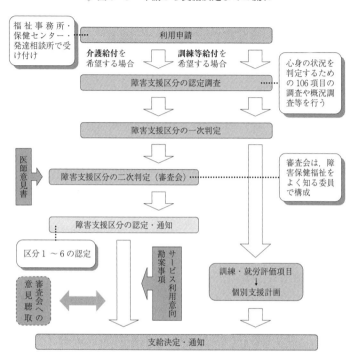

〈出典：京都市 HP（http://www.city.kyoto.lg.jp/hokenfukushi/cmsfiles/
contents/0000034/34431/riyoutetuzuki_2310.pdf）を改変〉

つけてそこに依頼すればいいのだろうか？いやそうではない。まず
は、市町村に介護給付費の支給申請を行い、市町村から支給決定を
受けなければならない（図8-3）。その支給決定に先立って、障害
の重さごとに区分される6段階の障害支援区分の認定も必要である。
介護保険の要介護認定とよく似ているが、障害者総合支援法では、
障害のある本人の状況だけでなく、介護を行う者の状況や住居と
いった環境も考慮に入れたり、障害福祉サービスの提供体制の整備

状況も勘案して認定することができる（障総22条1項）。支給決定の際、市町村は、障害支援区分、介護給付費などの受給状況や障害者の環境などを考慮したうえでサービスの種類ごとに支給量を定め（障総22条7項）、障害福祉サービス受給者証を交付する（障総22条8項）。

このように、支給決定するかどうか、あるいはどれほどの支給量とするかは、市町村の裁量にゆだねられている。ただし、この裁量は無制限ではなく、裁量権の範囲を逸脱・濫用した場合には市町村の決定は違法となる。どのような場合に逸脱・濫用となるかについて、支給決定の内容が、障害者が自立した日常生活または社会生活を営むことを困難とするもので、障害者自立支援法の趣旨目的に反しないかどうかを基準にすべきと判断した裁判例がある（大阪高判平23・12・14賃社1559号21頁）。

(2) 訓練給付費と障害児の場合

訓練等給付費の支給申請や障害児による支給申請の場合は、介護給付費の場合と違って、障害支援区分の認定は必要ない。ひとまず暫定的な支給決定を行い、実際に一定期間サービスを利用し、本人の意思とサービス内容の適切さを確認した上で支給決定する。

障害児へのサービスのうち、児童発達支援や放課後等デイサービスは、障害児通所支援の1つとして児童福祉法に基づいて行われる（→*Chapter 9*）。その他の、ホームヘルプ、ショートステイ、育成医療、補装具は、障害者総合支援法に基づいて提供される。

(3) ケアマネジメント

障害者総合支援法でも、介護保険でケアマネジャーがケアプランを作るのと同様に、サービスの計画的な利用のために**ケアマネジメント**が実施される。障害者総合支援法では、計画相談支援として、

特定指定相談支援事業者がケアマネジメントにあたる。特定指定相談支援事業者は、市町村による支給決定の前にケアマネジメントを実施し、利用者に必要なサービスを組み合わせたサービス等利用計画案を作成する。支給決定の後には、サービス提供者との連絡調整を行い、サービス等利用計画を作成する。計画作成後に、利用者の状況が変わることもあるため、年1回以上はモニタリングを実施し、必要な場合は新たにサービス等利用計画を作成する。サービス利用等計画の作成とケアマネジメントに対しては、市町村から計画相談支援給付費が支給され、利用者の負担はない（障総51条の17）。

⑷ **結果に納得できない時は**

このように、市町村による障害支援区分の認定や支給決定は、実際に提供されるサービスの内容そのものに大きくかかわる。そのため、申請した障害者や障害児の保護者は、認定結果や支給決定の内容に不服がある場合、不服申立てをすることができる（→ *Chapter 11*）。

4 サービス供給体制の整備

⑴ **サービス提供者への規制**

2でみた給付は、どういった事業者や施設から提供されるのであろうか。障害者総合支援法では、利用者がサービス内容や提供者を選ぶことができるが、適切なサービスを提供する事業者はどれかを容易に知ることはできない。他方で、行政が個々のサービス内容をチェックするというのも現実的ではない。そこで、障害者総合支援法では、一定基準を満たしたサービス提供者を指定することで、サービスの質を保障し、利用者は指定されたサービス提供者の中から選べるようにしている。こうした**指定制度**は、介護保険法でも利用されている。

障害者総合支援法に基づくサービスを提供者には、①指定障害福

祉サービス事業者（施設入所支援以外のサービスを提供）、②指定障害者支援施設（施設入所支援を提供）、③指定特定相談支援事業者（サービス利用計画の作成と相談）、④指定一般相談支援事業者（地域生活のための相談）があり、①②は都道府県知事、③は市町村長、④は都道府県知事または市町村長による指定を受けなければならない（障総36条・38条・51条の19・51条の20）。指定を受けるには、厚生労働省令で定められる人員・設備・運営に関する基準を満たさなければならず、申請者が刑罰に処せられていたり、以前に指定を取り消されたことがある場合には、指定を受けることはできない。指定の効力は6年間となっており、引き続き指定事業者となるには、指定の更新を受けなければならない。サービス提供者が指定基準などを満たさなくなった場合や不正な手段による申請、虚偽報告、不正請求などがあった場合には、サービス提供者は、都道府県知事による勧告、命令、事業者名の公表の対象となる。さらに、問題が解決されるまでの一定期間指定の全部または一部を停止したり、指定を取消されることもある。

　さらに、利用者が障害福祉サービスを選択しやすくし、サービスの質を向上させるため、障害福祉サービス等の情報公表制度も設けられている。

⑵　障害福祉計画の策定

　市町村に申請し、支給決定がなされたとしても、サービス提供者がなければ実際にサービスを利用することはできない。そこで、障害のある人が社会で自立した生活ができるよう、必要な障害福祉サービスを地域で計画的に提供していけるよう、国および地方公共団体が障害福祉計画を定めることとなった。

　障害福祉計画は、厚生労働大臣が定める基本指針に即しつつ、各

市町村や都道府県が、地域の実情を踏まえて策定する。具体的には、①障害福祉計画の基本的な理念、②数値目標、③障害福祉サービス等の必要量の見込みとその見込み量を確保するための方策、④地域生活支援事業の種類ごとの実施に関する事項などを定める。基本方針と障害福祉計画は、定期的な検証や見直しが必要で、市町村には、計画を策定する際に障害者のニーズを把握し、当事者や家族が参加する自立支援協議会を設置する努力義務も課されている（障総88条の2・89条の2・89条の3）。

3　身体・知的障害者福祉法

1　障害者総合支援法との関係

　障害者総合支援法が施行された現在、身体・知的・精神障害者（児）は、同法による福祉サービスを利用する。しかし、やむを得ない事由により障害者総合支援法による福祉サービスを受けられない場合には、身体障害者福祉法、知的障害者福祉法、精神保健福祉法、児童福祉法に基づき、職権により、市町村の措置で障害福祉サービスが行われる（身福18条、知福15条の4・16条）。福祉各法は、障害者総合支援法を補完する役割を担っているのである（→ *Chapter 7*）。また、先にふれたように、障害者総合支援法の対象となる障害者の具体的な範囲は、福祉各法によって決まる。

2　身体障害者への福祉

(1)　身体障害者とは

　身体障害者福祉法は、①別表に掲げる身体上の障害があり、②18歳以上の者であって、③都道府県知事から身体障害者手帳の交付を受けたものを**身体障害者**と定義している（身福4条）。別表には、機

能障害を中心に障害の詳細が、同法施行規則では、1〜7級の障害
程度等級が定められる。18歳以上という年齢が条件とされている
のは、18歳未満の者は障害児として児童福祉法の対象としているか
らである（児福4条2項）。**身体障害者手帳**は、都道府県知事が申請
に基づき別表の障害に該当すると認定すると交付される。身体障害
者手帳の交付があって初めて、身体障害者福祉法上の各サービスを
利用することができる。

(2) **身体障害者福祉法独自の施策**

　身体障害者福祉法に基づいて、身体障害者向けに行われる福祉
サービスもある。それは、点字や手話の訓練を行う身体障害者生活
訓練等事業、手話通訳者の派遣などを行う手話通訳事業、盲導犬な
どの身体障害者補助犬の育成や貸し出しである。その他、選挙、ボ
ランティアの養成、ノンステップの市バスの運行やＩＴ教室の開催
といった社会参加事業の促進などがある。

　これらの専門的業務は、都道府県に設置される身体障害者更正相
談所が担う。ここには、身体障害者福祉司という身体障害者に関す
る専門的指導等を行う職員が配置されている。

3 知的障害者への福祉

　知的障害者の定義？　　知的障害者福祉法は、実は**知的障害者**の
定義を定めていない。その理由は、対象を限定せずに幅広い援助を
行うことにあるとされる。しかし実際には、通達（昭48・9・27厚生
省発児第156号）を根拠として、都道府県知事は申請者に**療育手帳**を
交付し、そこに記される障害の程度に応じて利用できるサービス内
容を特定するという方法がとられている。この療育手帳を取得しな
くても、知的障害者福祉法によるサービスを利用することはできる
が、取得しているとサービス利用は容易になる。

　知的障害の判断基準や判断区分については、国による知的障害認定ガイドラインが存在するが、具体的には都道府県（政令指定都市）ごとに要綱を定めて実施している。そのため、判断基準・判定区分は統一されておらず、障害の支援区分も異なっている。

　知的障害者福祉法による福祉は、各都道府県にある知的障害者更生相談所が担い、そこには知的障害者福祉司が置かれる。同法は、障害者自立支援法によるサービス提供ができない場合の障害者支援施設への入所などといった市町村による措置の内容を主に規定している。

4　精神保健福祉法

　精神障害者に対しては、長らく精神病院での入院治療を中心とした対応がとられてきた。1995年に精神保健法から精神保健福祉法へ法改正された際に、精神障害者についてもノーマライゼーションの理念に立って福祉施策が強化されるようになり、ようやく地域でのケア体制が整備されるようになった。精神障害者へのサービスを担う精神保健福祉法は、福祉サービスだけでなく、保健・医療サービスもその内容としている。

1　精神障害者への福祉

　精神保健福祉法における**精神障害者**とは、統合失調症、精神作用物質による急性中毒又はその依存症、知的障害、精神病質その他の精神疾患を有する者をいう（精神5条）。申請により、都道府県知事が**精神障害者保健福祉手帳**を交付する（精神45条）。手帳には、1〜3級の障害等級が記載され、手続の簡略化や税制上の優遇などが受けられる。

都道府県は精神保健福祉センターを設置し、そこに精神保健福祉相談員をおくことができる。

2 精神保健福祉法独自の制度

これには、精神障害者社会適応訓練事業と医療保護がある。精神障害者社会適応訓練事業では、一般の会社に一定期間通うことで就労体験をし、それにより精神障害者が社会的自立することを目指す。

医療保護では、任意の入院だけでなく、非自発的な**措置入院**（精神29条）、**医療保護入院**（精神33条）も規定される。措置入院では、一般市民、警察官、検察官等からの通報に基づき、指定医の診察を経て、都道府県知事が入退院の決定をする。医療保護入院は、配偶者、親権者、扶養義務者、後見人または保佐人（該当者がいない場合等は市町村長）の同意に基づいて、精神科病院に入退院することをいう。

精神科への入院患者数は減少しつつあるが、精神疾患の患者数自体は、近年増加傾向にある。そこで、精神障害のある人も地域で生活できるよう、精神障害にも対応した地域包括ケアシステムの構築が目指されている（→ *Chapter4-* **2**）。

5 発達障害者支援法とその他の障害

1 発達障害者への支援

発達障害を抱える者は、これまで制度の谷間におかれていて、必要な支援が届きにくい状態となっていた。そこで、2004年に発達障害者支援法が制定され、ようやく生活全般についての支援がなされるようになった。同法では、「**発達障害**」を「自閉症、アスペルガー症候群その他の広汎性発達障害、学習障害、注意欠陥多動性障害そ

の他これに類する脳機能の障害であってその症状が通常低年齢において発現するもの」と定義している。「発達障害者」の定義をみると、「発達障害がある者であって発達障害及び社会的障壁により日常生活又は社会生活に制限を受けるもの」とあり、社会モデルを踏まえた定義となっていることがわかる（発障2条）。

　発達障害は、幼少期からその症状がみられることもあり、早期の発見と早期の発達支援が必要と考えられている。また、その人の成長に応じて保育、学校教育、いわゆる学童と呼ばれる放課後児童健全育成事業、就労、地域での生活と、それぞれの場面での支援が規定されており、個々の発達障害者の特性に応じた切れ目ない支援が用意されている（発障5～11条）。さらに、発達障害者の権利擁護（発障12条）、発達障害者の家族への支援（発障13条）も規定されており、他の障害者福祉各法に比べて網羅的な内容となっている。実際の支援は、都道府県に設けられる発達障害者支援センターが中心となって行う。

2　障害の複雑さと社会福祉法制

　ここまでみてきたように、障害者への福祉は、障害者総合支援法がその中心を担い、身体障害者福祉法、知的障害者福祉法、精神保健福祉法、発達障害者支援法の各法がそれを補完する形で整備されてきた。一見すると、すべての「障害」を網羅できそうだが、**1**で触れたように、何を障害とするかは簡単に定められないため、制度の谷間に残される者もいるといわれる。

　障害としての認識が確立したことで障害者福祉の対象となった例に、**高次脳機能障害**がある。高次脳機能障害とは、交通事故や脳卒中などの脳血管疾患により脳の損傷があり、記憶、注意、思考、言語などの知的機能に障害を生じ、生活に支障をきたすことをいう。

外見上は障害があるとはわからないことも多く、本人や家族も見過ごしがちであったことから、障害者福祉の対象とされてこなかった。現在は、高次脳機能障害と診断されれば、「器質性精神障害」として精神障害者保健福祉手帳の申請対象となる。これにより、障害者総合支援法の給付も利用できる道が開かれている。🏊1でふれた発達障害も、最近になって障害と認識されるようになったもののひとつである。

　一言に「障害」といっても、その内容は実に多様である。適切な福祉を行うには、1つには障害の種別で分類し、それぞれに必要な支援内容を用意することが効果的ともいえる。しかし、こうした方法は適用対象の定義の仕方によっては、対象外となる人を作り出すことにもなる点に留意しなければならない。

コラム29　障害のある人への発達と教育の保障

　多くの人にとって教育は、様々な知識と経験を得る重要な場であり、人とのかかわりを通じて成長し、生き方の選択の幅を広げることに役立つだろう。こうした教育の意味は、障害のある人や子どもにとっても同様である。障害のある子どもには就学を猶予、あるいは免除するとして、教育の場から排除していた時代もあったが、1979年には障害のある子どもを対象とする養護学校での教育が義務教育として位置づけられるようになった。この背景には、人は誰しも発達する可能性を持っているとして、障害のある人へも教育や福祉を通じて発達の機会を保障しようという「**発達保障**」の考えがある。では、現在はどのようにして障害のある人への教育が保障されているのだろうか。

　まず、障害のある子どもには、児童発達支援センターや障害児入所施設で「療育」が提供される（→ ***Chapter 9***）。**療育**とは、治療と教育の両面から、障害のある子どものニーズに合わせて、運動・認知・言語・社会性・基本的な生活習慣など様々な角度から支援を行うことで、障害を軽減し、基本的な生活能力を身に付けるために行われ

る。療育は、障害のある子どもに特別なケアを提供し、育ちを保障するものとして、重要だといえよう。

　小・中学校の義務教育では、障害の状態に応じて教育上必要な支援を講じなければならないとして（教育基本法4条2項）、特別支援学校（学校教育法72条）が用意されている。特別支援学校では、障害の内容に応じた教育内容、少人数制の学級、特別な教科書、専門的な知識と経験を持った教職員、障害に配慮した施設・整備などを活用して指導が行われている。障害の程度や内容によって、あるいは市町村教育委員会の独自の判断に基づいて、通常の学校の中に設けられる特別支援学級（学校教育法81条）で教育を受けることもある。さらに、軽度の障害や発達障害のある子どもは、通級による指導の対象となる。これは、各教科の指導は通常の学級で受けながら、それとは別に障害による困難を改善・克服するよう、また各教科の内容を補充する指導を行うものである。また、障害のために通学が困難な場合には、教員を家庭や児童福祉施設、医療機関などに派遣して行う訪問教育もある。最近では、義務教育期間中だけでなく、保育所や放課後児童クラブ、高等学校、大学への支援へと対象は広がりつつある。

　このように、障害のある子どもへの教育は、徐々に整えられてきた。しかし、特に特別支援学校・学級として通常の学校とは分離して教育を行うことに対しては、例えば手話を習得できるというように、障害に応じた支援の必要性を指摘する声がある一方で、学校教育の段階での分離は、排除と烙印につながり、地域社会に溶け込めなくするという批判もある。後者の観点から、また障害者権利条約でも、障害のあるなしで区別しない**インクルーシブ**（包括的）**教育**の必要性が指摘されている。インクルーシブ教育は、障害のある子どもに発達と教育を保障するとともに、障害のない子どもがともに学ぶ機会も提供する。これを実現するには、通常の学級で「合理的配慮」を提供できる環境を整えなければならないが、そうすることで、障害のあるなしにかかわらず、個々の子どものニーズに即した教育へと近づけるのではないだろうか。

6　障害者福祉の課題

1　障害者総合支援法のさらなる見直し？

　障害者総合支援法が制定され、それに伴って障害者自立支援法の内容が一部改正されたことは、**2**で触れたとおりである。2016年6月には、訓練等給付費の対象サービスに就労定着支援・自立生活援助の追加、高額障害福祉サービス等給付費の拡充、重度訪問介護の訪問先の拡大、情報公表制度の創設などを内容とする改正が加えられている。今後の課題として、障害者の範囲や利用者負担の見直し、重度障害のある人も地域で生活できるだけの給付内容・水準とすることなどが残されている。

2　障害者差別解消法の制定

　1–**4**(1)でみたように、障害者基本法は4条で障害者の差別を禁止している。これをもとに、具体的に障害者の差別を解消することを目的に、2013年6月、障害者差別解消法（障害を理由とする差別の解消の推進に関する法律）が制定された（施行は2016年4月）。同法は、国の行政機関や地方公共団体、民間事業者による障害を理由とする差別を禁止し、合理的配慮は国・地方公共団体には法的義務として、民間事業者には努力義務として課している。差別的取扱いの例や合理的配慮の好事例は、政府の基本方針に基づく対応要領と対応指針の中で具体的に示される予定であるので、それらに則して国・地方公共団体、民間事業者は行動することが求められる。民間事業者に対しては、主務大臣が状況の報告を求め、助言・指導、勧告することも可能であるので、これらを通じて差別の解消を図っていくことが目指されている。また、差別を解消するための支援として、紛争解決や相談体制の整備、関係機関が連携するための障害者

差別解消支援地域協議会の設置、普及・啓発活動、国内外の情報収集が定められる。なお、雇用の場での差別には障害者雇用促進法が適用される。

3 障害者雇用促進法の改正

障害者差別解消法の制定と同時に障害者雇用促進法が改正され、雇用の場での障害者差別が禁止され、事業主には合理的配慮の提供義務が課された（施行は 2016 年 4 月）。これにより、事業主は過度な負担とならない限りで、障害者が働くにあたって支障となることを改善することが義務付けられる。ここでの差別や合理的配慮の具体例は、指針で示されている。障害者が差別されたり、合理的配慮がなされなかったりしたことで紛争が生じた場合は、都道府県労働局長が助言、指導、勧告をし、調停制度を利用することもできる。

4 差別の解消に向けて

このように、障害者差別解消法の制定と障害者雇用促進法の改正により、サービス提供、教育、雇用の場と幅広く障害者差別を是正する体制が整えられ、障害のある人の社会参加が進むと期待されている。そのために、どのような行為が障害者差別や合理的配慮とされるか、差別を効果的に解消するための助言等に効果があるか、紛争解決や相談体制がうまく機能するかが注目される。

コラム30 障害のある人も働くことができるように

この *Chapter* では、障害のある人への福祉サービスを中心に紹介したが、障害のある人にも働く場を用意することは、所得保障の観点からも、また働くことを通じた自己実現や社会とのかかわりを得るという点からも重要である。障害者総合支援法でも、福祉から就労へと後押しする訓練等給付を設けているが、障害のある人の働く場がなければ、就労は実現しない。

　そこで、障害のある人への雇用機会を拡大するために、障害者雇用促進法では企業に対し、障害者を雇用する義務を設定している（障雇43条）。従業員数45.5人以上の民間企業には2.3%の**法定雇用率**（2021年3月1日）が課され、精神障害者も対象となる。法定雇用率を達成するために、企業は、主に障害のある人を雇用するための特例子会社を設立することもできる（障雇44条以下）。企業にとっては、障害の特性に配慮して仕事を確保したり、職場環境を整備したりすることが容易になり、障害のある人を受け入れやすくなるというメリットがある。実際に、特例子会社が設立できるようになってから、障害のある人の雇用率も上昇傾向にある。しかし、従来からある職場に障害のある人が勤務するわけではないので、ノーマライゼーションの観点からは、問題視する声もある。雇用率を達成できなかった場合、その事業主は行政指導の対象となり、計画の作成命令、計画変更勧告・実施勧告、企業名の公表（障雇47条）が用意されている。ただし、罰則はなく、実雇用率は2.11%、達成企業割合は48.0%にとどまる（2019年）。また、法定雇用率未達成の企業のうち、常用労働者100人超であれば、**障害者雇用納付金**を納めなければならない（未達成1人につき月額5万円。）。この障害者雇用納付金は、障害者を多数雇用している企業に対し、**障害者雇用調整金**（超過1人につき2万7千円）として支給したり、助成金の原資として活用される。その他、障害者雇用に積極的な企業には、税制上の優遇措置も設けられている。また、最大3カ月間事業主に対して奨励金が支給されるトライアル雇用、採用の前後にわたって障害のある本人、家族、事業所に対してアドバイスをするジョブコーチ、就業と生活の両面の相談と支援を行う障害者就業・生活支援センターなどを適宜活用することで、雇用へのスムーズな移行と定着が期待できる。

　さらに最近は、障害を多様性の1つととらえ、戦略的に雇用する企業も出てきている。例えば、知的障害のある人の特性である優れた洞察力や集中力を業務に活かす、肢体不自由の人が高齢者向け住宅のコンサルティングをする、IT技術を活用して重度障害の人の在宅勤務を可能にするなどである。これらの企業に共通するのは、障害者雇用を単なるコストとみるのではなく、業務のあり方を工夫

することで利益を上げようという姿勢である。こうした実例の積み重ねは、障害者雇用がさらに進んでいく大きなきっかけとなるだろう。

【参考文献】

「障害」とは何かについて考えたい人は、まずは、中島隆信『新版 障害者の経済学』（東洋経済新報社、2018年）を手に取ってみてはどうだろう。垣内俊哉『バリアバリュー —— 障害を価値に変える』（新潮社、2016年）は、障害の新たな捉え方を示してくれる。さらに深く学ぶには、学際的な研究書である、松井彰彦・川島聡・長瀬修『障害を問い直す』（東洋経済新報社、2011年）に挑戦してもらいたい。

Chapter **9**

子ども・家庭福祉、社会手当

> *Let's Study*
>
> みなさんが高校を卒業したばかりの大学生ならば、児童福祉制度は、医療保障制度などと並んで、もっとも馴染みのある社会保障制度の1つかもしれない。というのも、少し前までこの制度が対象とする児童や子どもだった人が多いだろうから。
>
> 児童福祉制度の対象というと、古くは、戦災孤児等が念頭に置かれることが多かったし、また現在では、虐待を受けた子どもや保育所に入れなかった待機児童などをイメージする人もいるだろう。けれども、児童福祉制度が対象としているのは、こうした特別な保護が必要とされる児童や子どもだけではない。すべての児童が、その心身の健やかな成長等を保障される権利をもつものと法律によって決められている。その反面、児童の健全育成の義務は、保護者や国などだけでなく、国民全員が負っているものだ。つまり、この本を読んでいるみなさん自身が、児童の健全育成を支えていかなくてはいけない。
>
> たとえば、ちょっと考えてみてほしい。戦災孤児の救済なら保護者となれる人を探せばよいかもしれないし、貧困児童の保護ならその衣食住の不足を補うようにすればよいかもしれない。実際、児童福祉法が制定される前の児童保護立法や諸政策は、こうした夜警国家的な救済策にとどまっていた。でも、保護者が存在し、衣食住の足りた子どもを含めて全員を対象にするということになると、子どもたちのためにいったい何をすればよいのだろう？

1　児童福祉制度

⬤ 1　児童福祉の理念と対象者

(1)　すべての児童・子どもに対する健全育成策

　これまでの児童福祉制度がよりどころとしてきた主たる法律は、児童福祉法であった。この法律は、児童の心身の健やかな成長と育成を目的として、第2次大戦直後の1947年に公布されたものである（施行は1948年）。こうした理念は、現在まで基本的には変わっていないが、2016年改正では、児童が権利の主体であることが明示された点が注目される。児童福祉というと、児童を育てる親への支援策とのイメージをもつ人もいると思うが、主役は児童自身であるとの理解を多くの人が共有することは、やはり大事だ。

　いずれにせよ、この法律が成立した当初の児童福祉に関する最重要課題といえば、敗戦後に取り残された多数の戦災孤児の保護であった。けれども、児童福祉法の対象は、戦災孤児のような特別な配慮が必要な児童にとどまらず、すべての児童となった（児福1条・4条）。この点で、児童福祉法は、困難を抱える特定児童の救済策（とくに貧困対策）の一環として行われていたそれまでの児童保護立法や諸政策と一線を画すものだったのである。

(2)　子ども・子育て支援法の登場

　このように、児童福祉法は、満18歳未満のすべての児童を対象にしている。ただし、児童福祉法が力を注いできたのは、「育ち」に関して特殊なニーズを抱えた児童に対するサービスの提供であるようにみえる。たとえば、後述の「保育を必要とする」乳幼児（児福24条以下）や障害児（同4条2項、19条以下）、要保護児童（同6条の3第8項・25条以下）などがその例だ。逆に、文字どおりすべての児童

を対象にした施策は、児童福祉法上はそれほど多くない（たとえば、児福 34 条などをみてほしい）。このように、その健全育成に関してより優先度の高い（つまり、多かれ少なかれ育ちに困難を抱えている）と思われる児童を類型的に取り出して、それぞれにふさわしいサービスが行き渡ることに重きを置いてきたのが児童福祉法であるともいえる。児童福祉サービスは、ある児童のもつ特定のニーズや成長の諸段階に対応する形で多様にならざるをえないし、その方が効果的でもあるから、このようになっているのだ。

こうした姿勢は、2012 年に成立した子ども・子育て支援法でも、基本的には変わっていない。ただ、この法律は、保育所に入れない待機児童の解消など、保育需要の増大が社会的課題と認識されるなかで成立したものであるけれども、保育所入所の対象となるような児童およびそうした児童の養育者の支援というに限らず、社会全体で子どもの育ちおよび子育てを支えるという発想に立った。その結果、これまでの児童福祉法に比べれば、より広い範囲の児童を類型的に取り出して、子ども・子育て支援の対象としており、その意味ですべての児童を対象にする建前により近づいているようにも思われる。また、対象者の点だけでなく、アプローチの点でも、児童福祉法に比べればより広く包括的である。たとえば、これまで別物として考えられてきた乳幼児期の保育と教育の問題（→コラム 31）や、子育てに必要なお金の支援（児童手当）と教育・保育サービスの利用費支援などの給付を、それぞれ一元的に捉えるといったことが挙げられる（*2*(2)）。

(3) 高校生も「児童」・「子ども」

このように、児童福祉制度の各立法は、児童一般を対象にしているが、この場合の児童とは誰のことだろうか。その定義は、法律に

よってさまざまだが（**表9-1**）、ここでは児童福祉法における児童についてみてみよう。同法の児童は、「満18歳に満たない者」のことである（児福4条1項）。国籍は問わないので、外国籍や無国籍（不法滞在でもよい）であってもよい。

　児童福祉法上、児童は、年齢に応じて、乳児，幼児，少年の3種類にわけられる。乳児とは、満1歳に満たない者、幼児とは、満1歳から小学校就学の始期に達するまでの者、少年とは、小学校就学

◆ **表9-1　各法における児童・子ども**（*Chapter 9* に出てくるもの）

法律名	対象の児童等	定義
児童福祉法	児童	満18歳に満たない者（4条1項）
子ども・子育て支援法	子ども	18歳に達する日以後の最初の3月31日までの間にある者（6条1項）
児童虐待防止法	児童	18歳に満たない者（2条）
母子及び父子並びに寡婦福祉法	児童	20歳に満たない者（6条3項）
児童手当法	児童	18歳に達する日以後の最初の3月31日までの間にある者であつて、日本国内に住所を有するもの又は留学その他の内閣府令で定める理由により日本国内に住所を有しないもの（3条1項）
児童扶養手当法	児童	18歳に達する日以後の最初の3月31日までの間にある者又は20歳未満で政令で定める程度の障害の状態にある者（3条1項）
特別児童扶養手当等の支給に関する法律	障害児	20歳未満であつて、第5項に規定する障害等級に該当する程度の障害の状態にある者（2条1項）

の始期から満18歳に達するまでの者のことである。

　一方、法律の名前からすると違和感があるかもしれないが、児童福祉法では、妊娠中と出産後1年以内の妊産婦（同5条）を対象とする施策も定められている。これは、子が胎内にあるときから出産後までを保護する趣旨である。つまり、児童福祉法は、子が母親の胎内に宿ってから満18歳未満までずっと、その健全育成を支えているということになる。

　ここまでみてきたように、児童福祉制度は、大きくいえば、上記の児童のすべてを対象にするものと、特定のニーズを抱えた児童に特化したものとの2つにわけることができる。上記のとおり、児童福祉制度の主たる施策は、特別なニーズを抱えた児童を対象にしているため、ここではそうした児童のための福祉サービスをいくつか取り上げてみよう。

2　乳幼児を対象とする保育・教育サービス

(1)　対象児童

　健全育成に関して特別なニーズを抱えている児童としてまず挙げられるのは、小学校就学前の乳幼児である。このような低年齢の児童は、1人であれこれできないから、その分親などが面倒をみなければならない必要性（保育の必要性）が小中高生よりも高い。そこで、児童福祉制度では、こうした低年齢の児童を児童一般から抜き出して、特別な保護の仕組みを提供している。

　この乳幼児についての基本的な姿勢が、児童福祉法と子ども・子育て支援法とでは異なる。児童福祉法では、さまざまな事情（たとえば、保護者の共働きや病気など）によって、保育を家庭において行うのが難しい乳幼児を「保育を必要とする」乳幼児等（児福24条）として乳幼児のなかから抜き出し、保育所等への入所対象としてい

る。逆にいえば、家庭での保育に問題がない乳幼児については、児童福祉法上はあまり注意が払われていないともいえる。

　一方、子ども・子育て支援法は、小学校就学前の子どもを、年齢と家庭保育の困難さによって次の3種類、つまり、①満3歳以上であって、保護者が働いている等の事情で家庭において必要な保育を受けることが困難であるもの（子ども・子育て支援法19条1項2号）、②満3歳未満で、①と同じく家庭での保育が困難なもの（同3号）、そして③①でも②でもない満3歳以上の子ども（同1号）にわけて、後述の「子どものための教育・保育給付」や「子育てのための施設等利用給付」の対象としている（**表9-2**。なお、「子育てのための施設等利用給付」では、①と②の年齢要件が満3歳に達する年度末となっており、また②は、住民税非課税世帯の子どもに限られる。同30条の4）。

　このとき、①や②は、児童福祉法にいう「保育を必要とする」乳

◆　**表9-2　子ども別の給付対象施設および費用負担**（子どものための教育・保育給付の場合。グレーの網掛け部分は、児童福祉法上の「保育を必要とする」乳幼児）

	家庭保育が困難	家庭保育が困難でない
満3歳以上	保育所、認定こども園（教育・保育） →利用者の費用負担なし **本文の①の子ども**	認定こども園（教育・保育※）、幼稚園 →利用者の費用負担なし **本文の③の子ども**
満3歳未満	保育所、認定こども園（保育）、地域型保育 →利用者の費用負担あり （住民税非課税世帯を除く） **本文の②の子ども**	

＊なお、教育に係る標準的な1日当たりの時間・期間を勘案して内閣府令で定める1日当たりの時間・期間の範囲内において行われるものに限る。

幼児だが、③はそうではない。このことから、子ども・子育て支援法は、保育を教育と一元的にとらえることで、満3歳以上の子どもであれば、家庭保育の困難さがどうであれ給付の対象としたことがわかる。

ただし、家庭外保育の必要性と年齢によって、以下のように処遇が異なる。

まず、①および②のような家庭保育が困難な子どもとそうではない③の子どもとでは家庭外保育の必要性が異なるため、保育所利用時の費用支援の対象となるかならないかの点に違いがある（なお、制度上は、家庭保育の困難な子どもは幼稚園を利用できないようにみえるが、このうち満3歳以上の①の子どもは、家庭保育の困難さがあっても、その認定を受けなければ③の子どもとして認定を受け幼稚園を利用できる）。

一方、①および③の満3歳以上の子どもとそれ未満の②の子どもとでは、幼稚園および地域型保育（後述）が利用できるかどうかが異なる。満3歳未満の子どもはそもそも幼稚園の対象年齢でない反面（学校教育法26条）、そのなかでも②のように家庭保育の困難な子どもは、保育所に加え地域型保育という別の選択肢が選べるよう制度が整備されているからだ。なお、2019年10月以降は、満3歳になった後最初の4月を迎えた以降の子どもについて幼児教育・保育の無償化がなされているため（ただし、幼稚園と認定子ども園の教育部分は、学校教育法等の規定に鑑み満3歳から、また住民税非課税世帯の場合は0歳から満3歳の年度末までの子どもも対象）、費用負担にも違いがある。

こうしてみると、子ども・子育て支援法は、家庭保育の困難な子ども（①と②の子ども）については児童福祉法の姿勢をベースとしつ

◈ **図9−1　子ども・子育て支援法上の給付・事業**

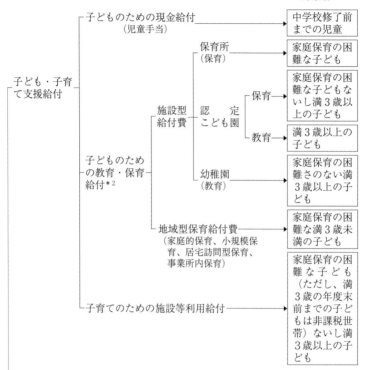

対象者[*1]

子ども・子育て支援給付
- 子どものための現金給付（児童手当）→ 中学校修了前までの児童
- 子どものための教育・保育給付[*2]
  - 施設型給付費
    - 保育所（保育）→ 家庭保育の困難な子ども
    - 認定こども園
      - 保育 → 家庭保育の困難な子どもないし満3歳以上の子ども
      - 教育 → 満3歳以上の子ども
    - 幼稚園（教育）→ 家庭保育の困難さのない満3歳以上の子ども
  - 地域型保育給付費（家庭的保育、小規模保育、居宅訪問型保育、事業所内保育）→ 家庭保育の困難な満3歳未満の子ども
- 子育てのための施設等利用給付 → 家庭保育の困難な子ども（ただし、満3歳の年度末前までの子どもは非課税世帯）ないし満3歳以上の子ども

地域子ども・子育て支援事業
（放課後児童健全育成事業、子育て短期支援事業、乳児家庭全戸訪問事業、養育支援訪問事業、地域子育て支援拠点事業、一時預かり事業、病児保育事業、子育て援助活動支援事業、妊婦健診事業等）

仕事・子育て両立支援事業

*1　各給付費の支給は、保護者等に対してなされる。また、受給には、受給に関する認定を受ける必要がある。

*2　子どものための教育・保険給付には、このほかに、緊急時の償還払等、市町村が必要と認める場合に対応する特例施設型給付費と特例地域型保育給付費がある。

つ、こうした子どもと、家庭保育に困難のない満３歳以上の子ども（③の子ども）とを、同じ支援の枠内に位置付けるものだということがわかる。

(2) 子ども子育て支援法の給付と事業

以上のことを、子ども・子育て支援法の給付等の枠組みをみながら確認してみよう（**図9-1**）。

同法には、給付と事業がある。給付は「子ども・子育て支援給付」、事業は、「地域子ども・子育て支援事業」と「仕事・子育て両立支援事業」の２つである。

ｉ）**子どものための教育・保育給付**　「子ども・子育て支援給付」には、「子どものための現金給付」、「子どものための教育・保育給付」および「子育てのための施設等利用給付」の３種類がある。「子どものための現金給付」は、児童手当のことだ（子ども・子育て支援法9条）。ほかの２つの給付は、「子どものための教育・保育給付」、とくにそのなかの**施設型給付費**（同27条）を中心に考えるとわかりやすい。

施設型給付費は、同法にいう子どもが、保育所、認定こども園および幼稚園を利用した場合の利用費を支援する給付である。この給付は、従来別物として考えられてきた保育と教育の問題を一元的に捉えたものだ。ただし、上記３つの施設のうち保育所を利用できるのは、(1)でみた①と②の子ども、つまり家庭保育に困難がある子どもだけであって、家庭保育に困難さのない③の子どもは対象外である。また、幼稚園の対象年齢は、基本的に①と③のような満３歳以上の子どもに限られ、満３歳未満の②の子どもが除外される。

ただし、満３歳未満でも、②のような家庭保育の困難な子どもに関しては、この施設型給付費に加えて、「子どものための教育・保育

給付」の**地域型保育給付費**（同 29 条）の対象にもなる。この地域型保育給付費は、家庭的保育（いわゆる保育ママなど。利用定員は 5 人以下）、小規模保育（利用定員は 6 人以上 19 人以下）、居宅訪問型保育（保育を必要とする乳幼児の自宅などで保育するもの）および事業所内保育（会社内の託児所等）の 4 種類の地域型保育にかかった費用について支給されるものである。

　このように家庭保育の困難な満 3 歳未満の子どもに関する保育の選択肢が多いのは、保育所等に入所できないという待機児童の問題が、この年齢層の子どもについてとくに深刻なためである（逆に、幼稚園の対象年齢である満 3 歳以上の子どもに関しては、幼稚園が実際上の保育の受け皿となり、待機児童の問題が緩和される側面がある）。そこで、このような低年齢の乳幼児については、利用できる保育施設やサービスの選択肢を増やすことで、支援を厚くしたといえる。この場合、保育所等の「ハコモノ」を増やすことは、将来的な少子化の可能性などを考えると無駄になるリスクもあるため、地域における保育の供給力を活用することにしたものであろう。

　ⅱ）**子育てのための施設等利用給付**　　以上の「子どものための教育・保育給付」に対して、「子育てのための施設等利用給付」は、「子どものための教育・保育給付」の対象とならない施設（子ども・子育て支援制度に移行していない幼稚園、特別支援学校、認定こども園における幼稚園部分や幼稚園の一時預かり保育事業、ファミリーサポートセンターやベビーシッターといった認可外保育施設等）を利用した場合の費用を支援するものである。この給付は、2019 年 10 月に、満 3 歳以上の乳幼児について「子どものための教育・保育給付」の対象となる施設を利用する場合の費用が無償化されたことと歩調を合わせて、それ以外の施設を利用する乳幼児（ただし、満 3 歳の年度末に達しな

い子どもは、住民税非課税世帯の場合に限る）の利用費も、一定の範囲内で補助する趣旨で新設されたものである。

　なお、「子どものための教育・保育給付」と「子育てのための施設等利用給付」を受けるには、家庭外保育の必要性や年齢等でわけられた子どもの区分に関する認定を市町村から受ける必要がある（子ども・子育て支援法20条・30条の５。このときの法的関係については→***Chapter 7***-**4**-🖋**2**）。「子どものための教育・保育給付」に関する教育・保育給付認定では、家庭保育の困難な①および②の子どもに関して保育必要量（保育標準時間・保育短時間）の認定も行われるが、「子育てのための施設等利用給付」における施設等利用給付認定にはこれがない。

コラム31　幼保一元化

　待機児童の問題は、保育所に対する需要に比べて、実際の保育所数が足りないというところにある。この問題は、とくに大都市部で深刻である。とはいえ、保育所を増設すればすむという話でもない。今後少子化が進んでせっかく作った保育所が将来的にはガラガラということになると、保育所の建設費や維持費もスタッフの人件費も無駄になってしまいかねないからである。

　一方で、子どもの少ない地方では、すでに幼稚園と保育所の両方を併存させておけない（定員割れしてしまう）ようなところもある。

　こうした状況の打開策の１つとして考えられているのが、**幼保一元化**である。「幼保」というのは、つまり、幼稚園と保育所のことだ。要は、幼稚園が保育所の機能をもてば、保育施設を量的に拡大させることも可能であるから、待機児童の解消にもなりうるし、子どもの少ない地方では、幼稚園と保育所を適度に統廃合しやすいだろう。幼稚園も保育所も、幼児を預かるという点で同じで、違いが分からないという人もいるかもしれないが、これまで学校教育施設である幼稚園と児童福祉施設である保育所とは、根拠法や管轄省、預かる対象となる幼児の要件（年齢、家庭外での保育を必要とするかどうか）、

活動内容、費用負担などの点で、違いが多かった。こうしたさまざまな違いのある2つの施設をどうやって統合するのかが課題になっている。

　これまで、幼保一元化は、2006年にスタートした「認定こども園」で部分的に実施されているにすぎなかった。認定こども園とは、（施設によって程度の差はあれ）保育所と幼稚園のいずれの機能をも兼ね備えた施設である。この認定こども園を拡充して、幼保一元化を実現していく予定だったけれども、当初は政府が期待したほど認定こども園は増えなかった。というのも、定員が幼稚園向けと保育所向けで2つにわかれていて、それぞれの所轄が文部科学省と厚生労働省で違うといった二重行政の問題や、それに伴う手続きの煩雑さなどがあったことなどが一因といわれている。

　このような状況を解消しようと、2012年に認定こども園法（就学前の子どもに関する教育、保育等の総合的な提供の推進に関する法律）が改正され、認定こども園の幼稚園向け定員と保育所向け定員の枠を撤廃し、根拠法や認定主体、指導監督、財政措置などを一本化することとなった。この改正でも、幼稚園と保育所の完全な統合にはいたっていないが、認定こども園の数は、2020年4月1日時点で8016園と、2012年4月1日時点の909園から9倍近く増加している。今後どのような形で発展していくか注目したいところだ。

ⅲ）**子ども・子育て支援法の事業**　　一方、子ども・子育て支援法の事業には、前述のとおり、「地域子ども・子育て支援事業」と「仕事・子育て両立支援事業」（子ども・子育て支援法59条・59条の2）がある。

　「地域子ども・子育て支援事業」は地域の実情に応じた子育て支援を行うもので、放課後児童健全育成事業（放課後児童クラブ。いわゆる「学童」）、子育て短期支援事業、乳児家庭全戸訪問事業、養育訪問支援事業、地域子育て支援拠点事業、一時預かり事業、病児保育事業、子育て援助活動支援（延長保育事業）、妊婦健診事業といった多

様な支援が含まれている。また、「仕事・子育て両立支援事業」は、文字どおり仕事と子育ての両立支援を意図している。具体的には、労働者の監護する乳幼児の保育をその事業主が行う場合、その施設の設置者に対して助成および援助を行う事業であり、代表例は、事業所内保育事業（児福6条の3第12項）に対する助成および援助だ。

　こうした内容をみてもわかるように、子ども・子育て支援法上の事業には仕事を抱える労働者の子育てを支援するものも多い。この側面に鑑みて、これらの事業に事業主が拠出金を出しているものもある（→(3)ⅲ）。

(3)　給付の形式

ⅰ）契約方式と費用負担　　「子どものための教育・保育給付」や「子育てのための施設等利用給付」は、支給要件に該当する子どもの保護者が教育・保育サービス提供事業者・施設と契約を締結することを原則とし（契約方式）、その子どもが教育・保育サービスを利用した場合に、市町村が保護者に対してその費用の全部ないし一部を支給するという金銭給付の形をとっている。ただし、各給付は、保護者の代わりに事業者・施設に代理受領させることができ（子ども・子育て支援法27条5項・29条5項・30条の11第3項等）、この場合には教育や保育サービスそのものが支給されたようになる（現物給付化）。

　すでに述べたように、2019年以降、満3歳以上の子どもについては原則として幼児教育・保育サービスの利用費全額がカバーされ、無償となっている。無償化は幅広い範囲の子どもに利用の可能性があるべきだとの考えのもと、実際満3歳以上になると、すべての子どもが教育サービスか保育サービスのどちらかを利用できるようになるためである。また、無償化に関して保護者等の所得は問われな

い。一方、家庭保育に困難がある場合にのみ制度の対象となる満3歳未満の子どもは、住民税非課税世帯を除き幼児教育・保育の無償化の対象ではなく、保育所や認定こども園、地域型保育等の利用時に利用者負担がある。この負担は、保護者の経済的負担能力に応じた応能負担である。

ⅱ）**サービス提供主体としての市町村**　　市町村は、各給付の支給義務を負うが（子ども・子育て支援法27条1項・29条1項・30条の11第1項等）、原則として保育サービスそのものを提供する義務を負っていない（→ *Chapter 7*）。

　ただし、これには例外が2つある。1つ目は、保育所利用の場合である。児童福祉法24条1項と同条の2項を比べてみよう。1項では、市町村が保育を必要とする児童を「保育所…において保育しなければならない」と規定されているのに対して、2項は、市町村が、認定こども園や家庭的保育事業等に関して「必要な保育を確保するための措置を講じなければならない」となっている。このように、2項の保育所以外の保育施設・事業については、「必要な保育を確保するための措置」として、市町村がお金を支給する程度でもよいと読めるのに対して、1項の保育所については、市町村が保育サービスそのものを提供する責任を負う趣旨だということがわかる。法律がこのようになっているとき、公立保育所はよいだろう。市町村が保育サービスそのものを提供しているのだから。一方、私立保育所については、地域型保育（たとえば、いわゆる保育ママのような家庭的保育）のように、費用を支給するだけではすまないので、市町村自身が保育サービスの提供義務を負い、実際の保育サービスの提供を私立保育所にお任せ（委託）する形をとっている（子ども・子育て支援法附則6条）。

　例外の2つ目は、やむをえない事由によって、施設型給付費や地域型保育給付費等に関する保育を受けることが著しく困難な場合である（児福24条6項）。たとえば、家庭外での保育が必要であるにもかかわらず、児童虐待などのために保護者が家庭外での保育を利用しない場合などが考えられる。このときには、措置方式（→ *Chapter 7*）で保育サービスが提供されるため、市町村が保育サービスそのものの提供義務を負うことになる。

　ⅲ）**事業主の役割**　　子ども・子育て支援法上の給付や事業には、働く保護者に関連する支援策も多い。このことから、働く保護者を雇う事業主も、労働者の子どもの育ちや子育てに関して一定の役割を果たすべきと考えられている。

　具体的には、「子どものための現金給付」（児童手当）、満3歳未満の家庭保育が困難な子どもに関する保育の運営費、「地域子ども・子育て支援事業」のうちの3事業（放課後児童健全育成事業、病児保育、延長保育）、そして「仕事・子育て両立支援事業」の財源として、企業等からの事業主拠出金を充てることとしている（子ども・子育て支援法69条）。拠出金を負担するのは、厚生年金保険法上の事業主のほか、私立学校教職員共済法の学校法人等、地方公務員等共済組合法および国家公務員共済組合法上の団体である。これらの事業主等が雇用する労働者に関する報酬（厚生年金保険法に基づく保険料徴収の基礎となる標準報酬月額および標準賞与額）に一定の率（2021年度の場合、1000分の3.6。なお、労働者負担部分はない）を乗じて、日本年金機構が徴収する。

3　障害児に対する福祉サービス

⑴　障害児とは

障害児に対する福祉制度は、障害者福祉制度や介護保険制度との

類似性が多い。

　まず、障害児とは、身体障害児、知的障害児および精神障害児（発達障害者支援法にいう発達障害児を含む）または治療方法が確立していない疾病等であって障害の程度が厚生労働大臣が定める程度である児童のことをいうとなっており（児福4条2項）、障害者総合支援法における障害者の定義を児童に当てはめたような規定ぶりである。

　この児童福祉法以外にも、障害者福祉に関する諸法に障害児に適用されるものがあるが（障害者総合支援法や障害者基本法等。知的障害児については知的障害者福祉法、精神障害児については精神保健及び精神障害者福祉に関する法律もある。なお、→ *Chapter 8*）、ここでは、障害児に関して特別な規定を置いている児童福祉法の仕組みを中心にみてみよう。

⑵　**給付、対象施設とサービス**

　ⅰ）**給付**　　通所サービスを利用した際の利用費支援である障害児通所給付費（児福21条の5の2）、入所サービスを利用する際の利用費支援である障害児入所給付費（同24条の2）、そして、これらのサービスをどのように受けるかのケアマネジメントサービスを利用する際の利用費支援である障害児相談支援給付費（同24条の25）という3つの金銭給付が主たるものである。このように、通所サービス用と入所サービス用とケアプラン用の金銭給付が整備されている構造は、介護保険制度と似ている。

　ⅱ）**障害児通所支援と障害児入所支援**　　以上の3つの金銭給付のうち、ケアマネジメント以外の通所サービスと入所サービスに関係する部分についてまずはみてみよう。

　これらのサービスに関しては、もともとは障害の種類や程度ごとに施設やサービス内容が細かくわかれていた。しかし、これではど

の施設やサービスを利用したらよいのかがわかりにくいし、児童に
適したサービスを提供する施設や事業者が近くになければ、遠くま
で通わなければならず不便である（たとえば、知的障害に関する施設
を使いたいのに、近くには身体障害児に関する施設しかなく、知的障害関
連の施設に通うには隣の県へ行かねばならないなど）。そもそも、総合
病院を考えてもわかるように、1つの施設でさまざまな種類ないし
程度の障害に対応できないというわけでもない。そこで、2012年の
法改正では、児童がどのような障害の状態にあっても身近な地域で
サービスを利用できるように、障害児に関するサービスを通所系と
入所系に統合・再編したのである。

　まず、障害児通所給付費の対象となる通所サービスを**障害児通所
支援**という（児福6条の2の2）。障害児通所支援には、(1)児童発達
支援、(2)医療型児童発達支援、(3)放課後等デイサービス、(4)居宅訪
問型児童発達支援、(5)保育所等訪問支援の5種類がある。統合・再
編前に障害種別・程度ごとに分かれていた各種のサービスは、福祉
系か医療系かで(1)と(2)に整理され、いずれも児童発達支援センター
（児福43条。(1)については厚生労働省令で定める施設、また(2)について
は一定の医療機関も）で提供されることとなった。身体障害、知的障
害、精神障害のすべてに対応するが、障害には、障害と共生しなが
ら生活の質を高めるという意味での福祉サービス（自立支援サービ
ス）が必要な側面と、障害を改善するための医療サービスが必要な
側面がある。この福祉と医療の2種類のサービスを1つの施設で提
供できればよいのだが、それぞれのサービスを担当する施設では、
施設・職員等に関する基準や財源が異なっており、統合が難しい。
そこで、児童発達支援センターは、さらに福祉型と医療型にわけて
ある。一方、(3)から(5)は改正時に再編・新設されたサービスだが、

それぞれ学校、児童の居宅、そして保育所等と、障害児に身近な施設で利用することができる。

障害児入所給付費の対象となる入所サービスは**障害児入所支援**という（同7条2項）。障害児入所支援は、障害児入所施設（同42条）等に入所・入院する障害児に対する保護、日常生活の指導および独立自活に必要な知識技能の付与や、重症心身障害児に対して行われる治療のことである。障害児通所支援を提供する児童発達支援センターと同じで、障害児入所施設にも、福祉系と医療系がある。治療を提供するのは、医療系障害児入所施設に限られる。

なお、通所系のサービスは市町村が、また入所系は都道府県が管轄している。これは、もともとは都道府県が管轄するものが多かったところ、とくに通所サービスに関しては児童の住み慣れた地域でのサービス利用を実現するという観点から、市町村が管轄するのがふさわしいと考えられたためである。

ⅲ）**障害児相談支援**　一方、ケアマネジメントに当たる**障害児相談支援**に関して支給される障害児相談支援給付費も、2012年の改正で導入された仕組みである。ある障害児に関して、どのようなサービスをどのように組み合わせて使うのがその児童の育成にとってもっともよいのかを素人が判断するのは難しい。障害児相談支援は、これを専門家に相談できる仕組みである。障害児相談支援には、障害児支援利用援助と継続障害児支援利用援助がある（児福6条の2の2第7項以下）。障害児支援利用援助は、サービス利用の計画（要は、障害者におけるケアプラン）を作成するものであり、継続障害児支援利用援助は、この計画をモニタリングし見直すものである。

⑶ **給付の形式と費用負担**

現在の障害児福祉制度は、障害者自立支援法（現在の障害者総合支

援法）の施行に伴って児童福祉法が改正されたことにより、通所サービスにせよ入所サービスにせよ、原則として、利用者と施設等とが契約を締結する**自立支援給付方式**で実施される（→ *Chapter 7*の**図7 - 4**「自立支援給付方式」を参照）。つまり、契約方式である。このようにサービスが利用されたとき、障害児通所給付費が市町村から、また障害児入所給付費が都道府県から、保護者に対して支給される。ただし、サービスの提供を受けた事業者や施設等に代理受領させることができるのは、教育・保育関連の給付等と同様である（児福21条の5の7第11項等）。

　各給付については、利用費の全額をカバーするものとそうでないものがある。

　まず、利用費の全額をカバーするのは、満3歳児以上で小学校就学前の障害児が利用した場合の障害児通所支援の一部（児童発達支援、医療型児童発達支援、居宅訪問型児童発達支援、保育所等訪問支援）と障害児入所支援、そしてケアマネジメントに当たる障害児相談支援である。満3歳になって初めての4月を迎えた以降の児童に関して小学校就学前の障害児の障害児通所支援および障害児入所支援の全額をカバーするのは、同年齢の児童に関する幼児教育・保育の無償化と歩調を合わせたためである。また、障害児相談支援については、障害者福祉制度や介護保険制度で障害者に関するケアマネジメントが利用者負担なしで提供されているのと同じだ。

　一方、上記以外のケースおよび給付に関しては利用費の全額をカバーしないことから、利用者負担が存在するような形になる。この場合の費用負担のあり方は、2012年以降は、保護者の経済負担能力に応じた応能負担となっている。

4 要保護児童等に対する福祉サービス

⑴ 要保護児童と措置

要保護児童とは、①保護者のない児童と、②保護者に監護させることが不適当であると認められる児童のことである（児福6条の3第8項）。②には、昨今社会問題化している虐待を受けた児童などが含まれる。

こうした定義からもわかるように、要保護児童については、保護者が頼りにならないのだから、まずはその存在を見つけ出すことが保護の第一歩となる。そこで、児童福祉法は、要保護児童を発見した者に対して、市町村、福祉事務所または児童相談所に通告する義務を課している（同25条）。

通告などを通じて把握された要保護児童には、児童相談所等が対応する。具体的には、児童福祉司や社会福祉主事等による指導から、児童に対する日常生活上の援助・生活指導・就業の支援（児童自立生活援助）、要保護児童の一時保護、里親等への委託、児童福祉施設（乳児院や児童養護施設など）への入所（一定の要件のもとでは保護者の意に反する入所も可能）等まで、さまざまな対処が予定されているが、その多くは措置方式（→ *Chapter 7*）で実施される（同25条の6以下）。要保護児童の保護者等が、児童の健全な育成のために、事業者や施設等と契約をする、ということが考えにくい状況なので、乳幼児の教育・保育サービスや障害児福祉のような契約方式ではなく、措置方式が活用されている（以下の児童虐待についても同じ）。

⑵ 児童虐待の防止

以上の児童福祉法の規定にもかかわらず、児童虐待に関しては、痛ましい事件が相次いでいることを知っている人も多いだろう。そこで、法的規制を強化しようということから2000年に公布・施行さ

れたのが、児童虐待に特化した「児童虐待の防止等に関する法律」
（以下、「児童虐待防止法」）である。

　児童虐待防止法を児童福祉法と比べると、児童虐待を定義づけた
こと（児童虐待2条）、通告の対象を拡大したこと（同6条）、警察と
の協力を定めたこと（同10条）等の特徴がある。順にみてみよう。

　ⅰ）**児童虐待の定義**　　まず、**児童虐待**とは、保護者による(1)身体
への暴行や(2)わいせつ行為、(3)ネグレクト（保護者以外の同居人が(1)、
(2)および(4)と同等の行為をするときに、保護者がこれを放置することを
含む）、(4)言葉の暴力等、児童に著しい心理的外傷を与える言動を行
うことである（児童虐待2条）。(4)の児童虐待は、児童に直接向けら
れた暴力等でなくともその定義に該当しうるので注意しておこう。
たとえば、父親が母親に暴力をふるい、その結果児童が心理的外傷
を負うケースなども、(4)に当たりうる。

　また、児童福祉法上の一時保護等の措置を受けた児童（被措置児
童）が、その措置先の保護施設や里親家庭などで虐待にあうことが
ある。こうした被措置児童等に対する虐待防止等の措置は、児童福
祉法上に整備されている（児福33条の10以下）。この場合の虐待の
定義（類型など）は児童虐待防止法とほぼ同じだが、異なるのは虐待
の主体である。つまり、委託先や一時保護先である施設の職員や里
親、里親の同居人等からの虐待行為が禁止されている。

　なお、2019年の児童福祉法および児童虐待防止法の改正（2020年
4月施行）では、親権者、里親、児童福祉施設長の体罰も明文で禁止
された（児福33条の2・47条、児童虐待14条。ただし、罰則なし。な
お、民法上の懲戒権も（822条）、2年を目途にあり方を検討）。体罰の定
義は、厚労省の指針上、「身体に、何らかの苦痛を引き起こし、又は
不快感を意図的にもたらす行為（罰）である場合は、どんなに軽い

ものであっても体罰」（厚生労働省「体罰等によらない教育のために」）とされている。

ⅱ）**通告対象の拡大**　被虐待児以外の要保護児童のケースと比べると、こうした児童虐待における通告の意義はさらに重い。というのも、児童虐待の場合は、保護者が虐待の事実を隠そうとしがちであり、また、乳幼児では、そもそも自分がされていることが虐待かがわからず、児童本人からの告発を望めないことが多いためである。そこで、児童虐待については、通告義務の対象が要保護児童の場合と比べて拡張された。具体的には、児童虐待の場合は、虐待を受けたと「思われる」児童を発見した者がこうした通告義務を負う。つまり、児童虐待の事実が確認できなくても、児童虐待を受けているらしいと推測される状況があればよいのである（児童虐待6条）。

通告があった場合には、児童の安全確認や児童相談所への送致、一時保護、保護者への出頭要求、児童委員や児童相談所職員等による立入りや調査などが行われる（同8条・8条の2・9条等）。

ⅲ）**児童相談所と警察との協力・連携**　虐待防止措置実施の中心となる児童相談所は、以前は警察の介入を躊躇することがあったといわれる。これは、警察によって保護者が逮捕されてしまったりすると、家族の断絶につながり、必ずしも家族の支援にならないと考えられてきたからである。他方で、警察側としても、「法は家庭に入らず」との立場をとることが多かったから、虐待が疑われるケースであっても積極的に介入してきたとはいえない面もある。けれども、児童相談所と警察との連携がうまくいかなかったせいで、結果的に児童虐待を深刻化させるケースがなかったとはいえない。そのために、現在では、相互協力の方が重要だと考えられるようになっている。

　これを受けて、児童虐待防止法は、児童の一時保護や立入調査等の際に、児童相談所長等が、警察署長に対して援助を要請できること、また、児童相談所長または都道府県知事は、児童の安全の確認および安全の確保に万全を期す観点から、必要に応じ迅速かつ適切に、援助を求めなければならないことを定めている（児童虐待10条）。こうした協力体制によって、迅速かつ効果的に児童虐待に対処できるよう期待されている。

2　ひとり親家庭等に対する福祉制度

1　経済的自立支援から総合的な自立支援へ

　ひとり親家庭に対する自立支援は、母子及び父子並びに寡婦福祉法を中心に実施されている。この法律は、もともとは母子家庭だけを対象にしていたけれども（1964年の母子福祉法）、その後、子が成人した後に残される母を対象に含めるために寡婦に対する支援を加え（1981年の母子及び寡婦福祉法）、さらに父子家庭をも対象とすることを明確化する改正がなされたことで（2014年改正）、現在のような形になった。

　大きく変わったのは対象者だけではない。母子及び父子並びに寡婦福祉法は、もともとは戦争未亡人とその子に対する経済的支援を目的として出発した。しかし、その後の時代の流れのなかで、死別よりは本人同士の意思に基づく離婚による母子家庭が増え、また核家族化の進行も顕著となった結果、母子家庭が社会的孤立を強めることとなった。こうした状況の変化を受けて、経済的支援だけではなく、自立のためのさまざまなサービスを総合的に提供する必要性が認識されるようになる。このことから、2002年の改正以降、ひと

り親家庭に対する福祉制度は、子育て・生活支援策、就業支援策、養育費の確保策、経済的支援策を 4 本柱とする総合的な自立支援策を展開するものとなっている。

2　母子家庭や寡婦だけでなく父子家庭も

　母子及び父子並びに寡婦福祉法にいう母子家庭ないし父子家庭とは、配偶者（事実婚を含む）のない者で現に児童を扶養しているものをいうと解される（母子及び父子並びに寡婦福祉法 6 条 3 項・6 項）。配偶者と死別しているケースのほか、離婚等のケースも該当する。

　一方、寡婦とは、配偶者のない女子で、かつて配偶者のない女子として民法第 877 条の規定により児童を扶養していたことのあるものをいう（同 4 項）。

　このようにひとり親家庭については男女格差がなくなったが、依然として寡「夫」は対象外なので、注意しておこう。

3　サービスの内容

　ひとり親家庭に対する施策は、福祉資金の貸付け（事業開始、児童の就学・事業開始・技能習得等のための貸付金。母子及び父子並びに寡婦福祉法 13 条・31 条の 6）、日常生活支援事業（疾病等によって日常生活に支障を生じたときに、乳幼児の保育や食事の世話等の措置をとる。同 17 条・31 条の 7）、公営住宅・保育所入所等に対する配慮（同 27 条・28 条・31 条の 8）、就業支援事業（同 30 条・31 条の 9）、自立支援給付金（同 31 条・31 条の 10）、家庭生活向上事業（同 31 条の 5・31 条の 11）と幅広い。とくに自立重視の傾向が顕著だといえよう。

3　育児に関する金銭給付

1　社会手当とは

　児童の健全育成に着目して提供される社会保障制度は、サービス

の利用に伴って支給されるものばかりではない。児童手当、児童扶養手当および特別児童扶養手当等のように、金銭自体の支給もある。

　これらの金銭給付は、**社会手当**と呼ばれることがある。社会手当制度を他の社会保障制度と比べると、次のような特徴がある。まず、他の社会保障制度においては、いずれにせよサービスそのものを支給する現物給付が含まれるが、社会手当制度は①金銭給付に限られる。また、社会保険制度における金銭給付との比較でいえば、②事前の拠出が給付の要件とならない（無拠出制）。公的扶助制度における金銭給付とは、③所得制限が厳格でないというところなどで区別される。最後に、社会福祉制度における金銭給付とは、④サービスの利用に伴って支給されるものでない点などが異なる（**表9-3**）。

　社会手当に児童関連の給付が多いのは、上記のとおり事前の拠出や厳格な所得制限なく受給を認めても、児童であれば不公平感が生じにくいということがあるだろう。なぜならば、児童自体は働くことを求められない主体であって、そのために、事前の拠出ができず

◆ 表9-3　各制度の特徴

	社会保険	公的扶助	社会福祉	社会手当
財　源	保険料（+税）	税	税	**税（+企業からの拠出）**
事前の拠出	要	不要	不要	**不要**
給付の性質	金銭給付・現物給付	金銭給付・現物給付	金銭給付・現物給付	**金銭給付**
所得制限	原則としてなし	あり	原則としてなし	**ある場合が多い（ただし緩い）**

とも、また児童の保護者等の所得や収入の多寡にかかわらず、公的な給付を支給することを正当化しやすいからだ。実際、保護者等の経済力がどうかは、その児童自身には責任がない。3歳以上の乳幼児について、その保護者等の所得にかかわりなく教育・保育サービスの無償化が図られたのと似たような背景といえる。

　ただ、人工知能（ＡＩ）の急速な発達に伴い多くの職がＡＩに代替されると予想される現在、この種の給付は、「ベーシックインカム」（すべての個人に、原則として無条件に一定額の金銭を定期的に支給する政策）として議論にのぼり始め、また一部の国や地域で試験的に導入されてもいる。仕方のない理由で収入のない人が大量に生じる、ということになれば、社会手当のような給付が今後は広く使われるようになるのかもしれない。注目したい動向だ。

2　児童手当

(1)　制度の発展の遅れとその変化

　日本における児童手当法の成立は 1971 年である。これは、他の先進諸国において児童手当相当の仕組みが成立した時期と比べると 20 年ほど遅い。**児童手当**制度の成立後も、内容の点で、諸外国に比べて貧弱であった時期が長かった。

　このように、児童手当制度の発展が遅れた背景には、日本では、国ではなく企業が、育児のためのお金を支給してきたということが大きい。つまり、(1)一般的な正社員の場合、労働者の生活の必要度に応じて支給される生活給的賃金体系であり、賃金に「家族手当」や「扶養手当」等の名称で、扶養加算が行われている（賃金の高い労働者にも支給される）から、社会保障制度として支給する切実な必要性がないと考えられたわけである（公的給付が充実すれば、代わりに賃金削減の口実になるとして、労働者側もこの種の公的給付の拡

充に消極的だった)。また、(2)児童の健全育成について国家や社会全体が責任を負うということが理解されにくかったこともある。家族の扶養費は、国庫負担として「国民」に転嫁するよりも、労働力の再生産コストとして「企業」の利潤から支払うべきものであり、賃上げの要求で事足りるとも考えられてきた。さらに、(3)初めに育児のための金銭給付の導入が検討された第2次大戦後には、合計特殊出生率が高く(1951年で3.26)、金銭的育児支援給付が出生を刺激し、過剰な人口増加をもたらすおそれがあると解されていたことや、(4)生産費として家族の扶養費を非課税にすること、つまり、子育て世代に対する税金の割引（所得税の扶養控除や配偶者控除。所得制限なし）で十分と考えられたこと、なども要因として挙げられる。

しかしながら、非正規労働者が増加すると(1)や(2)の事情がそのまま当てはまる労働者は相対的に少なくなるし、現在の少子高齢化は(3)とは全く逆の事情である。また、(4)の所得税の扶養控除等については、高所得者により有利な仕組みである等の指摘もなされるようになった（高所得者ほど、税金割引の額・割合が大きくなる）。このために、国の支給する児童手当の意義がより強調され、その内容の充実が図られることになったのである。

また、責任主体だけでなく、その受け手に関する変化も見逃せない。すなわち、成立当初の児童手当法は、児童を養育することで経済的負担が増える保護者に対する支援と位置付けられるものであったが、児童手当が2010年に「子ども手当」と名称を変えたときに、児童自体が受益者であるとの発想のもとにその仕組みも再構築された（平成22年度等における子ども手当の支給に関する法律1条では「次代の社会を担う子どもの健やかな育ちを支援するため」とされている）。この基本的な姿勢は、現在の児童手当法でも変わっていないといえ

るだろう（児手1条で、「家庭等における生活の安定」とともに「次代の社会を担う児童の健やかな成長」に資することが目的として挙げられている）。

(2) 児童手当の内容

　児童手当は、子ども・子育て支援法上は、「子どものための現金給付」として位置づけられているものの（→**1**-*1*(2)）、その具体的な中身を決めているのは、児童手当法である。

　同法によれば、児童手当の対象となるのは、中学校修了前の児童であって、日本国内に住所を有するか、または留学その他の内閣府令で定める理由により日本国内に住所を有しない者とされている（児手3条・4条）。こうした児童を監護し生計を維持する父または母等であって、日本に住所を有し、所得が政令で定める基準を下回る者に、児童手当は支給される（同4条・5条）。このように、児童にせよその父母等にせよ、居住に関連する要件があるものの国籍は問われない。また、被扶養者数に応じた所得制限があるが、この制限を上回る者にも、当分の間、特例給付が支給されている（児手附則2条）。

　財源は、原則として国が3分の2、都道府県と市町村が6分の1ずつ負担する。ただし、3歳児未満の児童の場合、その児童を監護するのが被用者であれば、その児童手当の部分に関しては事業主が15分の7を負担し、残りの15分の8について、国がその3分の2（つまり、全体に対して45分の16）、都道府県・市町村がその6分の1（同45分の4）ずつを負担する。また、公務員については所属庁が全額を負担する（児手18条）。これら事業主等の部分は、子ども・子育て支援法のところで触れた事業主拠出金が充てられている（→**1**-*2*(3)ⅲ）。

　支給額は、児童の数と年齢によって異なる（児手6条。**表9-4**）。また、所得を上回る者に対する特例給付は、月額5,000円である。

3　児童扶養手当

　児童扶養手当は、もともとは「父と生計を同じくしていない」児童、つまり、母子家庭の児童や孤児を対象とするものであったが、2010年からは、「父又は母と生計を同じくしていない」児童へとその対象を変更している（児扶手1条）。

　このため、現在では、父子家庭の児童か母子家庭の児童かを問わず、児童扶養手当の対象となる。具体的には、①父母が婚姻を解消した児童、②父または母が死亡した児童、③父または母が政令で定める程度の障害の状態にある児童、④父または母の生死が明らかでない児童、⑤父又は母が引き続き1年以上遺棄している児童、⑥父または母が裁判所からのDV保護命令を受けた児童、⑦父または母が法令により引き続き1年以上拘禁されている児童、⑧母が婚姻によらないで懐胎した児童、⑨棄児などで父母が不明な児童を対象として、これらの児童を監護している父や母、または養育者に支給される（児扶手4条、児扶手令1条の2・2条）。手当は、児童が18歳に達して最初の年度末まで支給される。ただし、受給資格者につき所

◆ **表9-4　児童手当額**（月額）

	第1子・第2子	第3子以降	左にかかわらず父母の所得が制限を超える場合
0歳から3歳未満	15,000円		5,000円
3歳から小学生	10,000円	15,000円	
中学生	10,000円		

得制限があり、この制限を超えれば、手当の一部または全部が支給されない。離婚の場合などには、児童と暮らす親が、他方の親から養育費を受け取っている場合があるが、所得制限にあたっては、この養育費も所得として勘案される（児扶手9条）。

　手当額は、監護する児童の数や受給資格者の所得等によって異なり、物価スライドが適用される（**表9-5**）。また、長期間受給している場合（受給期間が5年を超えるとき、または、受給要件に該当してから7年が経ったときなど）には、最大で半額まで減額されることになっている（同13条の3）。これは、受給家庭の自立を促進する趣旨で導入された仕組みである。他方で、近年まで認められていなかった公的年金との併給については、2014年以降変更され、年金額が児童扶養手当額に満たない場合には、その差額を受給できるとの仕組みになっている（同13条の2）。

　児童扶養手当の財源は、国が3分の1、都道府県等が3分の2を負担している。

◆ **表9-5　児童扶養手当額**（2021年度における月額）

	全部支給	一部支給
本体額（第1子）	43,160円	10,180円から43,150円
第2子加算額	10,190円	5,100円から10,180円
第3子以降加算額	6,110円	3,060円から6,100円

4 特別児童扶養手当

　特別児童扶養手当は、障害児の福祉の増進のために支給されるものである（特別児童扶養手当等の支給に関する法律1条）。先ほどみた児童扶養手当と言葉は似ているけれども、対象者や目的が異なる別

の手当だから注意しよう。ここで、障害児とは、1級及び2級の障害等級に該当する程度の障害の状態にある20歳未満の者のことである（同2条1項・5項）。特別児童扶養手当が支給されるのは、こうした障害児を監護する父もしくは母または養育者である。児童扶養手当と同様に所得制限がある。手当額は障害の程度によって異なる（重度の1級が52,500円、中度の2級が34,970円。2021年度の月額）。費用は、全額国が負担している。

4　揺れる児童福祉

　児童福祉制度は、基本的には、児童を福祉の対象とみて、その健全育成を図るものである。この *Chapter* でも勉強したとおり、児童自体はその経済力等を問うという発想に馴染まないので、たとえば、保護者等の所得にかかわらず、無償で3歳以上の教育・保育サービスを利用できたり、児童手当を受給できたりする仕組みと親和的である。実際、近年の日本の児童福祉制度では、保護者等への支援とは切り離して、児童自体を支援対象とみるものが増えてきた印象がある。

　他方で、2020年12月に政府の全世代型社会保障検討会議がまとめた「全世代型社会保障改革の方針」案では、主たる生計維持者の所得が年収1,200万円以上の場合に児童手当の特例給付の対象外とする内容を含んでおり、話題となった。たしかに、児童手当法自体、「家庭等における生活の安定に寄与」することを、児童の健やかな成長とともに目的として挙げてもいる（児手1条）。だから、とくに金銭的な支援については、生活の安定した高所得の保護者等は相対的に後回しにしてもよい、となりやすいのだろう。この提案は、児童

手当法の目的のうち、児童と保護者等からなる「家庭」の福祉を図る趣旨の方に着目する考え方になじむだろうか。

　もっとも、少子化対策ということで、児童を育てる保護者等への支援を厚くすることばかりが注目され、その結果、児童自体が福祉の対象だという側面が陰に隠れてしまうようでは、法や制度の趣旨からみて望ましいとはいえないだろう。少子化対策という課題は、近年非常に重視されやすくもあるが、この政策課題が児童福祉の仕組みとかかわるときには、児童の健やかな育成という制度趣旨に本当にかなうのかどうかを見守っていきたい。

【参考文献】
　児童福祉制度については、菊池馨実『社会保障法〔第2版〕』（有斐閣、2018年）の第8章第4節「児童福祉と子ども・子育て支援」でさらに勉強をするのがいいだろう。また、この *Chapter* で勉強する仕組みについては、近年、少子化対策に力が入れられていることもあって制度が変わりやすい。最新の制度改正を踏まえた現行制度を知るという意味では、毎年版を改めて発行され続けている、椋野美智子・田中耕太郎『はじめての社会保障──福祉を学ぶ人へ』（有斐閣）の最新版を読んでみよう。

Chapter **10**

公的扶助（生活保護）

> *Let's Study*

日本には、社会保障制度の1つとして「生活保護」があることを知っている人は多いだろう。しかし、なぜこの生活保護が必要となるのか、また制度の詳しい内容まで知っているだろうか？ まずは、以下の問いに答えてもらいたい。

① ギャンブルが原因で貧困に陥った場合には、生活保護は受給できない。
② 最近、若い人で生活保護を受給する人が増えており、全体の半数近くに上る。
③ 扶養義務のある親や子がいる人は、生活保護を利用できない。
④ 生活保護の利用を外国人に認めることは、違憲である。
⑤ 自家用車を持っている人は、どんな場合でも生活保護を受給できない。
⑥ 生活保護は、所持金がゼロになってからでないと受給できない。
⑦ 生活保護を受給している際に働いて収入を得ると、その分保護費が減額されるので、働くのは損である。

答えはいずれも「いいえ」である。なぜその答えになるか、わからない？ では、この *Chapter* で生活保護の目的と仕組みをしっかり学んでいこう。

1　生活保護法の成り立ち

1　最後のセーフティネット

(1)　公的扶助とは

公的扶助とは、困窮のために自分の力では生活していくことが困難となった場合に、国家がその責任で最低生活を保障する制度をいう。困窮に陥った原因をその人自身に求めた場合、困窮から逃れることは自己責任で行うこととなろう。しかし、日本をはじめ多くの国々では、困窮を引き起こす原因は失業など社会的な要因にあると考え、その貧困状態から救うことを国家の責務の1つとしている。日本で公的扶助を担う制度として、生活保護がある（その歴史については *Chapter 1-1*）。

他の *Chapter* で学ぶように、日本の社会保障制度には医療や年金といった社会保険、サービス給付を中心とする社会福祉、特定のニーズをもつ人への社会手当があるが、これらの制度を利用しても最低生活ができない場合に生活保護が用いられる。国民の最低生活の実現を最終的に引き受け、他の制度を補完する役割を担っているので、最後のセーフティネットと呼ばれる。

(2)　最近の受給者数と支給額

では、生活保護はどういった人がどれぐらい利用しているのだろうか。2019年10月段階で、生活保護の受給者数は約207万人である。2015年3月をピークに、受給者数はやや減少している（図10-1）。この内訳をみると、高齢者世帯が最も多く55%、次いで傷病・障害者世帯が25%、母子世帯が5%となっている。残りの15%は統計上「その他の世帯」と呼ばれるが、この中に働くことのできる

◆ 図 10-1 被保護世帯数、被保護人員、保護率の年次推移

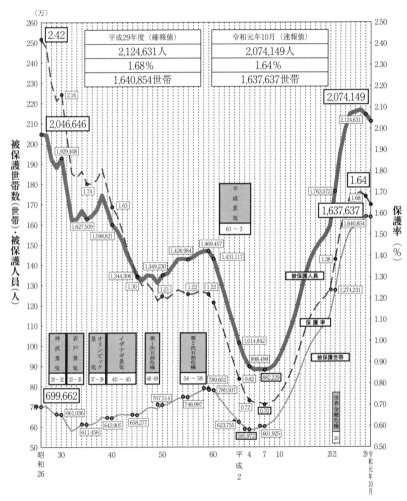

資料：被保護者調査（月次調査）（厚生労働省）（平成23年度以前の数値は福祉行政報告例）

〈出典：令和2年1月17日 全国厚生労働関係部局長会議資料〉

年代の者が入っていると考えられる。この「その他の世帯」はリーマンショックによる世界金融危機前と比較すると人数、割合ともに増加しているが、年代別にみてみると、60歳以上の高齢者の伸び率が高く、全体の半分以上を占める。

　生活保護費として支給される金額を確認すると、2021年度の予算として約3兆8千億円が用意され、その約半数は医療扶助に用いられる予定である。

(3)　生活保護法の改正

　世界金融危機の影響で生活保護の受給者数が増加する中、生活保護法の改革が議論されるようになった。その内容は、社会保障と税の一体改革関連法の修正合意に基づく社会保障制度改革推進法の中で、①生活保護制度を見直すこと、②生活保護の受給には至らない生活困窮者への対策を講じること、③生活保護基準を見直すことが示されていた（附則2条）。

　このうち、①②については、2013年12月6日に改正生活保護法と生活困窮者自立支援法が成立した。生活保護法の改正内容は、就労や自立を促進する仕組みとすること、不正受給を防止すること、高い割合を占める医療扶助の適正化を図ることなどである。生活困窮者自立支援法は、生活保護に至る前の自立支援策を強化することを目的としており、生活訓練や社会訓練なども含む総合的な就労支援策の創設、離職したことで住まいも失った人らに一定期間家賃相当額を支給する、貧困者が抱える多様な問題を解決するための相談支援事業の創設、生活困窮家庭の子供に学習支援を実施するなどが盛り込まれている。③の生活保護基準は、 2 (3)で述べるように、2013年8月から一部引き下げを含む見直しが行われた。

2 生活保護法の目的と特徴

(1) 国家による最低生活保障

憲法25条は、生存権として国民に「健康で文化的な最低限度の生活を営む権利」を保障している。これを具体的に保障するのが生活保護法で、国家の責任で、最低限度の生活を保障することを目的としている（生活保護1条、3条）。生活保護の対象となるのは、「生活に困窮するすべての国民」（生活保護1条）であり、法律上の要件を満たせば、保護を「無差別平等に受けることができる」（生活保護2条）。つまり、困窮に陥った原因、年齢や障害の有無などを問題とせずに、最低生活水準を下回る者すべてを保護の対象とするのである。こうした考え方を**一般扶助主義**という。他方で、困窮者をカテゴリー分けし、特定の者だけを公的扶助の対象とする考え方を**制限扶助主義**という。**1**−*1*(2)でみたように、実際には生活保護の受給者にはいくつかの特徴がみられるが、制度自体は一般扶助主義に基づいて作られているのである。

(2) 自立の助長も目的

さらに、貧困にある者の「自立を助長すること」も目的の1つとしている。ここでいう自立とは、働くことによって経済的自立を実現することだけを意味するのではない。生活保護を受給しながらも、日常生活上のことを自ら決め、社会にかかわって主体的に生活していくという人格的自立や社会的自立も含む広い概念だと考えらえられている。ただ単に最低生活に必要な給付を与えるだけではなく、保護の受給者が経済的に、さらには人格的、社会的に自立していけるようサポートすることも、生活保護の重要な目的なのである。

(3) 生活保護の特徴

生活保護には、所得保障のための金銭給付に加え、医療・介護扶

助によるサービスなどの現物給付も用意されている。貧困状態にある者に一定の経済的負担を求めていては、最低生活の保障にならないので、生活保護では、社会保険のようなあらかじめの拠出や社会福祉にみられる自己負担分の支払はなく、保護の財源には租税が用いられる。また、最低生活を自力で送ることができないかどうか確認するため、**資力調査**が行われるという特徴がある。

コラム32　生活困窮者自立支援法の役割

　2013年、生活保護法改正と同時に、生活困窮者自立支援法が制定された。この「生活困窮者」とは、「就労の状況、心身の状況、地域社会との関係性その他の事情により、現に経済的に困窮し、最低限度の生活を維持することができなくなるおそれのある者」のことである（生活困窮支援3条1項）。実際に最低生活が維持できない場合には、生活保護法の対象となる。生活困窮者自立支援法は、その手前にいる者に必要な支援をすることで、貧困に陥らないようにするのである。

　また、「就労の状況、心身の状況、地域社会との関係性その他の事情により」とあるように、貧困の原因は複合的であることが多い。引きこもりやアルコール依存症など、複数の問題を抱えている場合には、単に生活費を支給するだけでは足りず、総合的、継続的に問題に取り組むことが必要となる。生活困窮者自立支援法では、そのための中心的な仕組みとして、生活困窮者自立相談支援事業と住居確保給付金が設けられている。

　生活困窮者が相談窓口を訪れると、相談員が詳しい話を聞いて必要な支援を検討し、具体的な支援プランを作っていく。例えば、引きこもりの期間が長かった人には、その人の興味に応じた地域活動に参加し、自信をつけてから徐々に就労を始めるプランを、親が失業して経済的に苦しいだけでなく、その家庭の子どもが学校での勉強についていけなくなっている場合には、親の再就職支援に加えて子どもの学習支援も同時に行うプランが作られる。また、失業と同時に住居も失うようでは生活基盤が大きく損なわれるので、一定期

間、家賃相当額の住居確保給付金を受給することもできる。

　生活困窮者自立支援法は、具体的な金銭やサービスではなく、受け手によって必要な内容が異なる「相談支援」を提供するという点に大きな特徴がある。この相談支援によって、働けるようになったり、収入が増えた者も多く、生活困窮者自立支援法は一定の成果を上げたといわれている。他方で、同法による「相談支援」の内容は明確化しにくく、受けた相談支援が不十分であったとしても法的救済が難しいという問題もある。生活困窮者の問題解決に重要な役割を果たす「相談支援」は、十分に機能しうるか、今後が注目される。

2　生活保護法の4つの原理

　生活保護法には、制度の根幹を支える4つの原理が規定されている。それは、①国家による最低生活保障の原理、②自立助長の原理、③無差別平等の原理、④補足性の原理である。この4つの原理は、生活保護のそれぞれの条文を解釈し、制度を運用する際に重要な指針となる（生活保護5条）。では、それぞれの原理の内容を見ていこう。

1　国家による最低生活保障の原理（生活保護1条・3条）

　生活保護法は、憲法25条の生存権に基づいて制定されており、国民の最低生活保障を国家の責任で行うことが明記されている。

　ここでいう、最低生活とはどういった水準の生活だろうか？　憲法25条は「健康で文化的な最低限度の生活」を保障すると規定しているので、それが実現できる水準でなければならない。最低生活の内容は、厚生労働大臣が定める保護基準によって具体的に示される（生活保護8条）。しかし、何を最低生活とするか、また保護基準を設定する際に行政にどの程度裁量を認めるかという難しい問題がある。

この点については、**3**−*2で詳しく述べよう。

*2　**自立助長の原理**（生活保護１条）

　生活保護法１条には、もう１つ重要な原理が含まれている。それが**自立助長の原理**である。この原理は、人が人らしい生活を送るためには、単に最低生活を維持できるだけでは足りず、保護を受給する人の自立を支援することも必要であることを示している。ここでいう「自立」には、**1**−*2(2)で述べたように、経済的自立のみならず、社会的自立や人格的自立も含まれる。このように、「自立」を広い意味で理解すると、生活保護の受給者を単なる保護の受け手としてではなく、保護を受給しつつも積極的に自分の人生を営む主体的な存在ととらえて制度内容を理解し、運用することが求められる。

　こうした考え方は、個人の尊重を定める憲法13条に表れており、生活保護法でそれを具体的に示しているのが自立助長の原理だといえるだろう。

*3　**無差別平等の原理**（生活保護２条）

　３つめは、**無差別平等の原理**である。この原理は、困窮状態に陥った原因や人種、信条、性別、社会的身分、門地などを問わず、保護を実施することを示す。もちろん、生活保護を受給するには困窮し、資産や能力などを活用していることが求められるが、その要件を満たす限り保護を請求する権利はすべての国民に保障される。

　無差別平等の原理との関係で、外国人に生活保護が支給されるかが問題となる。行政実務では、生活保護法が「すべての国民」と明記していることから（生活保護１条・２条）、外国人に生活保護法は適用せず、準用する扱いがなされている。準用の場合、受給権は生じないと考えられるが（最三小判平13・9・25判時1768号47頁）、給付内容が変わるわけではなく、不服申立ても認められる。（外国人への

生活保護の適用について、詳細は→ *Chapter 12*）

4 補足性の原理（生活保護4条）

以上の原理は、国が守るべき原理を定めたものであるが、**補足性の原理**は保護を受ける国民に対して求めることを定めている。

生活に困窮する場合、まずは資産、能力その他あらゆるものを最低生活のために使わなければならない（生活保護4条1項）。このことは、最低生活のためにまずは自らの資産を用い、働ける場合には働かなければ、生活保護は実施されないことを意味する。他方で、扶養義務者がいる場合には、その扶養を優先的に行い、また生活保護法以外の法律や制度に基づいて公的な保障が受けられる場合には、それらの給付を優先的に利用することも求められる（生活保護4条2項）。こちらは「優先する」と規定されており、保護が実施された後にこうした事情があればその分保護費を減額することを意味しているため、扶養義務者がいることを理由に保護を実施しないことは違法となる。

このように、自らの資産と働いて得られる収入、扶養義務者からの扶養や他の制度による給付を利用してもまだ最低生活を維持していくのに足りない場合、その不足分についてのみ生活保護は支給される。この不足分を明らかにするために、資力調査（ミーンズテスト）が行われる。

この補足性の原理は、自らの人生の責任はまず自分で負うことを求める現代社会の考えに基づいており、社会保障制度全体の中で生活保護は最後のセーフティネットと位置づけられることを意味する。しかしながら、補足性の原理を過度に強調し、個々人の置かれる状況を考慮せずに画一的にこの原理を用いると、生活保護を必要とする人に保護が届かない状況を生み出すことになる。国家に課せられ

る先の３つの原理とこの補足性の原理は、衝突しがちな関係にある点に注意しなければならない。

　では、資産や能力の活用として、どういったことが国民に求められるのだろうか。この具体的な内容は法律上明らかではないので、以下では通達や裁判例をもとに詳細を見ていきたい。

(1)　**資産の活用とは**

　ここでいう資産とは、金銭、土地、家屋、さらには事業をするための設備、生活用品などを指す。これらの資産は、保護を受給する前に処分して最低生活に充てなければならないが、あらゆる資産を処分する必要はない。自立助長の原理から、最低生活の維持のために実際に使っており、保有したほうが生活の維持や自立に役立つ場合や、近い将来活用することがほぼ確実で、保有したほうが生活維持に役立つ場合には処分しなくてもよい。

　たとえば、資産価値の高い土地、家屋であっても、実際に住んでいる場合にはそのまま保有することが認められる。高価な装飾品などは換金しなければならないが、テレビ・電気洗濯機などの一般的な生活用品は、その地域での保有率が70％を超えると保有が認められる。エアコンについても、高齢で生活に必要といった事情がある場合には、保有が認められる。

　これに対して、車の保有は原則として認められない。例外的に、①他に通勤方法がない、通勤方法が困難な障害者の通勤および山間へき地の場合、②障害者の日常生活や通院などに利用する場合、などの事情がある場合にのみ保有が認められている（大阪地判平25・4・19判時2226号3頁）。

　ⅰ）**収入認定**　では、預貯金や保険金、働いて得た収入などの現金がある場合はどうだろうか？

まず預貯金は収入として認定され、その分保護費は減額される（生活保護4条1項、8条1項）。但し、預貯金をすべて処分する必要はなく、保護が開始される際にあった金銭は、最低生活費の5割相当額まで手元に置くことが認められる。裁判例の中には、①預貯金の目的が生活保護法の目的に反せず、②国民一般の感情から違和感を覚えるほど高額でないとして、保有を認めたものもある（秋田地判平5・4・23判時1459号48頁）。

保険金については、生命保険や損害保険の加入が認められることもあるが、貯蓄性の高い保険は解約するよう福祉事務所から指導が行われ、解約返戻金を収入認定する取り扱いが一般的である。これについて、最三小判平16・3・16（民集58巻3号647頁）は、子どもの高校進学を目的とした学資保険の満期保険金は、生活保護法の趣旨目的に沿う預貯金であって収入認定の対象とはならないとして、収入認定した処分を取り消した。この裁判が提起された当時、高校に修学する費用は生活保護の教育扶助に含まれておらず、生活保護世帯の子が高校以上の学校に進学することは困難であった。しかし、進学を認めることは本来自立助長の1つとなるため、上記の判決を受けて、2004年度からは生業扶助として高等学校等就学費が支給されるようになった。

ⅱ）働いて得た収入は？　　生活保護を受給しながら働いて収入を得た場合、その収入は収入認定の対象となる。但し、**勤労控除**（基礎・特別・新規就労・未成年者）があるので、控除分の一定額は手元に残すことができる。補足性の原理のところで指摘したように、自分の生活についての責任はまず本人にあるといえるし、就労は自立の大きなきっかけともなる。ワーキング・プアのように、就労してもその収入だけでは最低生活が送れない場合には不足分を生活保護か

ら支給し、かつ就労すると手元にある程度の金銭を残せるようにして、就労を促す仕組みがとられている。

　さらに2013年の生活保護法改正では、受給者の就労による自立を促すために**就労自立給付金**が創設された（生保55条の4）。保護受給中の就労収入のうち、収入認定された金額の範囲内で一定額を仮想的に積み立て、安定就労に就いて保護廃止に至った場合に、積み立て分が支給される。生活保護を受給しなくなると税や社会保険料を負担しなくてはならなくなるため、その分を就労自立給付金で賄うことが想定されている。

(2)　能力の活用とは

　ここでいう能力とは、稼働能力、つまり働くことのできる能力を指す。

　稼働能力と一言にいっても、保護を求める者のそれまでの経歴や技能の有無、労働市場の状況などによって左右されるため、判定は容易ではない。路上生活者の能力の活用が問題となった名古屋地判平8・10・30（判時1605号34頁）は、①医師の診断結果や保護申請者の生活状況などに基づいて限定的ではあるが稼働能力はあると判断したうえで、②その能力を用いて就労する意思があり、③申請者の具体的な生活環境の中で、実際に稼働能力を用いて就労できる場がない場合には、稼働能力は活用されているという基準を示した。

　②の能力活用の意思について、行政実務や裁判例は、申請者が就労先を探すなどの努力をどの程度したかによって判断してきた。しかし、これだと保護申請者にあらゆる手段を講じることを強いることにもなりかねないとして、大津地判平24・3・6（賃社1567・68号4頁）は、申請者の求職活動などの状況からみて、客観的に就労の意思があるといえればよいと判断した（東京地判平23・11・8賃社

1553・1554 号 63 頁、東京高判平 24・7・18 賃社 1570 号 42 頁も同旨）。

③の就労の場については、保護申請者の個別の状況を考慮に入れて具体的に判断するか、あるいは有効求人倍率などに基づいて抽象的に就労の場があるといえればよいとするかという 2 つの考え方がある。名古屋地判平 8・10・30（判タ 933 号 109 頁）は前者の立場を採用し（大津地判平 24・3・6 賃社 1567・68 号 4 頁も同旨）、保護申請者の職業経験や生活実態などを具体的に考慮すると就労の場がなかったとして、保護を実施しなかった処分を取り消した。これに対して、控訴審である名古屋高判平 9・8・8（判時 1653 号 71 頁）は、有効求人倍率という一般的な求人状況に基づいて抽象的に就労の場があるのであれば、それをもとに稼働能力の有無を判断すればよいとして、保護の実施を拒否した処分を適法とした。**3** で述べるように、保護を実施する際の原則の 1 つに必要即応の原則（生活保護 9 条）があることから、前者の立場が妥当であろう。さらに、前者の立場をとるものに、申請者が就労しようと思えばすぐに就労が可能になるといえるのでなければ就労の場があったとはいえないとする裁判例もある（東京地判平 23・11・8 賃社 1553・54 号 63 頁、東京高判平 24・7・18 賃社 1570 号 42 頁）。このように考えると、能力を活用していないとして補足性の要件を満たさないと判断されることはほとんどなくなる。

⑶ **扶養義務者による扶養の優先**

保護が実施された後、扶養義務者から実際に仕送りなどの援助がなされた場合、その分保護費は減額される。この時、どの扶養義務者からどの程度の扶養を受けるのかといった具体的な内容は、まずは当事者間の協議で決める。協議が調わないときは福祉事務所が家庭裁判所に申し立て、家庭裁判所が決定する（生活保護 77 条 2 項）。

明らかに多額の収入等があるのに扶養をしない扶養義務者に対しては、保護の実施後に費用を徴収することができる（生活保護77条1項）。実際にはこの費用徴収はあまり行われていないため、2013年の生活保護法改正では、福祉事務所の扶養義務者に対する調査権限を強化する規定が盛り込まれた。

コラム33　扶養義務は、誰にどの程度課せられるのか？

　生活保護では「扶養義務者による扶養の優先」が定められているが、そもそも扶養義務者とは誰のことだろう？　その答えは、民法の家族について定める規定の中にある。

　民法では、夫婦間（民752条）、親子、祖父母、孫などの直系血族、兄弟姉妹間（民877条1項）は常に扶養義務を負う。さらに、曾祖父母・曾孫・甥姪・おじおばといった三親等内の親族間でも、家庭裁判所が「特別な事情」があると認めた場合には扶養義務が課される（民877条2項）。但し、これらの人が皆同程度の扶養義務を負うわけではない。

　夫婦間と経済的に自立していない子に対する親の扶養は、自分と同程度の水準まで扶養することが求められる。これを**生活保持義務**と呼ぶ。他方で、それ以外の人々との間では、相手が困窮状態となった場合に、自分の生活に余裕がある範囲で援助をすればよく、こちらは、**生活扶助義務**と呼ばれる。

　このような区別は、婚姻と親子関係という近い親族間に強い扶養義務を求めており、多くの人の実感にも沿うものであろう。しかし、生活保持義務で求められる「自分と同程度の水準」といっても、自分が困窮状態に陥ってでも相手を扶養しなければならないのか、それとも自分自身の生活は最低限度維持しながら相手を扶養すればよいと考えるのか、経済的に自立していない子といっても、既に成人している場合にも親は生活保持義務が課されるのか、という問題がある。諸外国をみると、扶養義務が課せられるのは夫婦と親子（一定年齢の子まで）に限っており、兄弟姉妹まで含める日本の扶養義務の範囲より狭いところが多い。

> 扶養義務者の範囲と程度をどのように設定し、実際にどこまで扶養義務者に扶養を求め、福祉事務所にはどの程度の調査権限を認めるのか。これらを関連付けて検討する必要があろう。

⑷ 他法他施策の優先

他の法律や制度による公的な保障が受けられる場合には、まずそれらを利用し、その分保護費を減額する。生活保護は最後のセーフティネットであるので、他の給付の受給権がある場合にはまずそれらを使用し、それでも足りない部分のみを生活保護として支給するのである。具体的には、年金や雇用保険法に基づく基本手当、健康保険法による傷病手当金、児童手当などの社会手当、障害者総合支援法、介護保険法、児童福祉法による福祉サービスなどがある。

⑸ 急 迫 保 護

保護を必要とする者の生命に危険が迫っているなどの急迫した理由がある場合は、資産・能力の活用は求めずに、保護の実施機関が職権で保護を実施する（生活保護4条3項・25条。**図10-2**）。これを**急迫保護**、あるいは職権保護という。ただし、保護を実施したのちに資産や能力があることが判明した場合には、費用の返還が義務付けられる（生活保護63条）。

3　生活保護実施の原則

生活保護を求める人が要件を満たす場合、地方自治体は以下の4つの原則に基づいて保護を実施しなければならない。ここでは、保護を実施する際の原則をみておこう。

1　申請保護の原則（生活保護7条）

生活保護は、要保護者本人、その扶養義務者及びその他同居の親

族からの申請に基づいて実施される。この原則は、保護を必要とする者に生活保護の申請権があることを明らかにしている。保護を必要とする者が急迫の状態にあるにもかかわらず申請しない場合は、職権による保護が行われる（図10-2）。

(1) **申請は福祉事務所へ**

生活保護の申請は、どのようにすればよいのだろうか。申請先は、居住地を管轄する福祉事務所である。申請の方法は、行政実務では、必要事項を記載した書面を提出して行わなければならないとする。ただし、定型の申請書でなくてもよく、口頭による場合であっても、申請意思が客観的に明確であれば「申請」と認められる（大阪高判平13・10・19訟月49巻4号1280頁）。この点、2013年の改正生活保護

◇ **図10-2 保護を受給するまでの手続き**

〈出典：厚生労働省HP（http://www.mhlw.go.jp/bunya/seikatsuhogo/seikatuhogo.html）〉

法 24 条では、「申請書を保護の実施機関に提出しなければならない」
と明記し、記載内容も具体的に挙げられる（施行は 2014 年 7 月 1 日）。
行政は、口頭申請を認める運用は法改正後も変わらないと説明する
が、実際にどこまで口頭申請が認められるか注目される。

⑵　**決定は 14 日以内に**

実施機関は、申請のあった日から 14 日以内に、保護決定の通知を
しなければならない（生活保護 24 条 3 項）。この期間は、扶養義務者
の資産状況の調査に時間がかかる等特別な理由がある場合には、30
日まで延長することができる（同条 5 項但書）。保護の申請をしてか
ら 30 日以内に決定通知がないときは、申請者は、保護の実施機関が
申請を却下したものとみなすことができる（同条 7 項）。こうするこ
とで、保護の申請者は審査請求や取消訴訟、さらには義務付け訴訟
を提起して、保護の実施を求めることができる（→ **Chapter 11**）。

2　基準及び程度の原則（生活保護 8 条）

次に、最低生活を平等に保障するためには、あらかじめ客観的な
基準が定められていなければならない。この**保護基準**は、要保護者
の年齢、性別、世帯構成、所在地域その他必要な事情を考慮して厚
生労働大臣が定める。保護基準には、日常的な生活に要する最低生活
費にかかわる**一般基準**と個別的な最低生活費を定める**特別基準**がある。

⑴　**最低生活水準の決め方**

最低生活の基準の策定は、厚生労働大臣に委任されており（生活
保護 8 条 1 項）、一般基準は厚生労働省告示という形で示される。

この一般基準の設定は、生活保護法が制定されてから、マーケッ
ト・バスケット方式、エンゲル方式、格差縮小方式とさまざまな算
定方式に基づいて行われてきたが、現在は水準均衡方式が用いられ
ている。**水準均衡方式**とは、一般世帯の消費支出水準の動向に合わ

せて生活扶助水準を変動させる方法で、政府経済見通しによる当該
年度の民間最終消費支出の伸び率をもとに当該年度に予想される一
般国民の消費動向を基礎にしつつ、前年度までの一般国民の消費水
準や社会経済情勢を総合的に考慮して改定率を算出する。

こうした特定の方式を用いれば、自動的に保護基準が導き出せそ
うに思えるかもしれないが、どの方式を採用するのか、またそれに
どういった数値を当てはめるのかによって、算出される保護基準は
異なってくる。

(2) 保護基準の設定と行政裁量

この保護基準を設定する際に、厚生労働大臣に裁量の余地がある
かが問題となる。これについて、朝日訴訟一審判決は、健康で文化
的な最低限度の生活水準は、理論上特定の国における特定の時点に
おいては客観的に決定することができるとして、厚生大臣（当時）の
裁量を認めなかった（東京地判昭 35・10・19 行集 11 巻 10 号 2921 頁）。
これに対して最高裁判決は、最低限度の生活というものは抽象的で
相対的な概念であり、その具体的内容は、多数の不確定要素を総合
考量してはじめて決定できるとして、それを定めることについて厚
生大臣（当時）の合目的的な裁量があるとした（最大判昭 42・5・24 民
集 21 巻 5 号 1043 頁）。

(3) 行政裁量に対する司法審査

このように、保護基準の設定に厚生労働大臣の裁量が認められた
としても、その裁量はどの程度認められるのであろう。先の最大判
昭 42・5・24 は、著しく低い保護基準を設定したような場合には、
裁量権を逸脱または濫用したとして違法となると判示したが、保護
基準を設定する際に具体的にどのような要素を考慮に入れるかにつ
いて行政に広い裁量を認めた。このように行政裁量を広く認めると、

裁判所が行政の決定を審査することは難しくなり、相対的に国民の保護請求権は弱くなってしまう。

　これに対して、老齢加算の廃止が生活保護法に違反するか否かが争われた最三小判平 24・2・28（民集 66 巻 3 号 1240 頁）と最二小判平 24・4・2（民集 66 巻 6 号 2367 頁）は、厚生労働大臣が保護基準を設定する際の判断過程や手続に誤りや欠落がある場合には裁量権の逸脱・濫用があるとして違法となると判示した。これらの最高裁判決は、結論としては老齢加算の廃止は憲法 25 条、生活保護法 3 条または 8 条 2 項に反しないとしたが、行政の判断過程を裁判所が審査することで、行政裁量の範囲を限定する可能性を示した点に意味がある。

(4)　**保護基準の引き下げ**

　上で述べた老齢加算の廃止は、生活扶助の上乗せ給付を廃止するものであったが、近年は、保護基準そのものが保護を受給していない低所得層の生活水準より高いのではないかと批判されるようになった。そこで、社会保障審議会生活保護基準部会が検証したところ、低所得世帯の生活に比べて、一人暮らしの人や 5 歳以下、60 歳以上の人の生活扶助基準は低く、大家族や 5 歳から 60 歳の人、都市部の人の基準は高いといった結果が示された（2013 年 1 月 18 日提出の報告書）。同時に報告書は、世帯構成によって異なった結果となる可能性があり、より詳細な検討が必要であると指摘していたが、2012 年に発足した自民党政権が生活保護費を大幅に削減する方針を出していたこともあって、2013 年 8 月から生活扶助基準の一部が引き下げられることとなった。これについては、2013 年の政府経済見通しはプラスの数値が示されていたにもかかわらず引き下げとなったこと、そもそも保護基準以下の低所得世帯は保護の対象とな

るべきであるのにその対策がとられていないこと、生活保護基準の引き下げは、課税限度額や最低賃金額など他の政策にも影響を及ぼすので慎重であるべきといった批判がある。保護基準の設定に厚生労働大臣の裁量が認められるといっても、その裁量の範囲は無制限ではない。決定の過程をオープンにし、明確な根拠に基づいて保護基準を決定する仕組みを構築する必要があろう。

3　必要即応の原則 (生活保護9条)

　必要即応の原則とは、保護を要保護者の実情に応じて柔軟に実施することを求める。これに基づき、世帯ごとの特別な需要に対して、厚生労働大臣は特別基準を設定する(保護実施機関に権限委任することが多い)。その他、障害者・児童養育などの加算もある。

4　世帯単位の原則 (生活保護10条)

　生活に必要な費用は世帯ごとに生じるものなので、保護を支給するか否か、またその程度は、世帯単位で判断する。しかし、保護請求権は世帯にいるそれぞれの人が有するので、世帯主以外でも保護の申請をすることができる。

　世帯といっても多様な形態がありうるが、同じ世帯にあることは、どのように判断するのだろうか？　まず、同じ住居に居住し、生計も同じである者は、同一世帯員として認定する。就労や義務教育のために居住を別にしている場合や病院などに入院している場合も、同一世帯と認定する。

　個人単位で扱ったほうが、被保護者の自立に役立つなどの事情がある場合には、世帯分離し、別の世帯であると認定する(生活保護10条但書)。これは、世帯の中に稼働能力がありながら活用しない者がいる場合や長期入院をする者がいる場合に行われる。協議離婚したり住民票を分離したりしても、互いに援助しあい、同居してい

る場合には同一世帯と判断される。但し、法律上の夫婦でも婚姻関係が実質的に破たんしていれば、同一世帯と判断されないこともある。

4 生活保護の種類と方法

1 8種類の扶助

生活保護には、**表10-1**にあるように8種類の扶助があり、世帯の状況に応じて、これらの中から必要な扶助が組み合わされて支給される。金銭給付が多いが、医療扶助と介護扶助は原則として現物給付である。また、生活保護は居宅で利用することが原則とされているが（生活保護30条1項）、それが困難である場合や被保護者本人が希望した場合は、保護施設を利用する（生活保護38条）。

2 保護の変更・停止・廃止

実施機関は、生活保護の受給者に対して、生活を維持・向上させるために必要な指導・指示を行う（生活保護27条）。保護を受給する者には指導指示に従う義務が課せられており、義務に違反すると保護が不利益変更されることもある（生活保護62条1項・3項）。不利益変更とは、保護の廃止・停止・減額、種類・方法を変更することをいう。保護が不利益変更されると、保護受給者の生活に大きな影響が及ぶため、すでに決定された保護の内容を不利益変更するには正当な理由がなければならないし（生活保護56条）、不利益変更の前に、書面で指導・指示を行わなければならない（生活保護則19条）。

3 ソーシャルワークの重要性

このように、実施機関は一定の場合に指導・指示をすることができ、保護の廃止や減額といった不利益変更も可能である。しかし、

この指導・指示は受給者の自立を助長するために行わなければならない。生活保護62条3項による不利益変更は、保護を継続することがその者の自立助長にならない場合に限定して行うべきであって指導・指示に従わなかった「制裁」ではない。

それに、貧困状態にある者は、金銭問題に限らず多様な困難を抱

◆ 表10-1　生活保護の種類と内容

生活扶助	食費・被服費・光熱費などの日常生活の需要に対する給付と移送費がある。 世帯の状況に応じて認められる加算（例：母子加算、障害者加算）と特別基準による一時扶助費（例：被服費、家具什器費）もある。
教育扶助	義務教育に伴う教科書などの学用品、通学用品、学校給食などに対する給付。
住宅扶助	家賃・地代・敷金・更新料、修繕費などに対する給付。
医療扶助	診察、薬剤、治療、入院・看護などの現物給付を指定医療機関から提供する。 診療内容は社会保険と同水準だが、被保護者は国民健康保険や後期高齢者医療の被保険者とならない（国保6条9号、高齢医療51条1号）。
出産扶助	分娩の介助、分娩前後の処置などに対する給付。
葬祭扶助	葬祭などに必要なものに対する給付。
生業扶助	生業費（小規模の事業のための資金）、技能習得費（高校就学費用含む）、就職支度費がある。 要保護者だけでなく、最低生活を維持できないおそれのある者も受給権を有する（生活保護17条）。
介護扶助	65歳未満の要保護者には、指定介護機関が介護保険法によるサービスに相当する内容を現物給付として行う。 65歳以上の要保護者は介護保険の第1号被保険者となり（介護保険料は生活扶助に加算）、介護サービス費の1割にあたる自己負担分を介護扶助として支給される。

えていることが多い。実施機関は、生活保護を受給しているか否かにかかわらず、保護を必要としている者に対して相談や助言をすることができるので（生活保護27条の2）、相談や助言を通じて生活上の課題を解決していけるよう実施機関が働きかけることが重要になる。

4 自立支援プログラムの実施

貧困者が抱える課題解決の1つの方法として、以上の扶助とは別に、**自立支援プログラム**が設けられている。保護受給者の自立を阻害している要因別に各プログラムを策定し、被保護世帯の状況にあった支援をするのである。2005年7月から、まずはハローワークと連携した就労支援プログラムが全国的にスタートしている。

他にも、受給者の状況や地域の社会資源を踏まえて策定する自治体独自のプログラムもある。ホームレス・母子家庭・精神疾患者・多重債務者・若年者などを対象に、多様なプログラムが用意され、個人ごとの援助計画を立てて組織的に実施されている。これらのプログラムを通じて、経済的自立だけでなく、日常生活自立、社会生活自立の達成が目指されるが、被保護者の主体性を重視し、プログラムの選択や参加については本人の同意が必要となる。

これらの自立支援プログラムには、いくつかの課題も指摘されている。まず、実施が給付として生活保護法上規定されておらず、実施の体制づくりや財源確保に法的な根拠がないことがある。実施するか否かは地方自治体の裁量にゆだねられているため、積極的なところとそうでないところの格差がみられる。また、実施に必要な職員が十分に確保されていない、ハローワークなどの関係機関との連携が不十分といった提供体制の不備もある。

5　生活保護の実施機関と費用負担

1　どこが実施するか

　国家による最低生活保障の原理で述べたように、生活保護は国家の責任において実施される。そうはいっても、国の行政機関が生活保護の事務を扱うわけではない。本来はそうすべきであるが、国民にとっては身近な自治体に窓口があったほうが申請しやすいだろうし、事務処理を効率的に行うという観点からも地方自治体に任せたほうが良いとも考えられる。そこで、生活保護に関する事務は法定受託事務として、保護の決定・実施を都道府県知事、市長および福祉事務所を設置管理する町村長に委任している（生活保護19条1項）。

2　費用は誰が負担するか

　生活保護に必要な費用は、4分の3を国が、残りの4分の1を地方自治体が負担する。実際には、保護にかかる費用は地方自治体がいったん全額を立て替えて、後に先の負担割合に従って清算する方法がとられている（生活保護70条・71条）。地方自治体の負担分に充てるため、国から地方交付税が支出される自治体も多い。このように、保護の実施だけでなく財政負担も地方自治体に求めるのは、保護の濫給を防止するためだと考えらえる。

6　生活保護法の課題

1　利用しやすく、自立しやすい制度に

　以上のような生活保護法には、どのような課題が残されているだろうか。それは一言でいえば、「利用しやすく、自立しやすい」制度にしていくことだといえるだろう。

　この点、**1 -◢ 1** (3)で触れた 2013 年の改正生活保護法は、就労による自立の助長、不正の防止、医療扶助の適正化を内容とする。ここではこの改正法をもとに、生活保護法の課題をいくつか指摘しておこう。

(1)　**情報収集の必要性と利用のしやすさ**

　改正法では、不正防止の一環として保護の申請方法が定式化され、氏名や住所だけでなく、保護を申請する理由や扶養義務者からの扶養の状況、資産状況を示す書類を添付しなければならない。確かに、生活保護の受給には資力調査があるので、そのために一定の情報を集めなければならない。申請段階で福祉事務所が必要な情報を確認できれば、資力調査もスムーズに行われるだろう。他方で、保護の申請時に詳細な情報提供が必要となると、保護を必要とする人が申請をためらうことも考えられる。

　さらに、保護の支給・不支給を決定するために、福祉事務所の調査権限も強化された。福祉事務所は、官公庁や金融機関から保護申請者の収入状況などの情報を集めることができ、扶養義務者が扶養を断った場合にその理由を報告するよう求めることもできるようになった。

　これについても、福祉事務所が資力調査や扶養の有無を判断するのに必要な情報であるが、保護申請者のプライバシーの侵害にならないか検討する必要があるだろう。

(2)　**「不正受給」への対応**

　不正受給に対しては、罰金の上限を 100 万円に引き上げるなどの罰則の強化に加え、不正受給をした分に加えて 40％の徴収金の支払いを求めることもできるようになった。罰則を強化して悪質な不正受給に対応すると同時に、相談・援助といったソーシャルワークを

十分に行うことで、保護受給者が適切に保護を受給し、日々の生活を送り、自立へと進んでいけるようにすることが求められる。自立支援プログラムを法律上明確に位置づけることと合わせて、ソーシャルワークを有効に実施していけるよう、規定の明文化と実施体制の整備が必要であろう。

（3）**自立への支援**

自立支援については、今回の改正法で、就労自立給付金の創設と勤労控除の額の引き上げが実現した。これらはいずれも「自立しやすい制度」に向けた改正だといえるだろう。ただし、これらは就労できる保護受給者にとってはプラスだろうが、保護受給者にはそもそも就労が難しい高齢者や障害のある者が多い。こうした人々には、🏃2で触れる生活困窮者自立支援法によるプログラムを通じて、日常生活上あるいは社会生活上の自立ができるように支援する必要があるだろう。

それに、補足性の原理で触れたように、資産や能力の活用を厳格に求めすぎると、保護受給者の自立を妨げることにもなりかねないので、自立できるだけの余力を残した運用が必要である。保護の不利益変更も、福祉事務所が一方的に行うだけでは、保護受給者を自立へと向かわせることは困難であるので、ここでもソーシャルワークを有効に組み合わせて保護受給者の自立に反する場合にのみ保護の不利益変更をするようにしなければならない。

🏃 **2 総合的な貧困者対策の重要性**

改正生活保護法と同時に成立した生活困窮者自立支援法では、多くは任意事業とはいえ幅広い相談支援事業が設けられ、ソーシャルワークが有効に取り入れられている。これまで「福祉から就労へ」として福祉事務所とハローワークなどが協同して就労支援を行って

いた事業を発展させ、各自治体にワンストップ型の支援体制も構築される。

　生活困窮者自立支援法は、*Chapter 6*‐**5** で触れた求職者支援制度とあわせて「**第2のセーフティネット**」となることが期待されている。防貧を目的とする社会保険の網の目から漏れて保障を受けられない場合、この第2のセーフティネットが受け止め、貧困状態に陥らない、あるいはできるだけ早く貧困から抜け出せるようにするのである。貧困から抜け出すきっかけとして、求職者支援制度は職業訓練の機会を提供し、生活困窮者自立支援法は就労に加えて中間的就労や社会参加の場も用意する。このように複数のネットが設けられることで、生活困窮者の個々の状況に合わせた支援が可能になるだろう。

　この第2のセーフティネットが整備されたとしても、最後のセーフティネットである生活保護の重要性は変わらない。就労を通じた自立は、雇用情勢が悪ければ本人がいくら努力しても実現しないし、生活困窮者自立支援法では住宅確保給付金以外に金銭給付は設けられないからである。生活保護の受給前に適切な支援を提供し、貧困状態に陥らないようにすることは重要だが、すでに困窮状態であるのに生活困窮者自立支援法の対象とすることで生活保護を支給しないという運用は避けなければならない。

🖋 3　改めて「最低生活」とは何か

　生活保護は、憲法25条を具体化した制度であり、生活扶助基準は最低賃金額など他の施策にも影響を与える。実際に生活扶助基準が引き下げられたこともあり、改めて「最低生活」とは何かを明確にする必要があるだろう。**3**‐🖋 2 (3)で触れたように、最近の判例は最低生活水準を決定する行政裁量を制限する可能性を示したが、そ

もそも低所得者層の消費水準と比較して最低生活の内容を考える方法に対して、最低生活の水準を際限なく引き下げることになりかねないとの批判もある。また、特別な事情を抱えた保護受給者の場合、一般基準だけではカバーしきれない需要を持っていることもあるので、特別基準を有効に活用して「最低生活」を設定しなければならない。それに、「最低生活」に必要なのは金銭だけではない。自立のための支援として行われるソーシャルワークも含め、「最低生活」の内容を考える必要があるだろう。

【参考文献】————————————————————

　生活保護法を本格的に学びたいという人は、日本社会保障法学会編『ナショナルミニマムの再構築』（法律文化社、2012 年）にある各論文を参照してほしい。
　貧困問題は生活保護だけで解決できるものでもないし、またそうすべきでもない。広く貧困問題について考えたい人には、阿部彩『弱者の居場所がない社会——貧困・格差と社会的包摂』（講談社、2011 年）をお勧めする。ここでは、社会的排除（社会から追い出されること）と社会的包摂（社会に包み込むこと）という貧困問題を考えるうえで重要な2つの視点が取り上げられている。

Chapter **11**

紛争解決や救済の仕組み

Let's Study

　　　飲食店からの依頼を受けて、自転車で料理を配達するアルバイトをしているいとこが、配達中に転んで大けがをしたらしい。とりあえず労災保険給付の申請はしたが、労働者でないからと不支給の通知が来たそうで、いとこは不満たらたらだ。とりあえず、知り合いの社会保険労務士に相談したらしいが、申立てがどうのこうのと言われて、面倒くさそうなのでそのままになっているとのこと。

　実は、この「申立てがどうのこうの」というのは、不服申立てといって、裁判とは違う仕組みだ。社会保障制度をめぐるゴタゴタ（紛争）は、一般人同士の間で起こるとは限らないし（というか、そうでないことの方が多い）、最低限度の生活保障にかかわるために特別な配慮が必要なことも多い。だから、裁判とは異なる手続きも用意されている。

　「でも、結局いとこは何とかなるんでしょう？」って？　いやいや、社会保障制度をめぐる紛争の解決方法を知らないでいると、どうしようもなくなってしまうことも……。そんなことになってはいけないので、紛争の解決方法についてしっかり勉強しておこう。

1 社会保障制度をめぐる紛争の解決方法とは？

1 安く、早く、お手軽に、が目標

みなさんは、法的な問題に巻き込まれたときに、弁護士を雇って何が何でも相手を訴えたいタイプ？ 日本人の場合、このようなタイプはあまり多くないといわれている。何しろ裁判は、心理的にも費用の面でもハードルが高く、時間もかかる。

裁判の「わかりにくく、時間と費用がかかる」というデメリットは、とくに社会保障制度にかかわる紛争に巻き込まれた当事者にとっては、ネックになることが多い。社会保障制度にかかわる紛争解決に求められるものは、これとは逆のこと、つまり、「迅速性、簡便性、費用の安さ」だからである。

なぜだろう？ 社会保障制度にかかわる紛争やトラブルといっても色々考えられるが、ここでは、その紛争によって制度が保障しようとしている生活が妨げられる（可能性がある）ものに限定して考えてみよう。

2 裁判による解決の難しさ

まず、社会保障制度にかかわる紛争は、巻き込まれた人に与える影響が大きい。社会保障制度は、大雑把にいってしまえば、最低限の生活に関する「困ったこと」を未然に防いだり、解決したりという制度である。だから、社会保障制度の利用者は、「現に困った人」か、「これから困る可能性のある人」、ということになる。このとき、すでに生活上のトラブルを抱えている人が、さらに法的な紛争に巻き込まれたらどうなるだろう？ 当然、いっそう困った状況に置かれてしまう。だから、社会保障制度をめぐる紛争は、できるだけ早く解決しなければならない。けれども、裁判にかかる時間はたいて

い長い。問題がこじれて、控訴・上告となってしまうと、裁判による決着までに何年もかかってしまうこともよくある。

　また、こうしたトラブルに巻き込まれた人が相手にしなければならないのは、行政だったり、事業者だったり、いずれにせよ何らかの組織体ということが多い。つまり、専門的な知識のない一個人が裁判で争っても、なかなか勝てそうにない相手である。そもそも、社会保障制度というのはとても複雑で、ある制度の給付が、いかなる要件を満たしたときにどのような手続きによって支給されるのか、そしてそれをどのように裁判で争ったらいいのかについて、法的な知識のない人が理解するのが難しいということもある。だからこそ弁護士に頼るわけだが、その費用もバカにならない。裁判するのに、いったいいくらくらいかかるんだろう？うん十万円？それとももっと……？

　だとすると、こんなにお金がかかるのなら諦めよう、という気分にならないだろうか。貧困を理由に社会保障制度を利用している人（要するに、お金のない人）ならなおさらだろう。だから、素人にもわかりやすい方法で、なおかつ、安い費用で解決できるような仕組みが、とりわけ社会保障制度にかかわる紛争には必要ということになる。

3　行政処分かどうか

　不満の原因が行政処分なのかどうかというところも気をつけておかねばならない。というのも、行政処分については、特殊な争い方をしなければならないからである。

　行政処分というのは、「行政庁が、法に基づき、優越的な意思の発動または公権力の行使として、国民に対し、具体的事実に関して法的規制をなす行為」などと説明される。国が第一義的な責任を負っ

ている社会保障制度においては、制度の利用者と行政主体とのかかわりが深くなりやすいこともあり、この行政処分がたびたび登場する。

　行政処分には、1つ注意しなければならない点がある。行政処分に不満があり、これをなかったことにしようと思えば、通常の民事訴訟ではなく、後述の不服申立てや取消訴訟（→ **2** -🖝 1 や 3 -🖝 1）といったちょっと特別な紛争解決のシステムを使わなければならないことである。これは、行政処分には、**公定力**といって、私人の行為にはない特殊な効力が備わるためである。どういうふうに特殊かというと、行政処分というのは、かりに違法であっても、その行政処分を取り消す権限をもっている機関（取消訴訟を提起された裁判所、不服申立てをされた行政機関、当該行政処分をした行政機関等）によって取り消されない限りは有効と扱われるというところである。

　他方で、「措置から契約へ」の流れのなかで（→ **Chapter 7**）、国や地方公共団体は金銭給付を支給するにすぎず、サービス提供の直接的な責任は民間事業者のような私人が負うケースも増えている。ということは、こうした民間事業者と社会保障制度の利用者とが争う場面も増えるということだろう。しかし、民間の事業者といっても、もっている情報量や組織力などの点で、単なる一個人よりも優位に立つことが多いため、社会保障制度の利用者が事業者と争って、利用者の望むような結論が出るとは限らない。というより、むしろ利用者が苦い思いをすることの方が多いだろう。このように、争いの内容というより、もっている力の差などで結論が左右されてしまうことがあってはいけないので、社会保障制度をめぐる紛争解決方法には、当事者の力の格差の修正、たとえば、消費者保護的な発想が必要ということになってくる。

このように、これから社会保障制度をめぐる紛争のあり方を勉強しようという人は、幅広い視点で制度をみていかなければ、紛争解決の全体像を十分に理解できない状況になっていることを覚えておこう。

2 裁判以外の紛争解決策

1 不服申立て

⑴ 社会保障制度における不服申立てとは

前述のとおり、社会保障制度をめぐる紛争は、できれば時間も費用も手間もかかる裁判に頼らずに解決したいところである。そのため、裁判にいたる前の紛争解決策の重要性がことさら高い。

こうした裁判以外の紛争解決策としては、不服申立てという仕組みがある。この**不服申立て**は、普通は、行政不服審査法という法律に則って行う。しかし、社会保障制度に関する不服申立ては、社会保障の各立法が、行政不服審査法とはちょっと異なる特別な仕組みを別に規定していることが多い。つまり、社会保障の各立法が定める不服申立ては、行政不服審査法との関係では特別法ということになる。一般的な不服申立ての仕組みと比べると、①不服申立ての審理にあたる機関が特別な点（→⑵ⅳ））や、②不服申立て前置主義という特別の仕組みがとられている点（→⑶）などが異なるので、気をつけておこう。

おおまかにいってしまうと、不服申立ては、裁判より簡単で、費用もかからない、という他の裁判外紛争解決策と共通の長所をもっている。また、審理や決定に関してできるだけ客観性や中立性が保てるよう制度設計されてもいる。ただし、不服申立てという仕組み

があるせいで裁判への道を閉ざすおそれもあるので、注意しなければならない。それぞれの点について、少し詳しくみてみよう。

(2)　不服申立てのメリット

ⅰ）**裁判よりも柔軟な判断・簡単な手続き**　　不服申立てというのは、簡単にいえば、公権力の行使または不行使について、行政庁「自身」に見直しを求めるシステムである。裁判が、（A）中立的な立場の裁判所が（B）違法性を判断する仕組みであるのに対して、不服申立ては、（A'）行政庁自身が、（B'）公権力の行使または不行使に違法または不当な点がないかを審査するものである。行政庁の処分を受けた場合、その処分に対する不満は行政庁自身に文句をいいたくなるかもしれないが、不服申立てはその感覚で行える（ただし、後述のとおり、その処分をした処分庁ではなく、処分庁の最上級行政庁に申し立てるのが原則）。

この不服申立てにおいて、審査をする行政庁は、自らの職権で、証拠を集めたり事実関係を調べたりすることができる。したがって、行政処分に不服がある私人の側では、とりあえず不服申立てさえすればいい（もちろん、不服申立てをした側が反論したり証拠を提出したりすることもできる）。裁判では、こうはいかない。裁判では、基本的に、当事者が訴訟を主導すべきという当事者主義を採用しているので、自分で証拠を集めたり、自分に有利な判断が下されるように色々と主張したりしなければならないからである。

また、不服申立ては、裁判と違って、「痒いところに手の届く」判断が可能である。どういうことかといえば、司法機関である裁判所が、原則として「違法かどうか」だけを判断するのに対して、不服申立ては、「違法とまではいえないけれども、妥当ともいいにくい」という領域に踏み込んでいけるのである。つまり、裁判所は黒かそ

れ以外かの判断しか下さないため、ある意味融通が利かない（ただ
し、義務付けの訴えについて、→**3**）。けれども、世の中には、黒（違
法で明らかに不合理）ではないけれども、白（合法で妥当）でもないと
いうグレーゾーン（違法とまではいえないが妥当ともいいにくい）がと
きにある。たとえば、介護保険を利用している人が、要介護3と認
定されたとしよう。要介護3という認定は明らかに不合理で違法と
まではいえないけれども、要介護4の方が相応しいということはあ
る。こういうときに、裁判ならば要介護3は違法ではないというこ
とで処分の効力が残ってしまう。けれども、違法かどうかのほかに、
不当かどうかも判断できる不服申立てなら、要介護3は違法ではな
いけれども要介護4の方が妥当だということで取り消したうえで、
要介護4に見直してくれる可能性がある。

　ⅱ）費用がかからない　　民事裁判の場合、裁判所に納める手数料
や証人の旅費日当等の訴訟費用がかかるが（最終的には敗訴した方が
負担するけれども）、不服申立てにはそれがかからない。つまり、無
料である。

　もっとも、裁判でかかるお金で高額なのは、訴訟費用ではなく、
弁護士費用の方である。もちろん、不服申立てでも、弁護士を頼れ
ば当然弁護士費用がかかるけれども、上記のように、不服申立てで
は、申立てをした私人が自ら証拠を集めたり、自分に有利な判断が
下されるように色々と主張したりすることは必須ではないし、行政
庁が情報提供する仕組みもある（行審84条。ただし、努力義務）。だ
から、弁護士についていてもらわなくても何とかなることが（少な
くとも裁判よりは）多い。そういう意味で、裁判より費用が抑えられ
るといえるだろう。

　ⅲ）公正性にも配慮──行政法一般の場合　　しかし、行政が自分の

判断を自分で見直すというのは、客観性や中立性が保てず公正性に欠けるのではないか、と思う人もいるかもしれない。実は、平成26年に行政不服審査法が改正される前には、そのような心配をする人が多くいた。そこで、同法の改正の主眼となったのが、不服申立ての公正性の向上である（新法の施行は平成28年4月）。

　まず、新しい行政不服審査法で基本となる不服申立ての仕組みは、審査請求である（行審2条ないし4条・9条以下）。この審査請求の審理に当たる行政庁（審査庁）は、原則として処分を行った行政庁（処分庁）の最上級行政庁だが（同4条4号）、処分庁に上級行政庁がな

◈ 図11-1　審査請求の手続の流れ

〈出典：政府広報オンライン（https://www.gov-online.go.jp/useful/article/201605/1.html）〉

い場合は、処分庁自身が審理に当たるとされている（同4条1号）。後者のケースなどは、中立性にとりわけ疑念が生じそうだが、実は次のような工夫がされている。つまり、審査するのがどの行政庁であっても、審査請求の審理は、審理員と呼ばれる者が担当するのである（同9条）。審理員は、審理に当たる行政庁の職員の中でも処分に関与していない者等から選ばれる（同9条2項）。やはり問題となっている処分に関与した人等が審理をしたのでは、見直しが適正に行われないかもしれないと心配されたためである。

とはいえ、審理員も、所詮は審理を行う行政庁の指揮命令下にある行政職員。本当に行政寄りの判断になったりしないんだろうか。そういうおそれもないとはいえないので、改正法ではさらに、大学の教員や弁護士などの有識者からなる第三者機関（国の場合は、行政不服審査会）が、審理を行う行政庁の判断をチェックする仕組みも設けられた（同43条）。

なお、不服申立ては、この審査請求で基本的には終了する。ただし、法律が認めているときには、さらに別の行政庁に対して不服申立てをする再審査請求ができることがある（同6条）。つまり、二審制を採用することで、より救済を手厚くしようという趣旨である。この再審査請求の仕組みを予定している法律には、社会保険関連のものが多い（国民年金法101条、健康保険法189条、労災保険法38条等多数）。

以上の審査請求の仕組みには、一定の法律（具体的には、各種税法と公害健康被害補償法）が特別に認めているときだけ使える再調査の請求という例外がある（行審5条）。審査請求との関係は、選択制である（ただし、再調査の請求を経た後に審査請求することはできるが、審査請求したときには再調査の請求はできないという審査請求優位の選択

制である）。この再調査の請求では、不服申立ては処分を行った行政
庁に対して行い、しかも上記の審理員や第三者機関によるチェック
等の仕組みが適用されないというところが審査請求と異なっている。
この仕組みは、大量の不服申立てが予想されるタイプの処分（税金
に関する処分など）等について、公正性よりも簡易迅速さを優先させ
た手続きと位置付けられている。社会保障法の分野にも、大量の処
分が予定されている領域はあるが（障害年金の障害認定、介護保険の
要介護認定など）、この本で出てくる法律で再調査の請求を規定して
いるものは基本的にない。

ⅳ）公正性にも配慮——社会保障制度の場合　　行政不服審査法に
則った一般的な不服申立ては以上のようになるが、社会保障制度に
おける不服申立てには、これとは少し違うところがある。

　まず、社会保障制度では、審理を担当する行政機関自体が特別な
場合がある（社会保険審査会、国民健康保険審査会、介護保険審査会、労
働保険審査会など）。どういうふうに特別かというと、その分野の専
門家（学識経験者や公益委員、専門調査員など）や、その問題に利害関
係を有する者（被保険者や事業主の代表等）がメンバーに加わること
が多いのである（ただし、社会保険審査会や労働保険審査会においては、
利益代表者は合議体の構成員ではなく、議決権もない）。利害関係者を
参加させるのは、関係者に意見表明の機会を与える趣旨であるのに
対し、専門家を参加させるのは、素人にはわかりにくい社会保障制
度の問題を適切に解決するということのほかに、審査の客観性や中
立性を高めるという狙いもある。いずれにせよ、一般の行政機関の
職員が上級行政機関の指揮監督下で職権を行使するのに対して、こ
れらのメンバーは、こうした指揮監督を受けず、独立して審理を行
う。

　このことから、一般的な不服申立てに比べれば、公正性の確保がより直接的といえるだろう。ただし、こうした特別な機関であっても、通達という、法律の規定に対する行政側の解釈を定めたお役所内の訓令に従わなければならないので、まったく独立の判断が下せるわけではない。その意味では、客観性や中立性の確保にはやはり限界があるともいえる。

(3)　不服申立ての問題点

　(2)でみたことからすると、不服申立ては便利な仕組みだと思った人も多いだろう。しかし、不服申立ての仕組みが、裁判を起こす妨げになる可能性があることには注意が必要である。というのも、社会保障制度においては、不服申立てをした後でなければ、取消訴訟を起こせないという仕組みが取られていることがあるからである（たとえば、国年101条の2、国保103条、生活保護69条等、他多数）。こうした仕組みを不服申立て前置主義という。

　もちろん、不服申立てを経ればいいだけのことなのだが、実は、不服申立てについては、申立てができる期間が決まっている。具体的には、処分があったことを知った日の翌日から起算して3カ月以内もしくは処分があった日の翌日から起算して1年以内が原則である（行審18条1項・2項等）。この期間は、平成26年の行政不服審査法の改正の際に、それまでの60日から延長されてはいるが、冒頭のLet's Studyのケースのように、もたもたしているうちに、この期間が過ぎてしまった場合には、不服申立てばかりか、取消訴訟の道も絶たれるということになる（無効等確認の訴えはできるけれども、その要件は取消訴訟の場合より厳格）。このために、不服申立ての申立期間や不服申立て前置の仕組みがネックになって、処分を受けた人が、救済を受けられずに泣き寝入りすることになりかねない。

　どうして不服申立て前置のような仕組みが設けられているかといえば、その1つの理由としては、裁判所が扱う事件が過度に増えすぎないように配慮がなされていることが挙げられる。社会保障制度については、とにかく行政処分の数が多く（たとえば、介護保険における要介護認定の認定者数は、2020年末時点で680万人にものぼる）、問題の専門性も比較的高い。したがって、行政処分に対する不満がすべて裁判所に持ち込まれたのでは、裁判所が適切に処理できないおそれがある。そのために、行政庁自身が見直して解決できそうな紛争については行政庁が担当し、裁判に到るものをふるいに掛けようというのが基本的な考え方である。そして、もう1つの理由は、不服申立てを審査する機関が高度に専門的な判断を行っているときには、裁判所の負担が減るというメリットがあるからである。

　ただし、その反面で、利用者の救済が犠牲になるかもしれないことを考えると、不服申立て前置の仕組みをあまり厳格に適用することには、問題も多い。そこで、平成26年行政不服審査法改正の際には、上記のような不服申立て前置のデメリットがメリットを上回る制度については、不服申立て前置の仕組みを廃止または縮小した。たとえば、子ども・子育て支援法、児童手当法、児童扶養手当法、特別児童扶養手当法、労働保険徴収法等は廃止、国民年金法、厚生年金保険法、労災保険法等は縮小の対象となった法律である。

🎵 2　各種の相談窓口や苦情処理機関

　🎵1⑶でみたように、不服申立ての仕組みは、近年の行政不服審査法の改正によって従前に問題とされた点がかなり改善されてはいるが、不服申立て前置など、場合によっては使いづらい仕組みも残る。他方で、「措置から契約へ」の流れのなかで、不服申立ての対象とはならない紛争（公権力の行使にかかわらない紛争）が増えてきて

もいるだろう。このようなケースで、いきなり裁判で救済を求めなければならないとなるとハードルが高い。そこで、存在意義が高まっているのが、不服申立て以外の苦情処理の仕組みや各種の相談窓口である。

　裁判や不服申立てにはなじまない紛争も多いためか（たとえば、サービスを提供している人の態度が気に入らないとか）、こうした苦情処理の仕組み等は、サービスの提供にかかわる社会保障制度でより充実しているようにみえる。実際、介護保険や社会福祉制度などには、各種の相談窓口や苦情解決の仕組み・機関（国民健康保険団体連合会による各種の苦情対応業務（介保176条1項3号）、都道府県知事の事業者に対する勧告・命令・公表等（同76条の2）、都道府県社会福祉協議会の運営適正化委員による苦情に対する必要な助言・調査・あっせんや苦情にかかる都道府県知事への通知（社福85条・86条）など）がある。裁判や不服申立てになじまない性質の紛争については、こうした各種の苦情処理の仕組みが最終的な解決策となる場合も多いだろう。

3　さまざまな裁判

1　国や公共団体を相手とする訴訟

　2でみたような色々な裁判以外の紛争解決策を利用してもなお解決できない紛争は、裁判で争うしかない。社会保障制度の実施には、国や公共団体が果たす役割が大きいので、紛争の相手方としても、こうした主体が頻繁に登場する。

　ここでは、国等を相手方とする紛争解決策のうち社会保障に関する紛争との関係を考えて、行政事件訴訟のなかでも抗告訴訟（行訴3条、後述(1)）と当事者訴訟（行訴4条、後述(2)）、そして通常訴訟の

◆ 図 11-2　訴訟の類型

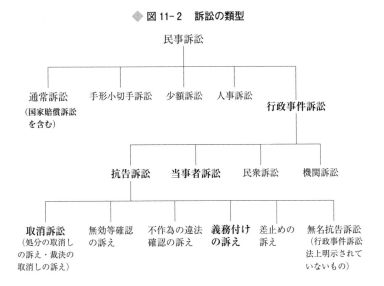

なかでも国家賠償訴訟（国賠法、後述(3)）をみてみよう。

（1）抗 告 訴 訟

　i）取 消 訴 訟　　これから社会保障制度に関する裁判例をみる
機会があったら、ちょっとタイトルに注目してみよう。出典の前に
書いてある判決の情報をみると、「〜取消請求事件」となっているも
のが多いのに気づく人もいるかもしれない。これは取消訴訟（行訴
3条2項）という訴訟である。取消訴訟は、行政事件訴訟のなかで
も、「公権力の行使」それ自体を訴えの対象とする抗告訴訟の一類型
である。取消訴訟は、社会保障制度をめぐって生じる紛争のなかで
は代表的なものといってよい。

　取消訴訟というくらいだから、訴えた人は、何かを取り消すこと
を求めている。その取消しの対象になっているのが、行政庁による
さまざまな決定等（処分や裁決）である。最高裁は、取消訴訟の対象

となる「行政庁の処分その他公権力の行使」（同3条2項）を「公権力の主体たる国または公共団体が行う行為のうち、その行為によって、直接国民の権利義務を形成しまたはその範囲を確定することが法律上認められているもの」としている（最一小判昭39・10・29民集18巻8号1809頁）。つまり、行政の行為ならばなんでも取消訴訟の対象になるというわけではないのだ。

　ポイントは、①直接国民の権利義務を形成しまたはその範囲を確定するものであることと、②①のことが法律上認められていること、だろう。こうした点から問題になるのは、たとえば、法的拘束力のない勧告（文字通りにとれば、「お勧め」だし…）だったらどうかとか、法律ではなく通達や要綱だったらどうかという点である。このように、上記の「行政庁の処分その他の公権力の行使」に関する最高裁の判示にぴったり当てはまらない場合でも、最高裁は、法的仕組みの全体を考慮することで、これを柔軟に肯定する場合もある（たとえば、医療法上の病院開設中止勧告について最二小判平17・7・15民集59巻6号1661頁、具体的内容や手続きが要綱等で定められた労災保険法上の労災就学援護費に関して最一小判平15・9・4集民210号385頁等）。

　なんにせよ、不服申立てのところでも述べたように、裁判というのは、基本的には違法かどうかを判断するだけのもので、あまり融通が利かない。取消訴訟もそうであるし、他の抗告訴訟（無効等確認の訴えや不作為の違法確認の訴え）もそうだった。義務付けの訴えが登場するまでは……。

　ⅱ）**義務付けの訴え**　　**義務付けの訴え**というのは、2004年の行政事件訴訟法改正によって差止めの訴えとともに明文化された抗告訴訟の一種である（行訴3条6項）。

　これは、文字どおり、一定の処分をするよう行政庁に義務付ける

ことを求める訴えである。①申請権を前提とする場合（同3条6項2号。たとえば、重度脳性麻痺や筋萎縮性側索硬化症（ALS）の患者が一定時間の訪問介護の義務付けを求めた事例としてそれぞれ、石田訴訟・大阪高判平23・12・14判自366号31頁、和歌山ALS訴訟・和歌山地判平24・4・25判時2171号28頁、生活保護開始の義務付けを求めた事例として新宿ホームレス生活保護訴訟・東京高判平成24・7・18賃社1570号42頁、障害者自立支援法上の介護給付費の支給義務付けを求めた事例として広島高岡山支判平30・12・13賃社1726号8頁等）と、②そうでない場合（同3条6項1号。例としては、生活保護が「準用」されるにすぎない永住的外国人に関する生活保護開始の義務付けについて、大分外国人生活保護訴訟・福岡高判平23・11・15判タ1377号104頁。なお、同訴訟の上告審である最二小判平26・7・18判自386号78頁では、「行政庁の通達等に基づく行政措置」（原審がいうところの「準用」）については審理の対象となっておらず、同措置の法的性質やこれをどのように争うべきかが明らかでない）がある。①についてはさらに、(1)申請に対しての拒否処分を争う拒否処分型と、(2)行政庁の不作為を争う不作為型がある。たとえば、生活に困って生活保護の申請をしたのに、拒否処分がなされたときなどは①(1)の拒否処分型で争えるのに対し、行政庁から許可も不許可もされずになしのつぶてだ、というケースは①(2)の不作為型として争うことになる。

　抗告訴訟のタイプでいえば、①(1)の拒否処分型については、基本的にはⅰ)でみた取消訴訟が予定されてきた。けれども、取消訴訟において、その拒否処分が取り消されれば、必ず救済が得られるというわけでもない。なぜなら、Aという理由で拒否したのは違法だということで処分を取り消す判決が出ても、今度は、Bという別の理由で拒否処分がなされるかもしれないからである。一方、①(2)の

行政庁の不作為型については、一般的には、不作為の違法確認の訴
えが予定されてきた。しかし、不作為が違法であるという判決が出
ても、行政庁は、必ず申請を認める処分をしなければならないわけ
ではない。むしろ、行政庁は、不許可処分をしてくるかもしれない。
そうなると、今度はその不許可処分を取消訴訟等で争うことになる。
しかし、この取消訴訟等についても、原告が望む処分がなされると
は限らないことは、上記のとおりである。

　これでは、いつまで経っても救済が得られず、その間ずっと原告
が生活の困窮に耐えなければならないということもありうる。前述
のとおり、紛争の迅速な解決がとりわけ求められる社会保障制度に
おいては、こうした回りくどさは致命的である。そこで、訴えた私
人が望む行政処分を行政庁に直接義務付けることができれば便利と
いうことになる。その要請に応える役割を期待されているのが、こ
の義務付けの訴えである。

　しかし、義務付けの訴えは、行政庁が判断をする前に、何か一定
の処分をせよ、と裁判所が介入してくる事前訴訟である。これは、
「まずは、行政庁が判断を示す、つまり処分をする。裁判所の出番は
それからだ」、という行政庁の第1次的判断権の尊重という考え方
からすると、例外的なものと位置付けられる。要は、義務付けの訴
えは、そう簡単には認められない。上記でいえば、②の申請権を前
提としない義務付けの訴えについては、一定の処分がなされないこ
とにより重大な損害が生ずるおそれがあること（損害の重大性）と、
その損害を避けるために他に適当な方法がないこと（損害回避に関
する補充性）という2つの要件を満たさなければ、そもそも訴訟を
提起できない（同37条の2第1項）。さらに、①のタイプの義務付け
の訴えにせよ、②のタイプにせよ、行政庁の第1次的判断権を尊重

する必要のない程度に、当該処分をすべきことが法令から明らかで
あるか、当該処分をしないことが裁量権の範囲を超えるか濫用と認
められるかでなければ、裁判所が義務付けを認める判決をすること
はできない（同 37 条の 2 第 5 項・37 条の 3 第 5 項）。

　ⅲ）**仮の義務付け**　　もう 1 つ、この義務付けの訴えが法定された
ことにともなって、義務付けの訴えにおける仮の救済制度として、
仮の義務付けも同時に創設されている（行訴 37 条の 5 第 1 項）。たと
えば、みなさんが病気を患っているとする。しかも、どんどん病状
が悪くなっていく難病である。病状に相応しい介護サービスの提供
を市町村に求めたのに、これが拒否された場合は、ⅱ）で説明した義
務付けの訴えを提起することができる。しかし、裁判の結論（処分
や裁決）を待っているうちに、介護サービスが受けられずに病状が
どんどん悪化したら……。

　こんなふうに、①義務付けの訴えに関する処分や裁決を待ってい
たのでは償うことができない損害が発生しそうだという場合であっ
て、②こうした損害を避けるため緊急の必要があり、かつ、③みな
さんが提起した義務付けの訴え（本案という）に理由がありそうな
ときには（つまり、義務付けの訴えが認められそうなときには）、裁判所は、
行政庁がその処分や裁決をするように、「仮に」命じることができる
（ただし、みなさんからの申立てが必要）。まだなされていない処分に
ついて仮に義務付けるものであるため、なかなか厳しい要件になっ
ている。

　実は、この仮の義務付けという訴訟類型は、社会保障制度を念頭
に置いて作られたものといわれている。実際、社会保障制度に関す
る裁判例もあるので、興味のある人はみてみよう（保育所入所承諾の
仮の義務付けを求めた東京地決平 18・1・25 判時 1931 号 10 頁、生活保護

開始の仮の義務付けを求めた福岡高那覇支決平 22・3・19 判タ 1324 号 84
頁、筋萎縮性側索硬化症（ALS）の患者が一定時間の訪問介護の仮の義務
付けを求めた事例として和歌山 ALS 訴訟・和歌山地決平 23・9・26 判タ
1372 号 92 頁等）。

コラム34　仮の救済制度

　社会保障制度をめぐる紛争は、できるだけ早く解決しなければ意
味がないということがしばしばある。つまり、判決が出るまで待っ
ていられないのである。このような場合は、判決前の仮の救済が役
に立つことがある。仮の救済の仕組みは、本文中で述べた仮の義務
付けだけではない。ほかにも、仮の差止め（行訴 37 条の 5 第 2 項）や
執行停止（同 25 条 2 項）といった仕組みもある。

　仮の差止めというのは、文字どおり差止めを仮に行うことである。
義務付けの訴えが一定の処分をせよ、という訴えであるのに対して、
差止めの訴えは、一定の処分をするな、という訴えである。それを
さらに、判決を待たずに行うよう求めるのが仮の差止めである。処
分が発動されたら、処分の相手方である私人の名誉や信用に重大な
損害が発生してしまうような場合については（たとえば、病院や診療
所が、医療保険機関の指定を取り消される等）、取消訴訟や差止めの訴
えの結果を待っていたのでは遅いということがありうる。こういう
ときに、仮の差止めが認められると、差し止めたい方はありがたい
だろうが、仮の義務付けと同じで、要件はかなり厳しい（裁判例とし
ては、育休退園にかかる保育の利用の解除または保育の継続不可決定に
関する仮の差止めが争われたさいたま地決平 27・7・23 公刊物未登載等）。

　一方、**執行停止**というのは、すでになされた処分の効力を暫定的
に停止するためのものである。まだなされていない処分について仮
に義務付けたり差止めたりする仮の義務付けや仮の差止めと比べる
と、停止したい処分がすでになされているところが違う。その分、
要件も若干緩めに設定されている（同 25 条 2 項参照）。社会保障制
度をめぐる紛争でいえば、たとえば、公的年金制度の保険料等滞納
処分における公売の阻止（名古屋地決昭 30・4・26 行集 6 巻 4 号 1112
頁）や、生活保護の保護廃止処分や保護停止処分をいったん停止さ

せるため（東京高決平 26・8・18 賃社 1662 号 47 頁、名古屋高決平 27・5・15 賃社 1642 号 61 頁、東京高決平 28・2・1 賃社 1662 号 59 頁等）に、この執行停止が使われたりする。この保険料等滞納処分や保護廃止処分等が違法な処分だとしたら、取消訴訟を起こせばみなさんは救済されることになるだろうけど、それでも判決が出るまで家財道具等なしで生活しないといけないとしたら困るだろう。だから、処分の取消訴訟を提起すると同時に、処分の執行停止を求めて「ちょっと待った」をかけるのである。

(2) 当事者訴訟

一方、「公権力の行使」にかかわらない局面では、国等と私人との法律関係が直接に訴訟の対象となる。この法律関係が公法上の関係であれば、訴訟の種類でいえば、行政事件訴訟の**当事者訴訟**（行訴 4 条）で争われることが予定されている。

国等といえども、いつも公権力ばかり行使しているわけではない。公権力を行使せず、より対等な関係で私人とかかわってくることもある。たとえば、国等の具体的な行為が、行政処分ではなく契約関係を成立させるものと理解されることがある（例として、裁判例には、厚生労働大臣による保険医療機関の指定を、第三者のためにする公法上の契約を成立させると理解するものがある。川合医院過剰診療事件・大阪地判昭和 56・3・23 訟月 27 巻 9 号 1607 頁）。また、社会保険の受給権のなかには、そもそも行政庁の行為を介さずに、法律に定める要件を満たせば当然に具体的な受給権が発生するもの（たとえば、国家公務員の公務災害補償給付。また、医療保険の療養の給付などは、被保険者が保険医療機関に被保険者証を提示して、医師が医療の必要性等を判断する方式をとっており、行政処分が介在しない）もある。このような仕組みをもった制度に関する紛争については、国等が公権力を行使

していない以上、抗告訴訟は使えない。

　また、取消訴訟でもみたとおり（→ 🔖 1 (1) i ）、ある行政の行為が、抗告訴訟の対象となる「公権力の行使」なのかどうかということ自体、簡単に判断できないことも多い（ほかにも、たとえば、生活保護法に関して行政庁の通達等に基づく行政措置の対象となるにすぎない永住外国人等からの生活保護申請に対する却下は、行政実務上処分でないとされていたが、その処分性を認めたものとして、前掲・大分外国人生活保護訴訟控訴審判決）。このように行政処分かどうかはっきりしないものについて争いたいときは、抗告訴訟で訴えてみて処分ではなかったということにならないよう、念のため逃げ道を用意しておきたい。

　そこで、以上のようなケースにおいて当事者訴訟が用いられることがある（取消訴訟等と一緒に提起されることが多い）。この当事者訴訟というのは、要は、通常訴訟（私法上の法律関係に関する訴訟）の公法バージョンである。抗告訴訟が、「公権力の行使」という行政庁の「行為の当否」を争うのに対して、当事者訴訟は、公法上の法律関係・権利義務関係が直接に訴訟の対象となる。当事者訴訟には、抗告訴訟の性質をもつにもかかわらず、法令により当事者訴訟の形式で訴訟を起こすように決められている**形式的当事者訴訟**もあるが、社会保障に関して問題になるのは、「公権力の行使」にかかわらない**実質的当事者訴訟**と呼ばれるものである。この実質的当事者訴訟は、まさに国等と私人との間の公法上の法律関係や権利義務関係に関する訴訟である。

(3)　通常訴訟──とくに国家賠償訴訟

　ⅰ）**国や公共団体に損害賠償請求**　　国や公共団体を相手方とする訴訟は、行政事件訴訟だけではない。たとえ相手が国や公共団体で

あっても、私法上の法律関係を争うものは、通常訴訟となる。

　社会保障をめぐる紛争との関係では、そのなかでも**国家賠償訴訟**をみておこう。国や公共団体に対する損害賠償請求が私法上のものなのかと疑問に思う人もいるかもしれないが、その実質は、民法上の不法行為によって損害を賠償すべき関係と同じだということで、私法上の関係と理解されている（最三小判昭和46・11・30民集25巻8号1389頁）。したがって、国家賠償訴訟は、通常訴訟の一類型である。

　国家賠償訴訟については、国家賠償法という、わずか6条からなる法律で決められている。みなさんが国家賠償法を根拠に国や公共団体の損害賠償責任を問えるのは、「国又は公共団体の公権力の行使に当る公務員が、その職務を行うについて、故意又は過失によつて違法に他人に損害を加えたとき」（国賠1条1項）である。

　ⅱ）**国等から「公権力の行使」を委託されているか**　　たとえば、社会福祉法人経営の児童養護施設で、その職員がちょっと目を離した隙に、入所児童が転んで骨折してしまった場合を考えてみよう。社会福祉法人の職員は公務員なのかと心配になる人もいるかもしれないが、この点はそれほど問題ではない。国家賠償法1条1項の「公務員」は、各種公務員法で公務員としての身分をもつ人のことをいうのではなく、同項の「公権力の行使」をゆだねられ、行政主体のためにこれを行使している人のことを指すとされている。したがって、結局、児童養護施設が、国や公共団体から「公権力の行使」をゆだねられたといえるかどうかが前提事項として重要ということになる。

　この場合のゆだねられたというのは、法律に基づくものでもよいし、行政処分でもよい。また契約や条理でもよい。たとえば、措置方式などにおいては、措置権者たる市町村等と事業者・施設との間

には措置委託契約（準委任契約）があると理解されているから、国や公共団体からゆだねられたという関係がある。児童養護施設で提供されている養護等のサービスも、措置方式に基づくものと理解されているので、養護等のサービスをゆだねられたという点では問題ない。

ⅲ）**国家賠償法上の「公権力の行使」とは**　問題は、その委託を受けた業務の性質である。実は、「公権力の行使」という言葉は、(1)の抗告訴訟のところでも出てきた（行訴 3 条）。しかし、同じ言葉でも、抗告訴訟における行政事件訴訟法上の「公権力の行使」と国家賠償法上の「公権力の行使」では意味が違う。通説・判例は、国家賠償法上の「公権力の行使」を、抗告訴訟の対象となる「公権力の行使」よりも広く理解している。つまり、①行政処分のような権力的活動だけでなく（これは行政事件訴訟法上の「公権力の行使」）、②国公立学校の教育活動など非権力的活動も、国家賠償法上は「公権力の行使」と評価する。他方で、非権力的な行政活動のなかでも、③私経済作用（国や公共団体が主体であっても、私人と同じ立場で行動するもの）とされるものは、国家賠償法上であっても「公権力の行使」とは解さ

◆ **図 11- 3　措置方式のもとでの事故の場合**

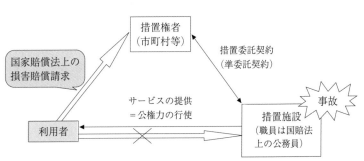

れない（たとえば、国公立病院での医療事故のケースで、医療行為は国家
賠償法上の「公権力の行使」ではないとされている）。

　②と③の境目は微妙なところだけれども、公益の実現を目的とす
るようなものは、私人と同じ立場で活動するのとは違うと理解され
ているようである。そうであれば、例に挙げた児童養護施設で提供
されるサービスも、②の意味で国家賠償法上の「公権力の行使」と
評価する余地はありそうである。実際、社会福祉法人や民間病院等
に業務がゆだねられたケースで県や市などに国家賠償が認められた
ものとして、知的障害者に対する福祉事業（広島地福山支判昭54・6・
22判時947号101頁）、精神衛生法29条による措置入院（福岡地判昭
55・11・25判時995号84頁）などがある。一方、無認可保育所での事
故で、国や公共団体の国家賠償を否定した裁判例もある（千葉地松
戸支判昭63・12・2判時1302号133頁）。

　ちなみに、国家賠償法が適用されるときには、国や公共団体のみ
が同法上の損害賠償責任を負い、同法上の「公務員」に当たる措置
施設の長やその職員は、その責任を負わないとされている（**図11-3**
参照。最一小判平19・1・25民集61巻1号1頁等）。

2　私人間の訴訟

　1でみた裁判は、国や公共団体を相手に裁判を起こす場合だっ
たが、とくに近年では、紛争の相手方が、国等から民間事業者へと
部分的にではあれシフトしている現実もある。というのも、「措置
から契約へ」の流れのなかで、利用者が民間事業者と直接に契約を
締結して、さまざまなサービスを受けるということが少なくないか
らである（→ *Chapter 7*）。

　国家賠償法についてみたように（→1(3)）、措置方式において、
措置の委託を受けた事業者のもとで事故が発生したようなケースで

は、措置権者（国や公共団体）から受けた委託業務の解釈（国家賠償法1条1項の「公権力の行使」に該当するか）によっては、措置権者のみが国家賠償法上の損害賠償責任を負うと理解することができる場合がある。これに対して、措置方式から契約方式へと変更された制度については、このようには考えられない。たとえば、介護保険制度における介護保険施設で事故が発生した場合は、国や公共団体は、金銭給付を支給するだけで介護サービスそのものを提供する責務を負わないため、🖝1(3)ⅱ)でみた点、つまり、本来自分で処理すべき業務を当該施設に委託したという事情がないと理解されている。国や公共団体は、事業者や施設との関係では、単に規制や監督を行う役目を負うにすぎないことになる（下記の**図11-4**）。

このように、民間事業者の提供するサービスが国家賠償法上の「公権力の行使」に当たらなければ、あとは、その事業者自身を民法の債務不履行や不法行為責任で訴えることが多くなるだろう。民間事業者のなかには、財政が厳しいところもあるので、裁判で損害賠償

◆ 図11-4　介護保険のもとでの事故の場合

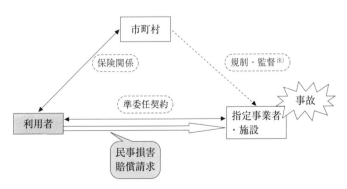

(注)市町村が、指定事業者・施設を適切に監督していないときには、国家賠償法上、監督責任を追及できることがある。

が認められても、実際に賠償金をもらえるか心配……と思った人も
いるかもしれない。実際、そういう危険性はあるので、損害賠償を
塡補する責任保険の仕組みを利用することがある（たとえば、介護保
険の指定事業者となるには損害賠償金等を塡補する責任保険に加入する
ことが要件になっている）。ただし、必ずしも完全とはいえないこと
が多いため（たとえば、介護保険では、事業者の指定更新のときには、責
任保険への加入は必要ない）、やはり心配は残る。ということで、財
力のある国や公共団体に何とかしてもらいたいところだが、国等に
は、民間事業者の監督者として責任を問う余地はあるけれども、サー
ビス提供主体としての責任を問うことは難しいだろう。

4　より実効的な紛争解決制度の構築を目指して

　これまでみてきたとおり、社会保障制度をめぐって生じる紛争の
解決策は、救済の実効性や公正性の向上を狙って近年実施された法
改正の影響を受け、大きく変化している。

　こうした制度改正を勉強していて気付くのは、紛争解決策をめぐ
る色々なニーズを調整することの難しさである。初めに述べたよう
に、社会保障制度に関する紛争解決には、「迅速性・簡便性・費用の
安さ」がとくに求められるが、大量に生じる専門的な紛争を処理す
る負担を緩和すべく設けられた仕組みが、その反面で救済妨げの原
因となることもある。このように、ときに相反する各種の要請を考
慮しつつ、いかにバランスよく制度設計していけるかが悩ましいと
ころだろう。こうした紛争解決策を勉強・研究するにあたっては、
制度設計の際に意図したような形で実際に制度が利用されているか、
注意深く検討する必要があると思われる。

　また、これまでの社会保障法学で社会保障制度をめぐる紛争といえば、不服申立てや行政事件訴訟に着目することが多かっただろう。その反面で契約をめぐって生じる紛争やその解決策の研究は、どちらかというと民法学等にゆだねられてきたようなところがある。社会保障法学であまり注目されてこなかったこうした紛争やその解決策についても広く深く研究が進むことが、実効的な紛争解決制度を構築するうえで不可欠と思われる。

【参考文献】

　本文中では、さまざまな紛争解決策をおおまかにしか取り上げられなかったため、詳しくは、各分野の専門書をみてほしい。たとえば、行政不服審査法や行政事件訴訟法、国家賠償法などの一般的なことを知るには、宇賀克也編『ブリッジブック行政法（第3版）』（信山社、2017年）などがわかりやすく書かれていてお勧めである。また、社会保障制度の裁判以外の紛争解決策について網羅的に取り上げたものは、おそらくまだないが、社会福祉分野における裁判や不服申立て以外の紛争解決策に関しては、菊池馨実『社会保障法制の将来構想』（有斐閣、2010年）「第12章 社会福祉における苦情解決・オンブズマンの意義」が詳しい。最後に、裁判については、岩村正彦編『社会保障判例百選（第5版）』（有斐閣、2016年）をみておこう。社会保障制度をめぐる紛争が、裁判でどのように争われているのかを概観することができる。

Chapter *12*

グローバル化と社会保障

Let's Study　社会保障の実施について責任を負っているのは国だ。これには、国が積極的に介入してこそ、人々の真の自由が実現できるという「国家による自由」の考え方がある。では、国は、どの範囲の人々のために積極的に介入していくべきだろうか。たとえば、遠くの国で内戦が起こって人々が困窮している。日本は、その国の人々の真の自由のために、積極的に介入すべきだろうか。これは、内政干渉という名の余計なおせっかいだろう。こういうこともあって、ある人々の真の自由は、まずはその人々の属する国によって保障されるべきだという考え方が伝統的には強かった。

　でも、そうなると、日本に永住したり出稼ぎに来たりしている外国の人はどうなるんだろう。外国人労働者が仕事で怪我をしたら、外国人だから何の保障もないんだろうか。それに、日本に旅行に来た外国人は？　旅行中に急に病気になったりしたら、どうすればいいのか。

　逆に、みなさんが外国に行くときはどうなるんだろう。この本を読んでいる人には、日本人が多いだろうけど、日本を遠く離れているみなさんの生活を、日本はどこまで保障してくれるんだろう。

1 外国人と社会保障

1 国民と外国人

⑴ 日本における国民と外国人

　国境を越えた人の行き来が少ない時代なら、国は、基本的には自国にいる自国民を気にしていればよかったのかもしれないが、グローバル化と呼ばれる現在ではそうもいかない。日本も例外ではない。現在では多くの外国人が日本を訪れ、また多くの日本人が海外に行くため、一昔前まではあまり表面化していなかった新しい問題が徐々に浮かび上がっている。

　そもそも、「国民」とか「外国人」というのは、どういう人のことなんだろう。

　一般に、国民というのは、その国の国籍をもつ人を意味するといわれる。逆に、外国人というのは、その国の国籍をもたない人のことを指す。外国と日本のどちらの国籍も持っている人（重国籍者）は日本国民だが（ただし、日本の国籍法は単一国籍を原則としているので、日本国籍と外国籍の重国籍者は通常は考えにくい）、外国籍の人や無国籍の人は外国人ということになる。

　こうした外国人は、日本にどのくらいいるだろうか。日本に滞在する外国人には、①在留資格をもち、合法的に滞在している者と、②そうでない不法滞在の者がいる。②の不法滞在は、⑴もともと在留の資格をもっていたが、法で定められた在留資格の期限が切れた後も出国しないで日本にとどまっている不法残留と、⑵在留の資格をもたずに入国した不法入国にわけられる。

　このうち、②の不法滞在外国人の全体数を正確に把握することは難しいが、②⑴の不法残留者数は、2020年7月1日時点で8万人台

前半とされる（出入国在留管理庁発表）。

　一方、①の合法的に日本に滞在する者のうち、中長期在留者と特別永住者を合わせた在留外国人の数は、2020年末時点で289万人弱であった（法務省発表）。ということで、不法残留者と合わせて、わかっているだけでも300万人以上の外国人が日本にいるとみられる。これに、短期の旅行者や不法入国の者まで入れれば、かなりの数になるだろう。実際、2019年の訪日外客数（外国人正規入国者数から永続的に居住する外国人を除き、さらに一時上陸客等を加えた数）は初めて2000万人を上回って3188万人強となり、過去最多であった（政府観光局発表）。ただし、COVID-19の影響もあって、2020年の訪日外客数は、411万人台（前年比 − 87.1%）となっている。

　ちなみに、在留資格の内訳をみると、日本への永住者（特別永住者を含む）が110万人台でもっとも多い。永住者のなかには、第2次大戦前から日本に住み、日本で生まれた人も含まれる。一方、非永住者をみると、留学生、技術者や技能実習者など仕事関係で来日している人、定住者（永住者と違って、在留期間の更新が必要）、家族滞在（就労や留学関係のビザをもつ人の扶養家族）が、それぞれ20万から30万人くらいいる（2020年末時点。法務省発表）。

(2)　海外における日本人

　それでは、逆にみなさんが日本を離れて海外の地で「外国人」の立場になるときはどうだろうか。

　日本国籍をもちながら海外に住んでいる海外在留邦人は、2020年10月1日時点の推計値で約136万人いる（外務省発表）。このうち生活の本拠を海外に移した永住者が53万人弱、海外での生活は一時的なもので、いずれは日本へ戻るつもりの長期滞在者が83万人弱である。1991年の場合、この数は永住者約25万人と永住者以外

◆ 図 12−1　在留資格による外国人の分類

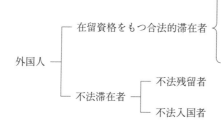

外国人
- 在留資格をもつ合法的滞在者 ── 永住者、永住者の配偶者、日本人の配偶者、定住者、企業内勤務者、研究者、技術者、教育・芸術・報道・宗教関係者、医療従事者、スポーツ選手、家族滞在者、留学生、技能実習生、インターン生、観光客　etc.
- 不法滞在者
  - 不法残留者
  - 不法入国者

　の長期滞在者約 40 万人の計約 65 万人だったので、海外在留邦人の数はこの約 30 年で 2 倍以上増えたことになる。この数値には、滞在期間が 3 カ月未満の短期滞在者は含まれていない。だから、旅行等で海外を訪れる日本人の数を含めれば、もっと多くの人がこうした「外国人」としての経験をもっていることになる。

🌀 **2　外国人と社会保障制度に対するニーズ**

　⑴　**合法的滞在の外国人**

　ⅰ）**母国の制度との調整の必要性とニーズ**　このように、一口に外国人といっても、永住者のように、その国の人とほとんど変わらない生活実態をもつ人もいれば、短期の旅行者のように一時的にある国にとどまるに過ぎない人や、ある国への滞在をそもそも許されていない人までさまざまだということがわかる。こうした外国人の多様性に対応する形で、外国人が滞在国の社会保障制度に求めるニーズもさまざまである。

　まず、その外国人の母国の社会保障制度がどのように適用されているのかによっても、外国人が滞在国の社会保障制度に対してもつニーズは異なると考えられる。法の適用方法については、ある人が本来属している A 国から離れて B 国に赴いた場合にも、A 国の法の

適用を認める**属人主義**という考え方がある。もし外国人の母国の社会保障制度がこのように属人主義的に海を越えて適用されるのなら、その外国人が滞在国の社会保障制度に何らかのニーズをもつ状況は生まれにくくなるだろう。ただし、このような状況で、同時に滞在国の社会保障制度がその外国人にも適用されるのなら、母国の社会保障制度と滞在国の制度とを調整する必要性が出てくる。こうした調整の必要性は、母国とのつながりが形式的なものになっているであろう永住外国人や、滞在国の社会保障制度を適用しないことが多いごく短期の滞在者等については、より小さいだろう。

　一方、法律の適用範囲を、その法が制定された国の領域内でのみ認める**属地主義**という考え方もある。このように、母国の制度が母国内に限定して適用され、海外の自国民には適用されないケースでは、母国と滞在国のそれぞれの制度を調整する必要性はあまりない。また、そもそもその母国に、ある特定の社会保障制度がないというケースでも、調整の必要は生まれない。ただし、こうした場合は、滞在国の社会保障制度の適用を受けたいという外国人のニーズがより強まることになろう。

　ⅱ）**滞在期間や保障内容によるニーズの違い**　　次に、社会保障制度が、さまざまな生活上の保障を提供していることを考えると、外国人が母国以外の国の社会保障制度に対してもつニーズは、その国への滞在期間が長くなればなるほど強まるといっていいだろう。つまり、生活の基盤が母国以外の国にある中長期の滞在者は、滞在国の社会保障制度に対するニーズがより強い。とくに、永住者等、原則として母国への帰国を予定していないと考えられる外国人については、基本的に、滞在国の国民がその国の社会保障制度にもつのと同様のニーズを滞在国との関係でもっていると考えられる。

　一方、生活の基盤が母国にあり、あくまで短期間だけ海外に滞在する者は、その滞在国における多少の生活上の不便があったとしても、それは一時的なものとして我慢してしまうことが考えられる。そういう意味では、滞在国の社会保障制度に対するニーズが明らかになりにくいだろう。また、ごく短期の滞在者にとっての高齢や障害、介護、労災、失業等にかかわる生活保障の問題は、その解決を滞在国において求めるというよりは、母国との関係で求めることの方が普通だろう。これに対して、傷病等のリスクからの保護は、短期滞在者でも強いと思われる（ただし、一般には、民間の傷害保険等がカバーしているケースが多いと推測される）。

(2) 不法滞在の外国人

　不法滞在の外国人については、帰国を予定しているのかそうでないのか、滞在期間はどのくらいか等によって、上記のような合法滞在者と同様のニーズをもちうる。

　ただし、社会保障制度の適用を受けようとすれば、不法滞在が表面化することになる。不法滞在が明らかになれば、通常は強制的に国外に退去させられるだろう（日本の場合だと、出入国管理及び難民認定法（入管法）24条で退去強制の対象となる）。したがって、不法滞在者は、一般的には、社会保障制度を利用したいというニーズをもちつつ、適用を受けずに不法滞在を続ける方を選ぶと推測される。不法滞在が明らかになってもなお社会保障制度を利用したいというニーズがあるのは、基本的に生命にかかわるような怪我や病気をしたケースや、不法滞在者の子について社会保障制度を利用する必要性があるときなどが多いものと思われる。

　外国人に対する制度の適用の可否が問題になるのは、以上のような外国人がもつニーズに対して、各社会保障制度が応えていない場

合が多いだろう。

3　人の移動と国際的法規範の役割

(1)　国内法だけでは対応できない

グローバル化は、人の行き来を活発にする。ということは、母国と外国とを頻繁に移動する人たちが増え、その分、外国の社会保障制度と日本の制度との調整がより求められることになる。 2で述べたとおり、外国の制度と日本の制度の調整の問題は、ほとんどすべての外国人との関係で問題になりうる。

実は、一昔前までの日本では、立法政策上、国外への労働者等の移動がそれほど注目されてこなかったこともあって、国外への人の移動を視野に入れた制度の整備が遅れていた。整備が遅れていたというのは、社会保障制度に関する外国との連携がそれほど進んでなかったという意味である。どうして外国との連携が必要かといえば、日本人がどんどん海外へ出て仕事をするような状況が生じたとして、それに適した社会保障制度を作ろうとすると、日本の法律を変えただけでは必ずしも十分でないからである。なぜだろう？

１つには、海外に住む日本人について、日本の社会保障制度に関する法律を国内とまったく同様に適用するのには限界があるということが挙げられる。たとえば、海外で生じた病気や怪我を日本の公的医療保険制度でカバーしようとしても、海外において同制度による医療サービスそのものを提供することはできない。海外には、日本の公的医療保険制度における指定を受けた保険医療機関がないからである。したがって、いったん現地の病院で治療費の全額を支払ってから、日本で払戻しの手続きをとらなければならない。また、医療費の水準が日本と違ったりすると（とくに海外での治療費の方が高いと）、日本で同様の医療サービスを受けたときと同様の金銭負担

では済まないこともある。

(2) どの国の社会保障制度が適用されるのか

　かりにこの1つ目の問題点をうまくクリアできたとしても、日本の制度と外国の制度との二重適用という別の問題に直面することもある。法の適用を考えるときには、前述のように属地主義という考え方と属人主義という考え方がある。どちらの考え方を取るかは国や制度によって異なる。当然、社会保障制度に関する法についても、属地主義を採用する国と属人主義を採用する国があるということになる。また、同じ国でも、社会保障のある制度については属地主義的だが、別の制度では属人主義的ということもある。

　1つ目の問題点で挙げたような、日本の社会保障制度を海外在留邦人にも国内と同様に適用しようというのは属人主義的な考え方ということになる。この考え方を実践して、在留邦人には日本の社会保障制度を適用する、ということで話が済むなら簡単なのだが、そうもいかない。たとえば、みなさんが渡航してみた先の外国が、社会保障制度について属地主義をとっている場合はどうなるだろうか。そう、みなさんには、日本の社会保障制度と外国の社会保障制度がどちらも適用されることになってしまう。どちらも適用されないよりはいいと思う人もいるかもしれない（実際、日本の制度が属地主義な態度をとっていて、赴いた先の外国が逆に属人主義の場合、そのような「無適用」の問題も起こる）。しかし、二重適用も、日本と外国の両方に社会保険料負担を求められるなどの問題が生じうる。しかも、外国への滞在が数年くらいの場合、たとえば、老齢年金の受給資格を満たすほどの保険料納付期間にならずに、結局保険料の掛け捨てのようになるという問題も起こる。

(3) 国際的な法規範の必要性

　このような理由で、人が国境を越えて活発に移動をする現代では、

◆ 図11-2　二重適用のケース

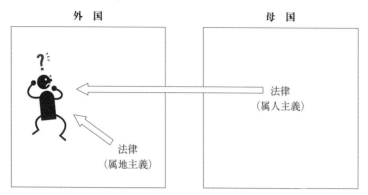

各国の国内法だけでは十分に問題を解決できない。国の枠を超えて、社会保障制度について調整するルール作りをする必要がある。そうした役割を担っているのが、条約等の国際的な法規範である。実際、日本における外国人の社会保障上の地位も、色々な条約によって調整されてきたことで、以前に比べれば問題が起きにくくなっているといえる。

　国の枠を超えたルールの調整は、国と国との二国間で行われることもある。日本の場合は、後述のように、とくに年金制度について、複数の国との間で**社会保障協定**という二国間協定が結ばれている。

2　日本における外国人と社会保障制度

1　外国人に対する基本的姿勢の変遷

(1) 外国人を対象とすべきか

　ⅰ）立法府の広い裁量　**1 - 2** でみたとおり、外国人に対する社会保障制度の適用は、外国人がもつニーズとその制度における外

国人の処遇にずれがあるときに問題になりやすい。では、日本の社会保障制度は、外国人に対して、どんな態度をとっているだろうか。

この前提としてまず確認しておきたいのが、憲法上、社会保障制度は、外国人に対してどのような態度をとっているか、という問題である。これは、結論からいうと、少なくとも最高裁の考え方によれば、「立法府が良きに計らえ」（原則として、立法府は、外国人に対してどのような態度をとってもよい）である。

かりに憲法で保障された生存権（憲法25条）が外国人にも認められるなら、生存権とかかわりの深い社会保障制度から外国人を排除することは違憲の問題を生じさせうるのだが、最高裁は、そういう問題は（ごく例外的なケースを除いて）基本的に生じないと考えているようだ。というのも、「社会保障上の施策において在留外国人をどのように処遇するかについては、国は、特別の条約の存しない限り、当該外国人の属する国との外交関係、変動する国際情勢、国内の政治・経済・社会的諸事情等に照らしながら、その政治的判断によりこれを決定することができるのであり、その限られた財源の下で福祉的給付を行うに当たり、自国民を在留外国人より優先的に扱うことも、許される」からである。だから、ときの政治的判断や財政的な事情等によって、外国人を社会保障制度の対象としてもよいし、しなくてもよい。どちらにするかは、立法府の広い裁量にゆだねられるのであって、裁判所は基本的に口を挟めない。立法措置が違憲の問題を生じさせるのは、それが「著しく合理性を欠き明らかに裁量の逸脱・濫用と見ざるをえないような場合」に限られるのである（以上、塩見訴訟・最一小判平元・3・2集民156号271頁）。

ⅱ）**制度や外国人のタイプによって裁量の程度は違う**　ただし、これまで争われた事件に対する最高裁の判断からみると、この「立法

府が良きに計らえ」という考え方には事情によって濃淡がありうる
かもしれない。

どのような事情に左右されうるかというと、制度の趣旨や設計、
内容による差（たとえば、無拠出制の給付の対象者をどのように決定す
るかについては、より広い裁量が認められるとの考えがありうる。前掲・
塩見訴訟最高裁判決参考）や外国人のタイプによる差（不法滞在者につ
いては、社会保障制度の対象者とならないのが一応の原則と述べられて
いることから、裁量の逸脱や濫用が問題になりにくいとも考えられる。
最一小判昭 53・3・30 民集 32 巻 2 号 435 頁）などが挙げられる。

(2)　**国際条約による普遍的適用の方向性**

立法府の裁量に関してもう 1 つ注意しておかないといけないのは、
条約の存在である。前掲の塩見訴訟判決でも、「特別の条約の存し
ない限り」広い裁量をもつという限定がつけられているので、そう
した条約があれば、話は別になる。

実際、日本は、国籍や人種、社会的地位などを問わずすべての人
が社会保障の保護を受けうるよう求める一連の国際条約を批准等し
ている。そのような条約としては、難民の地位に関する条約（1951
年採択、1981 年加入）、社会保障の最低基準に関する条約（第 102 号）
（1952 年採択、1976 年批准）、世界人権宣言の内容を受けた国際人権
規約（A 規約）（1966 年採択、1979 年批准）などがある。

ただし、こうした条約が締結されたからといって、外国人を制度
の対象としない取扱いがすぐに裁量権の逸脱や濫用と評価されると
は限らない。というのも、これらの条約は、制度の仕組み（とくに税
金を主財源とする制度）によっては外国人を特別扱いしてよいとなっ
ていたり、こうした条約があるからといって、外国人が直ちに具体
的な権利として財政措置を伴う国内法の整備を求められるとはいえ

なかったりするからである（前掲・塩見訴訟最高裁判決）。

　しかしながら、こうした条約の存在が契機となって、外国人に対する日本の社会保障制度の姿勢が変化したことも事実である。実際、日本の社会保障制度には、条文上その対象を日本国民に限定しているものが昔は多くあったのだが、前記の難民の地位に関する条約への加入をきっかけに、その多くは、外国人にも適用されるようになっている（たとえば、国民年金法、国民健康保険法、児童手当法、児童扶養手当法、特別児童扶養手当等の支給に関する法律など）。

2　各社会保障制度における外国人の取扱い

(1)　社会保険の場合

ⅰ) 合法的滞在者の場合

① 労働関係を基盤としない社会保険と「住所を有する」者

　以上を前提に、現在の日本の各社会保障制度が、外国人に対してどんな姿勢を取っているかをみてみよう。まずは、社会保険制度（→*Chapter 2*〜*Chapter 6*）からである。初めにいってしまうと、社会保険制度は、基本的にすべての合法的滞在外国人に適用される。

　ただし、短期の旅行者など、滞在予定期間の短い者については、いくつかの社会保険制度の被保険者が日本国内（場合によって市町村または特別区）に「住所を有する」者となっていることとの関係で（国年7条1項1号、国保5条、介保9条等）、基本的には被保険者となれない。こうした被保険者の要件を設定しているのは、労働関係を基盤としない国民年金法や国民健康保険法、介護保険法などである（→*Chapter 2, 3, 4*）。

　この「住所を有する」者は、国内や市町村等の区域内に「継続的に生活の本拠を有する者」と理解されている（国民健康保険法について、最一小判平16・1・15民集58巻1号226頁）。つまり、継続的な生

活の本拠としての安定性や継続性を欠くほどに短い滞在期間を予定している者は、「住所を有する」という要件を満たさないため、この種の社会保険への加入資格がないということになる。

　行政実務では、国民年金等の被保険者資格は、基本的に住民基本台帳の住民票への記録と連動させている。住民票への記録は、原則として在留資格で認められた在留期間が3カ月を超えるときになされるので（住民基本台帳法30条の45、入管法19条の3）、滞在予定期間が3カ月を超える者ならば、被保険者資格が認められることになる。

　ただし、医療保険制度では、このほか、在留資格が「医療滞在」やその「付添人」の外国人、在留資格が「観光、保養等」で滞在期間1年以下の18歳以上の外国人や同じく「観光、保養等」で滞在期間1年以下の者に同行する外国人配偶者等は、都道府県と市町村が行う国民健康保険法の被保険者とはしないことになっている（国保則1条）。これは、日本に生活基盤がない外国人が、来日して医療保険制度を使って高額な医療サービスを受けるといった問題を回避するためだ（→コラム35参照）。

　② 老齢年金と中短期滞在の外国人

　(ア) 社会保障協定　このように「住所を有する」外国人には、国民年金法や国民健康保険法、介護保険法などが原則として強制的に適用される。また、厚生年金保険法や健康保険法、労災保険法、雇用保険法等では、この国内居住要件はなく、基本的に適用事業所との使用関係や使用従属関係から加入の可否が判断される（→ *Chapter 2, 3, 5, 6*）。

　しかし、事前に10年以上の受給資格期間（保険料納付済期間と保険料免除期間）があることが年金受給の要件となっている老齢基礎

年金については、この要件を満たせずに、途中で母国に帰国してしまう中短期滞在の外国人が出てきてしまいやすい。もちろん、年金制度の保険料納付は、老齢年金だけでなく、障害年金や遺族年金との関係でも必要なので、老齢年金を受け取れなくても、障害等のリスクがカバーされている以上は、文字どおりの「掛け捨て」ではない。しかし、実際は、「掛け捨て」と感じる外国人も多いだろう。さらにいえば、その外国人の母国の年金法が、海を越えて属人的に適用されるケースでは、日本の年金制度と母国の制度がどちらも適用され、双方の保険料が徴収されるといった二重適用の問題も生じうる。

　ということで、こうした問題が起きないように、いくつかの仕組みがある。1つ目は、前述した**社会保障協定**の仕組みである。社会保障協定は、①適用法の調整と②加入期間の通算の2点を内容とする。

　まず、①の適用法の調整は、協定を結んだ相手国（日本からみれば協定を結んだ外国、外国からみれば日本）に赴く期間が5年を超えない見込みの場合には自国の法律のみ、期間が5年を超える見込みの場合には相手国の法令のみを適用するという形で行う（ただし、イギリスや韓国等については、次の②のみ）。これで二重適用の問題は解消される。

　また、②の加入期間の通算によって、保険料の掛け捨てのようなことも起こらないようにしている。通算は、協定を締結した相手国における年金制度への加入期間と日本の年金制度への加入期間が対象である。この両期間の通算によって、年金受給のために最低必要とされる期間以上であれば、それぞれの国の制度への加入期間に応じた年金が、それぞれの国から支給されることになる。

　日本が、この社会保障協定を締結しているのは、2021年5月時点で23カ国ある（ただし、うち3カ国は未発効。→本書末尾の後ろ見返しの世界地図を参照）。これ以外にも、複数の国と交渉中あるいは予備協議中である。協定締結の相手国は、欧米が中心であるが、韓国やインド、フィリピン、中国などのアジア諸国、ブラジルといった中南米の国などにも拡大しており、今後の制度の発展が期待される。

　(イ) 脱退一時金　　社会保障協定の締結が増えているとはいえ、これが世界中の国との間にあるわけではない。そこで、当面の措置として機能しているのが、**脱退一時金**である（国年附則9条の3の2、厚年附則29条）。これは、日本国籍をもたない者が、国民年金や厚生年金保険の被保険者資格を失い、日本を出国したときに請求できるものである。一種の保険料の払戻しのような仕組みということになる。ただし、国民年金法の場合は第1号被保険者としての保険料納付済期間等、厚生年金保険法の場合は被保険者期間が、原則として6カ月以上あること、老齢年金の受給要件を満たしていないことなどが必要である。また、請求ができるのは、日本に住所を持たなくなってから（出国日から）2年以内である。

ⅱ）不法滞在者の場合

　①「住所を有する」者を対象とする社会保険は適用除外

　少なくとも「住所を有する」との要件をもつ社会保険制度は、不法滞在者を対象にしていない。実際、不法滞在者は、退去強制の対象になり、安定した住所をもてないことが多い。

　念のためにいっておくと、判例上は、不法滞在であっても、住所認定されようとする市町村の区域内で安定した生活を継続的に営み、将来にわたってその生活を維持し続ける蓋然性が高い者については、例外的に「住所を有する」の要件を満たす、と判断していた（前掲・

最一小判平 16・1・15)。退去強制の対象になるはずの不法滞在者が、安定した生活を将来にわたって継続的に営むなどということがあるのかと疑問に思う人もいるだろうが、たとえば、不法滞在者でも法務大臣が特別に在留特別許可(入管法 50 条)を出すと、合法的に日本に留まれるようになる。不法滞在者がこうした在留特別許可を求めているといったことを含めて、いろいろな条件を満たすと、不法滞在者でもなお、「住所を有する」者として認めていいだろうというのが判例の趣旨だったのである。しかし、同時にこの判例は、法施行規則または条例で、在留資格を有しない外国人を適用除外とする規定を設けることも当然許される、と述べていた。そこで、判例のこの部分を受けて、外国人のうち住民基本台帳の住民票に記載されない者(住民票に記載されない短期滞在者で日本国内に住所があることが明らかな者を除く)を適用除外とする旨が法令等で定められるようになっている(国保則 1 条 1 号、高齢医療則 9 条 1 号等。国民年金法や介護保険法については通知で同様の取扱いが指示されている)。

　住民基本台帳と不法滞在との関係はこうである。外国人は、法務大臣から在留カードを交付されたうえで、住民基本台帳で管理される。この在留カードは、在留資格をもたない不法滞在者には交付されず(入管法 19 条の 3・19 条の 4)、なおかつ、在留カードが住民基本台帳と連動するため、不法滞在者は、住民基本台帳の住民票に記録されないことになる。こういう意味で、不法滞在者は、「住所を有する」との要件をもつ社会保険制度の適用を受けない者として実務上は取り扱われるのである(なお、条例によって、不法滞在者を直接に適用対象としないこともできる。たとえば、国保則 1 条 5 号、高齢医療則 9 条 6 号等)。

　② 労働関係を基盤とする社会保険——労災保険は不法滞在者にも

　一方、労働関係に基づく社会保険制度、たとえば、厚生年金保険法や健康保険法、雇用保険法などに関する法律の不法滞在者に対する態度は必ずしもはっきりしない。ただ、不法滞在者の就労が不法就労であり、これは当然禁止されること（退去強制事由になることについて入管法24条4号イ・19条1項、刑事責任を問われうることについて同70条1項4号・73条。また、不法滞在者を就労・あっせんした者は、同73条の2の不法就労助長罪に問われうる。さらに、労働施策総合推進法28条では、事業主に対し、新たに外国人を雇い入れたときまたはその外国人が離職したときに、その者の在留資格等について確認し、これを厚生労働大臣に届け出なければならないとされている）、また、雇用保険被保険者資格届において在留資格等が届出事項となっていること、厚生年金保険法・健康保険法の被保険者資格取得届において「住所を有する」との要件がある国民年金法と共通の「基礎年金番号」を記載することになっていることから（厚年28条、健保則24条1項）、不法滞在者は間接的にはこれらの社会保険から排除されるであろうことがうかがえる。

　これに対して、合法的な滞在か不法滞在かを問わずに、外国人一般を雇う使用者に対して適用されることについて異論がないのが、労災保険法である。なぜ労災保険法だけが不法滞在者に対して特別寛容なのかというと、同法が、不法行為規定や労働基準法といった強行法規上の使用者の責任をカバーするために発展してきた仕組みだからである。

　たとえば、もし労働災害の発生について使用者に故意や過失が認められるとして、その労働災害をこうむったのが不法滞在者であった場合、だからといって使用者に対する損害賠償請求権が否定されて泣き寝入りということはない。労災保険法もそれと同じである。

労働災害における民法の不法行為法規を補うために、労働基準法上
使用者に業務災害の補償責任が課されることになり、この労働基準
法上の責任をカバーするために生まれた社会保険制度が、労災保険
法である。労働関係の実態に合わせて労災保険法の仕組みの方が民
法よりも弱者保護の趣旨で作られており、また、労働基準法と比べ
ても労災保険法は独自な点をもっているけれども、その根は強行法
規である民法の不法行為規定や労働基準法と同じである。したがっ
て、業務上負傷等したのが不法滞在の外国人であっても、使用者が
その補償責任を負うという事実は変わらない。

　もう1つ付け加えるならば、不法滞在だから労災保険法が適用さ
れないとすると、使用者は、労災保険料の負担回避などを狙って、
むしろ不法滞在者を好んで使いたがるかもしれない。これでは、不
法滞在を蔓延させる原因になりかねない。そのような事情もあって、
労災保険法は不法滞在者を雇用する使用者にも強制的に適用される。

　不法滞在者については、事業主が労働関係を隠蔽しており、労働
災害が発生して初めてその存在が顕在化するということもあるだろ
う。しかし、労災保険法については、保険料が未納であっても、労
働者に対して保険給付は支給されるので問題はない。

　なお、労働災害に関しては、日本人と同様に、安全配慮義務法理
の適用があるが、不法滞在外国人の逸失利益の算定については、日
本における就労可能期間をどのように評価すべきかという問題があ
る（改進社事件・最三小判平9・1・28民集51巻1号78頁は、労災事故
による逸失利益の算定にあたって、日本における就労可能期間を、労災事
故の約5カ月後まで勤めた会社を退社した日の翌日から3年間を超えて
認めなかった原審の判断を不合理でないとした）。不法滞在であれば、
退去強制の対象となり、日本に留まり就労することは本来できな

かったはずだからである。

(2) 社会福祉の場合

ⅰ）合法的滞在者　　次に、社会福祉制度（→ **Chapter 7～9**）についてみてみよう。

まず、社会福祉制度でも、合法的滞在者であれば対象となる。ただし、行政実務上、短期間の滞在については、基本的に対象外としているようである（行政解釈としては、たとえば平 15・2・27 障企発第 0227001 号等）。

ⅱ）不法滞在者　　一方、不法滞在者と社会福祉制度との関係について、法律の立場は明確でない。ただし、少なくとも行政実務上の建前としては、不法滞在者を社会福祉制度の対象とはしていないと思われる（たとえば、旧身体障害者福祉法上の更正医療や旧児童福祉法上の養育医療のうち緊急性のないものについて、2000 年 5 月の大脇雅子参議院議員の質問主意書に対する政府答弁）。その理由は、社会福祉制度は、対象者の自立と社会経済活動への参加を促進することに目的があるが、退去強制の対象となる不法滞在者については、そうした社会参加を想定していない、というところに求められるようである。ただし、実際の市町村等の実務では、在留資格の確認を取っていない場合もあるとみられる。

いずれにせよ、児童に関しては、実務上、例外的に社会福祉制度の対象とすることがある。これは、児童が、自らの意思や力で不法滞在状態を解消できない場合が多く、成人と同一には論じられないからであろう（なお、子は、「日本で生まれた場合において、父母がともに知れないとき、又は国籍を有しないとき」には、日本国民となる（国籍法 2 条 3 号）。したがって、こうした児童については、不法滞在の問題は生じない）。

　不法滞在の児童を対象とする例としては、まず、ある種の要保護児童に関する保護がある（たとえば、密入国によって親が服役した場合の児童が児童福祉法の適用を受けることについて、昭 28・9・22 児発第 450-2 号）。

　また、児童にかかわる医療サービスが社会福祉制度の枠組みで提供されることがあるが、こうした仕組みも、基本的に不法滞在の児童を対象とする。細かい仕組みなので、*Chapter 9* では説明されていないが、たとえば、身体障害児の障害を除去・軽減するための手術費等を支給する育成医療（自立支援医療費として障害者総合支援法の対象となる）のうち緊急性の高いケース、入院を必要とする未熟児の養育に必要な養育医療（母子保健法 20 条）などである。また、児童そのものではないが、経済的に困窮する妊婦に対する助産（児福 22 条）や母子健康手帳の交付（母子保健法 16 条）等についても、対象とする取扱いがなされている（以上、前掲・2000 年 5 月の大脇雅子参議院議員の質問主意書に対する政府答弁）。ただし、以上のうち、養育医療や助産は、措置として実施されており、児童や妊婦側から権利として主張できるものではない（→ *Chapter 7*）。

(3)　社会手当の場合

ⅰ）合法的滞在者　　児童手当法、児童扶養手当法および特別児童扶養手当法等のいわゆる社会手当制度（→ *Chapter 9*）については、手当受給の要件として、国民年金法や国民健康保険法等の場合と同じく国内居住要件がある。したがって、(1)の労働関係を基盤としない社会保険制度に関して述べたことが、概ねそのまま当てはまる。

　まず、これらの手当は、在留資格をもって合法的に滞在する外国人を対象としている。ただし、上記のとおり、受給には原則として住所を有することが要求されるため（児手 3 条 1 項・4 条 1 項 1 号、

児扶手4条2項1号・3項、特児扶手3条3項1号・4項)、一時的な滞在者については、適用されない。住所を有することを要求されるのは、児童とその父母等の両方である。ただし、児童手当における児童については、留学等のケースで、日本国内に住所を有しない場合でも受給できることがある(児手3条1項)。

　ⅱ)**不法滞在者**　　不法滞在者は、基本的に対象外である。実務上は、児童手当法等の国内居住要件を、国民年金法や国民健康保険法と同様に、基本的に住民基本台帳への記録に連動させ(たとえば、児童手当法について、平24・6・13雇児発0613第1号)、在留資格をもたない不法滞在者を対象としない取扱いになっている。

　(4)　**生活保護の場合**

　ⅰ)**在留資格を問わず外国人には適用されない**　　以上にみた社会保険制度や社会福祉制度、社会手当制度と異なり、生活保護法(→ ***Chapter 10***)は、日本国民のみを対象とするという国籍条項が残っている(生活保護1条・2条)。このことから、不法滞在者はもちろん(中野宋事件・最三小判平13・9・25集民203号1頁)、すべての外国人は生活保護法の適用を受けないと理解されている(大分外国人生活保護訴訟・最二小判平26・7・18判自386号78頁)。

　これまでみてきたように、他の社会保障制度と比べると、こうした生活保護法の姿勢は現在では特殊である。なぜこのような姿勢がとられているかといえば、外国における資産や親族扶養などの状況を調査しづらいこと、限られた財源を外国人より自国民に優先的に使うことも許されること、入管法上貧困者等は入国できないこと(入管法5条1項3号)との整合性、等の事情が指摘されることがある。また他方で、外国人には生活保護法が適用されないが、後述のとおり任意の行政措置として事実上の保護の対象となりうるとされてお

り、どういう形式であれ実質的に国民と同じ扱いをしていれば条約等の関係でも問題がないといわれたこともあった。

初めに述べたように、外国人が日本の社会保障制度にもつニーズはさまざまに考えられるが、生活保護法については、日本国民と同様の生活上のニーズをもつ永住者等（→ 1-🔍2）とともに、不法滞在者等の問題がより表面化しやすい。というのも、不法滞在者が日本の社会保障制度に対してもつニーズが顕在化してくるのは、生命にかかわるような重病・重症のケースが多いが、前にみたように、不法滞在者は医療保険制度からは概ね排除されているためである。そこで、生活保護法の医療扶助に対するニーズが出てくる。こうしたことから、不法滞在者を含むすべての外国人について、重大な傷病など緊急に治療の必要性があるときには、医療扶助を利用できるようにすべきではないかという見解もある。しかし他方で、治療目的の入国を誘発しかねないとか、厳しい資産調査等を経て医療扶助が認められている日本国民とのバランスを欠くとかいった意見もあり、なかなか難しい。

ⅱ）**権利でなく行政措置として**　　このように、法律上は外国人には生活保護法が適用されないことになっているが、一方で、前述のように、行政解釈上は、一定の外国人に対して任意の行政措置として事実上の保護を提供する扱いがなされてきた（昭29・5・8社発第382号）。

この取扱いは、行政運用や訴訟において「準用」といわれることがあったが、ここでいう準用とは、あるもの（この場合「国民」）に関する規定を、類似するもの（この場合「外国人」）に必要な変更を加えて当てはめる（要は、「適用」とほぼ同義になる）、という本来の意味での準用ではない。生活保護法を行政による裁量基準として用いる、

との意味である。

　ここで問題になるのは、外国人が、生活保護法の適用を求めることができないのはそうであるとしても、上記のような事実上の保護を行う行政措置を求めて、その申請が却下されたとき、その却下の違法性をどのように争えるか、である。こうした却下回答が権利義務にかかわる法的効力をもたないのであれば、処分性がないとして、少なくとも抗告訴訟の対象にはならないとも考えられるためである（→ *Chapter 11*）。最高裁で、こうした行政措置の法的性質や訴訟提起の可能性について判断したものは今のところないが（前掲大分外国人生活保護訴訟の最高裁判決は、生活保護「法」に関する却下決定についてしか判断しなかった）、可能性としては、こうした行政措置を生活保護法に基づくものと理解するなどして申請の却下に処分性を認め取消訴訟を提起する、処分性がないため当事者訴訟として確認の訴えをなす、等が考えられるだろう。今後の訴訟での判断が待たれるところである。

3　外国における日本人と社会保障制度

1　在外日本人に対する保護は社会保険制度が中心

　2では、日本における外国人と社会保障制度についてみた。では、日本人が外国に行った場合に、日本の社会保障制度はどのように適用されるのだろうか。

　まず、社会福祉制度および社会手当制度については、日本での社会参加を前提としていたり国内居住要件があったりすることから、基本的に国境を越えての適用はない。生活保護法についても、居住地主義が謳われている（生活保護 19 条）。ただし、この生活保護法に

ついて、最高裁が「国外に現在している被保護者であっても、法19条所定の『居住地』に当たると認められる居住の場所を国内に有しているものは、同条に基づき当該居住地を所管する実施機関から保護の実施を受けられると解すべきである。」（最一小判平成20・2・28集民227号313頁）と述べているように、国内居住要件や居住地要件の充足を前提とした国外での短期滞在のケースについての適用は考えられる。また、児童手当法については、前述のとおり、児童が海外に留学したケース等を支給の対象としている（児手3条1項、児手則1条）。

　ということで、以上のような例外はあるにせよ、海外渡航者について主として問題になるのは、社会保険制度である。以下では、在外日本人に対する社会保険制度の処遇についてみてみよう。

2　労働関係を基礎とする社会保険の被保険者・労働者と国内居住要件

(1)　適用事業・事業所との使用関係が決め手

　社会保険のうち、国外居住であっても適用されうるのは、労災保険法や雇用保険法といった労働保険（ただし、労災保険法には「被保険者」の概念はない）、そして厚生年金保険法や健康保険法のような被用者保険である。これらの保険では、「使用する（使用される）」や「雇用される」という関係（これらの意味については、→ *Chapter 2, 5, 6*）が日本の適用事業・事業所との間にあれば、海外にいてなお、被保険者等となりうるためである。

　行政実務上は、厚生年金保険法や健康保険法、雇用保険法では、日本国内の適用事業・事業所との労働契約の継続や賃金の支払等を参考にして、「使用される」や「雇用される」の関係を認めているようである。そのため、適用事業主の海外支店・出張所に転勤した場

合や、海外の他の事業主の事業に出向し雇用されつつも、国内の出向元事業主との雇用契約が継続している場合などは、被保険者資格は継続すると判断されている（たとえば、雇用保険法に関して、厚生労働省職業安定局雇用保険課『雇用保険に関する業務取扱要領（令和3年8月1日以降）』「第3　被保険者」参照）。

　これに対して、労災保険法では、「使用する」の要件が若干厳格に判断されているようである。たとえば、日本の企業に籍を残していても、所属や指揮命令を受けるのが海外の事業であれば、労災保険法の保護が認められていない（昭52・3・30発労徴第37号・基発第192号）。海外派遣において労災保険法の保護が及ぶのは、商談や調査などで一時的に渡航する海外出張などのケースか、海外派遣者に関する特別加入制度（労災33条6・7号）を利用した場合に限られる。

　(2)　**日本の適用事業・事業所との間に使用関係等が認められる場合**

　まず、海外においてなお日本の適用事業・事業所との間に、「使用する」等の関係が存在するといえるときには、労働関係を基盤とする社会保険関係も日本国内にいたときと同様にそのまま続く。

　この場合、年金制度については、赴任国の制度に加入しなければならないことがあるので、二重加入の問題が生じうる。ただし、その国と日本との間に前述の社会保障協定（→ **2**-🖝2(1)ⅰ)）が締結されていれば、赴任期間が5年以内のケースについてその国の年金制度への加入が免除される。

　健康保険法に関しては、国民健康保険法の場合と同じく、外国の病院で治療等を受けた場合でも、療養費（健保87条）が支給される。

　(3)　**日本の適用事業・事業所との間に使用関係等が認められない場合**

　一方、海外に行くことによって、そうした「使用する」等の関係が日本の事業・事業所との間に存在しなくなる場合には、厚生年金

保険法、健康保険法および雇用保険法の被保険者資格を失い、労災保険法の適用は受けなくなる。

この場合、健康保険法については、資格喪失日の前日までに継続して2カ月以上健康保険法の被保険者期間があれば、引き続き2年間健康保険法の被保険者となれる任意継続被保険者の仕組みがある（健保3条4項）。この仕組みは、個人の資格で加入するものであるので、保険料はすべて自分で負担しなければならない。

また、上記のとおり、労災保険法については、海外派遣者に関する特別加入の仕組みがある。この仕組みは、現地採用の場合には利用できないが、派遣であれば、労働者でなくとも（たとえば、一定の中小事業の事業主等でも）利用できることがある。

3 国内居住要件と在外日本人

(1) 在外期間が短期の場合

使用関係等によって適否が決まる社会保険制度の被保険者や労働者以外の者は、原則として日本に「住所を有する」かどうかで日本の社会保険制度の適用の可否が決まる。**→2-2(1)**でみたような、「住所を有する」ことを被保険者の要件とする国民年金法、国民健康保険法および介護保険法等はもちろん、労働関係を基盤とする社会保険制度の被保険者が扶養する家族にも、2020年4月以降はこの国内居住要件が追加されたことから、住所が決め手となる（たとえば、国民年金法の第3号被保険者について同法7条1項3号、健康保険法の被扶養者について同法3条7項。ただし、外国に留学中の学生や外国に赴任する被保険者の同行者等、渡航目的その他の事情を考慮して日本国内に生活の基礎があると認められる場合には、日本の社会保険制度の適用がある）。

実務上、「住所を有する」かどうかは住民票を基準に判断されてお

り、転出の手続きを要しないような短期間（実務上は原則として1年未満を基準としているようである）の出張・留学等は、「住所を有する」の要件を欠いたと判断されないようである。

　このように在外期間が短期の場合、医療保険制度については、外国の病院で治療等を受けたときでも、療養費（国保54条、健保87条等）等が支給される（ただし、受給の手続きは日本国内で行われる）。外国の病院で、日本の医療保険制度から療養の給付（医療サービスそのものの給付）を受けることはできないため、いったん自分で治療費の全額を払って、保険でカバーされる分を日本の医療保険制度から払い戻してもらう形になっている。払い戻される額は、日本国内で同じ保険診療を受けた場合の額か現地で実際に支払った額のうち低い方が基準となるので、常に海外でかかった治療費の7割が払い戻されるわけではないことに注意が必要である。

(2)　在外期間が長期の場合

　一方、「住所を有する」の要件を満たさないような比較的長期の在外期間となるときには、これらの社会保険制度の被保険者資格を失う。

　このとき、国民年金法については、20歳以上65歳未満の海外に居住する日本人（第2号被保険者と第3号被保険者を除く）は、第1号被保険者として任意加入することができる（国年附則5条1項3号）。この任意加入をしないときでも、20歳以上60歳未満の海外在住期間は老齢基礎年金を受給するための資格期間に算入される（こういう期間を「合算対象期間」という）。ただし、海外在住期間が受給する年金額に反映されない点が任意加入とは異なる。

> **コラム35　医療保険とグローバル化**
> 　2020年4月から、前記のとおり、国民年金法上の第3号被保険者や健康保険法等の被扶養者にも、「住所を有する」との国内居住要件

が追加されるとともに、「医療滞在ビザ」等で来日した外国人が国民健康保険法の被保険者(ただし、都道府県と市町村が保険者であるもの)から除外されることになった。これは、とくに医療保険に関して、生活の拠点が日本にない者が医療サービス利用の目的で来日するなどして日本の公的医療保険制度を利用することについて、以前から問題であるとの指摘がなされていたためである。

Chapter 3 で勉強したとおり、日本の公的医療保険制度を使えば、保険診療である以上は、どんなに高額な医療サービスも原則3割の自己負担部分だけで利用できる。その自己負担分も、高額療養費の仕組みを使えば過大な負担とはならない。また、かりに治療後に外国に行く(あるいは一時的に戻る)などしても、その外国での治療費も療養費(被扶養者ならば家族療養費)の仕組みによって、最大で日本の療養の給付相当分がカバーされる。このとおり日本の医療保険制度は、経済力にかかわらず医療サービスに対する機会の平等が確保されるよう考慮された仕組みであるし、またすでに述べたとおり国籍要件もないので、原則として日本に「住所を有する」者なら誰でも、自分の負担能力に応じて医療サービスへのアクセスが保障される。

他方で、このように「住所を有する」者がすべて公的医療保険の対象になるということは、裏を返せば、これらの者に対して公的医療保険に加入するかどうかの選択をさせない強制加入の仕組みということである。つまり、この強制加入の仕組みを取ることで、病気になったときにだけ日本の公的医療保険を頼るようなフリーライダーないしモラル・ハザード・逆選択の発生を防ごうとしている。

けれども、実は「住所を有する」かどうかは、本人の選択によって決まる。ということは、国内外への移動によって(つまり、病気になったときだけ日本に滞在する等で)、こうしたフリーライダーが生じうる。ゾルゲンスマ、キムリア、オプジーボなど近年の超高額薬剤等の登場もあって、高額な医療サービスを必要とする人ならなおさら、費用負担は少なく、受益だけは得ようとする人が(国籍問わず)出てきてもおかしくない。このような超高額薬剤の登場に加えて高齢化の影響も懸念される今、日本の公的医療保険制度はこれまで以上の費用増加に直面する可能性が高い。そのようななか、こうした

フリーライダーが生じることは、やはり看過しえない不公平感を生じさせるといえるだろう。コラム冒頭の改正は、このような不適正な事態の発生を防ぐために実施された。

4　「共に生きる」社会をめざして

　平成30年に、関係行政機関の職員や有識者によって構成される「外国人材の受入れ・共生のための総合的対応策検討会」が設立された。同検討会が同年に発表した「外国人材の受入れ・共生のための総合的対応策」では、在留資格を有するすべての外国人を孤立させることなく、社会を構成する一員として受け入れていくという視点に立ち、外国人が日本人と同様に公共サービスを享受し安心して生活することができる環境を、政府として全力で整備していく姿勢が示されている。

　外国人が、自身にとって外国である日本で安心して暮らすには、生活にかかわりの深い社会保障制度の整備が不可欠である。こうした検討会での議論をきっかけとして、社会保障制度に関しても、受入れ側の日本人と受け入れられる側の外国人との両方によって、共生のあり方が模索されていくことに期待したい。そのどちらが欠けても、「共に生きる」社会の実現は不可能だからである。

　他方で、日本国民が海外で「外国人」になる場合の社会保障制度上の整備も、いっそうの充実が求められる。みなさんのなかでも、外国人というときにぱっと思いつくのは、日本において日本国籍をもっていない人のことであって、自分が「外国人」の立場になるケースにはあまり思いが及ばない人も多いのではないだろうか。でも、あたり前だけれど、グローバル化の問題は、日本国籍をもたない人

が日本に来るという状況と、日本国籍をもつ人が外国に行くという状況の両方を含んでいる。この問題を「自分でない誰か他の人の問題」だと考えている人が多いとしたら、日本だろうが日本国外だろうが「共に生きる」社会の実現は難しい。そんなことを考えさせられる事例が、ここ数年、日本でも日本国外でも多くみられた。

同時に、2020 年には、COVID-19 の流行により、国境を越えた人の移動が全世界的に著しく縮小した。こうした人の移動が途絶えて改めて実感するのは、日本だけでなく、世界各国ですでに、グローバルな人の移動が生活の隅々にまで浸透し、それを前提として社会が成り立っているということである。この感染症災禍の経験は、ひょっとするとグローバルな人の移動のあり方を大きく変えるかもしれない。しかし、グローバル化の流れ（だけではないけれども）が引き起こした「共に生きる」社会のあり方を模索する流れは、自分と人とが共に生きることを前提として社会が成り立っている以上は、なんにせよ不可逆的と思える。グローバル社会における社会保障制度のあり方を考えるときには、制度の共生実現の仕組みとしての側面にぜひ注目してほしい。

【参考文献】

外国人との共生にあたって現在問題となる点を知りたい人は、**4** で引用した外国人材の受入れ・共生のための総合的対応策検討会「外国人材の受入れ・共生のための総合的対応策」（https://www.mhlw.go.jp/content/12601000/000468894.pdf、2020 年 12 月 25 日閲覧）をみてみよう。また、外国人とさまざまな法制度の関係について興味がわいた人は、手塚和彰『外国人と法〔第 3 版〕』（有斐閣、2005 年）などを読んで、全体像を調べてみるといいだろう。国際化に伴う適用法決定の問題については、岩村正彦『社会保障法Ⅰ』（弘文堂、2001 年）第 6 章「国際化と社会保険法」、また外国人労働者と年金制度や医療保険制度上の

問題については、岩村正彦「外国人労働者と公的医療・公的年金」季刊・社会保障研究43巻2号107頁などでさらに勉強してみよう。

Chapter **13**

社会保障法の構造

Let's Study ここまで学んできて、みなさんは社会保障法という
法分野についてどんな印象を持っただろうか？ 学
習前に抱いていたイメージと比べてみて、同じだっ
たところ、違ったところ、いろいろあると思う。

この *Chapter* では、これまで学んできたことのおさらいを兼ねて、
社会保障に関する法規範にはどんなものがあるのか（特にどのよう
な憲法の条項が関係するか）、そもそも社会保障を支える法理念また
は法原理とは何なのか、実際の社会保障の給付や負担はどのような
法的性格を有しているのか、といった社会保障法の構造に関するい
くつかの点について、順番にみていくことにしよう。

1　社会保障法の法源

1　法源にはどのようなものがあるか

　社会保障に関する紛争が裁判所に持ち込まれたとき、裁判所は好
き勝手に判決を下して良いわけではない。裁判所の判断を拘束する
法規範を**法源**という。社会保障法の法源には、他の法分野と同じく、
文章化されたもの（成文法源）とされていないもの（不文法源）がある。

　成文法源には、憲法、条約（→ *Chapter 12*）、法律のほか、内閣や大
臣が定める命令（政令、省令、告示）、地方議会が定める条例、地方公

共団体の長（都道府県知事や市町村長など）が定める規則がある。社会保障の世界では、給付の内容やその支給基準等を行政機関の要綱や通知、内規等で定め、それらに基づいて具体的な施策が実施されることが多いが、これらの要綱等は行政機関の内部規則にすぎず、厳密には法源とはいえない（→**コラム 36**）。

　不文法源には、慣習法や条理等がある。裁判例には、在日韓国人が地方公共団体の勧奨員の勧誘に応じて国民年金保険料を払い続けて受給資格を満たしたものの、（当時まだ国民年金法に存在していた）国籍要件を欠いているので受給要件を満たさないとして年金の裁定請求を却下された事案で、その者の信頼を覆してまで国籍要件を維持・貫徹する公益上の必要性は存在しないとして却下処分を取り消したものがある（東京高判昭 58・10・20 行集 34 巻 10 号 1777 頁）。条理に基づく信頼保護の要請が、行政は法律に基づいて行われるべきとの要請に勝った事例である。

> **コラム36　行政規則による社会保障行政**
>
> 　**行政規則**には法的拘束力がなく、裁判所の判断を拘束しないのだが、これまで見てきたように、社会保障行政の現場では、行政規則で重要な定めがなされている例が少なくない。例えば、健康保険の被扶養者の認定基準、国民年金の第 3 号被保険者の認定基準は、それぞれ通達で定められている。脳・心臓疾患や精神疾患に関する労災認定基準も同様であるし、生活保護行政は生活保護実施要領等に基づいて行われている。短時間労働者への社会保険適用の基準は、2012 年の年金機能強化法による法改正までは、厚生省保険局保険課長らから都道府県民政主管部(局)保険課(部)長宛の内簡という、単なる書簡で示されてきた。さらには、生活保護準用措置の対象となる外国人を永住者等に限定する運用は、文書化さえされていない、厚生省主催の全国ブロック会議での厚生省職員による口頭での指示によるものである。

　このような現状は、必要に応じて通達一本で運用を変更でき、逐一法令改正の手間をかけずに済むという利点（？）はあるのかもしれないが、行政の基本原則である法治主義の観点からは疑問のあるところであり、重要な事項は法令で定めることが求められる。

　通達での運用が法令化された例として、外国人への国民健康保険の適用関係（国保則1条）、短時間労働者や非正規労働者への雇用保険の適用関係（雇保6条）及び健康保険・厚生年金保険の適用関係（健保3条1項9号及び厚年12条1項5号）、脳・心臓疾患や精神疾患の職業病リスト上の明文化（労基則別表第1の2）などが挙げられる。

2　社会保障と関係の深い憲法条項

　憲法は国の最高法規であり、社会保障に関する法令は、憲法の条項を実現するとともに、憲法の条項によって枠付けられる。以下、社会保障と関係が深い条項について見ていこう。

(1)　憲法25条

　社会保障立法は憲法25条に定める国民の**生存権**保障を具体化する法である。その意味で、25条は憲法の諸条項の中でも社会保障法と最も関わりの深い条文である。

　戦後の憲法学では、25条の法的意義をめぐって議論が展開されてきた。現在では、25条は国の政治的・道徳的責務を明示したものにすぎず、国民に具体的な請求権を与えるものではないという**プログラム規定説**（食糧管理法違反事件の最大判昭23・9・29刑集2巻10号1235頁など）を支持する見解はなく、国は生存権保障の法的義務を負っており、生存権を実現する具体的な社会保障立法と相まって具体的な請求権を導き出すことができるとする**抽象的権利説**が一般に支持されている（さらに社会保障立法がないときにも25条を直接の根拠として、国の立法不作為について違憲無効の確認訴訟を提起できると

するのが**具体的権利説**である）。最高裁判所は、生活保護基準の低さが争われた朝日訴訟において、憲法 25 条 1 項は「直接個々の国民に対して具体的権利を賦与したものではな」く、具体的権利は「憲法の規定の趣旨を実現するために制定された生活保護法によって、初めて与えられ」るが、「現実の生活条件を無視して著しく低い基準を設定する等憲法及び生活保護法の趣旨・目的に反し、法律によって与えられた裁量権の限界をこえた場合または裁量権を濫用した場合には、違法な行為として司法審査の対象となることをまぬかれない」（最大判昭 42・5・24 民集 21 巻 5 号 1043 頁）として、生活保護基準の設定に広い行政裁量を認めつつも、25 条に裁判規範としての意義を認めた。

　ただ、25 条の具体化に際して、判例は広い立法裁量を認めている。旧国民年金法の障害福祉年金と児童扶養手当の併給禁止規定の合憲性が争われた堀木訴訟の最高裁判決（最大判昭 57・7・7 民集 36 巻 7 号 1235 頁）が述べた「憲法 25 条の趣旨にこたえて具体的にどのような立法措置を講ずるかの選択決定は、立法府の広い裁量にゆだねられており、それが著しく合理性を欠き明らかに裁量の濫用・逸脱と見ざるを得ないような場合を除き裁判所が審査判断するのに適しない事柄である」という判示は、国民年金法の国籍要件の合憲性が争われた塩見訴訟（最一小判平元・3・2 判時 1363 号 68 頁）など、その後の事案でもたびたび繰り返されてきた。

　国民に「健康で文化的な最低限度の生活を営む権利」を保障する 1 項と、国に「すべての生活部面について、社会福祉、社会保障及び公衆衛生の向上及び増進に努め」る義務を課す 2 項の関係については、従来、両者は一体的関係にあり、1 項が目的、2 項が方法を定めていると考えられてきたが、その後、1 項と 2 項の規範内容に

は差があるとする見解が示され、1項と2項を区別する二分論も有力に主張されている。他方で、堀木訴訟の控訴審判決（大阪高判昭50・11・10民集36巻7号1452頁）は、1項を救貧施策（生活保護）、2項を防貧施策（社会保険など）と捉える独自の二分論を提示したが、このような理解に対しては、1項の規範内容は生活保護だけに妥当するものではないとの批判が加えられている。

　従来の議論は、25条が裁判の場でどう働くかという側面（裁判規範としての意味）に焦点を当てて論じられてきたが、25条は生存権保障の実現のために制度を作るという契機をはらむものでもあり、近年では、実際にどのような法律、制度を作ったらよいのかという立法や政策の方向性を示すという側面（立法指針または政策策定指針としての意味）にも着目されている。また、かつての25条論は生活保護を中心に所得保障ニーズを念頭において論じられてきたが、近年では医療・介護などの非金銭的なサービスとの関連でも論じられるようになっており、その場合には、サービスが量的に足りているだけでなく質の面でも十分なものでなければならないことが求められている。

⑵　**憲法14条**

　法の下の平等を定める憲法14条は社会保障立法においても妥当する。判例・通説は、14条で禁じられているのは「差別」であり、「合理的根拠のある区別」であれば認められるとする（適用される違憲審査基準については議論がある）。社会保障制度間での給付または負担の要件や内容の相違ないし格差については、それが合理的なものであるかどうかが問われることになる。14条違反の可能性について論じる際には、適切な比較対象であるかも考えなければならない。

　上述の通り25条について判例が広い立法裁量を認めた結果、実

際に 25 条違反が認められる可能性が著しく狭まってしまった中で、裁判例では 14 条違反が認められたケースがいくつか存在している。最終的に最高裁で合憲とされたものを含め、これまでに問題になった事例として、各種の併給禁止規定（前掲・最大判昭 57・7・7 など）、婚姻によらないで懐胎した児童を父が認知した場合には児童扶養手当を支給しないとする児童扶養手当法施行令の規定（最一小判平 14・1・31 民集 56 巻 1 号 246 頁など）、学生を任意加入としていた 1989 年改正前の国民年金法の規定（最二小判平 19・9・28 民集 61 巻 6 号 2345 頁など）、外ぼう障害について男女間に格差を設けていた労災保険の障害等級表（京都地判平 22・5・27 判時 2093 号 72 頁）、公務災害による遺族補償年金の受給資格に関する男女間の年齢格差（最三小判平成 29・3・21 裁時 1672 号 3 頁）などがある。

(3)　憲法 13 条

個人の尊重と国民の幸福追求権を規定する憲法 13 条も社会保障立法と無縁ではない。後に見るように、近年では、13 条から社会保障の法理念を導き出す考え方が有力に主張されているほか、13 条を（25 条などとともに）根拠として、個人のケース記録などの情報へのアクセス権、居宅や施設内での社会福祉サービス利用者のプライバシーの保護や虐待・身体拘束からの自由、制度運営への利用者の参加の権利などが論じられている。

(4)　憲法 29 条

財産権を保障する憲法 29 条は、社会保障立法に関しては、①社会保障受給権に対して憲法上の財産権保障はどこまで及ぶのか、②社会保障の費用負担、特に社会保険への強制加入と社会保険料の強制徴収は財産権を侵害しないのか、という 2 つの側面で論じられる。

前者については、例えば、既に裁定を受けた年金の給付水準の引

き下げが許容されるか、といった形で問題となる（給付水準の引き下げについては、憲法25条2項から制度後退禁止原則を導き出す見解もある）。判例によれば、法律で定められた財産権の内容を事後の法律で変更しても、当該財産権の性質やその内容を変更する程度、変更によって保護される公益の性質などを総合的に勘案して、変更が当該財産権に対する合理的な制約として容認される場合には、公共の福祉に適合するものとして違憲とはならない（最大判昭53・7・12民集32巻5号946頁）。社会保険給付の場合には、被保険者自身の保険料負担によって受給権が基礎づけられていることから（拠出と給付を受ける地位の牽連性）、財産権保護の要請は他の社会保障給付よりも強く働くことは否定しがたいが、現在の年金制度には賃金の再評価や物価スライドがあるほか、社会保険財政には公費も少なからず投入されていることから、給付水準の引き下げが直ちに財産権侵害となるとは言えないだろう。

　後者については、これまで国民健康保険（最大判昭33・2・12民集12巻2号190頁）と国民年金（京都地判平元・6・23判タ710号140頁）への強制加入について争われたが、裁判所はいずれも合憲であるとしている。

(5) 憲法89条

　公の支配に属しない慈善・博愛事業に対する公金支出を禁止した憲法89条後段は、社会福祉事業への公費助成との関連で問題となる。通説では、社会福祉事業は同条にいう慈善・博愛の事業に当たるとされるので、民間の社会福祉事業者に対する直接の公費助成は憲法上許されない。しかし、公費助成なしに寄付金等だけで社会福祉事業を安定的に行っていくことは容易ではない。さりとて、社会福祉サービスをすべて行政が人を雇って直接に提供することも難しい。

そこで考え出されたのが、①措置委託契約により民間の社会福祉事業者に社会福祉サービスの提供を委託して、その対価として措置委託費を支払うという措置制度のしくみであり（公的責任と公私分離の両立）、②公の支配に属する慈善・博愛事業に対しては公金支出が憲法上許されるとの解釈から、特別な公的規制に服する社会福祉法人を民法上の公益法人とは別に設けることであった。

(6) 憲法84条

租税法律主義（地方税条例主義を含む）を定める憲法84条は、社会保険料の賦課徴収に関連して問題となる。租税法律主義は、課税要件法定主義、課税要件明確主義、合法性の原則、手続的保障原則をその内容とする。具体的に問題となった事例には、国民健康保険税への適用があるか、国民健康保険料への適用があるか、その他の社会保険料への適用があるか、租税不遡及の原則の適用があるか、などがある。判例によれば、国民健康保険税には地方税条例主義の適用があり（仙台高秋田支判昭57・7・23判時1052号3頁）、国民健康保険料には84条は直接適用されないが、その趣旨は及ぶとされる（最大判平18・3・1民集60巻2号587頁）。「趣旨が及ぶ」という意味が問題となるが、「賦課徴収の強制の度合いのほか、社会保険としての国民健康保険の目的、特質等をも総合考慮して判断する」ということである。農業共済組合の共済掛金及び賦課金についても84条の趣旨が及ぶとされたことから（最三小判平18・3・28判時1930号83頁）、国民健康保険料以外の社会保険料にも84条の趣旨が及ぶと解される。また、国民健康保険料（税）は一般に年度内の決定により年度当初に遡って賦課されるが、このような保険料（税）賦課基準の遡及適用は、被保険者の既得権を侵害せず、また、遡及適用は予測可能であったとして、適法とされている（国民健康保険料につき東京高判昭

49・4・30 行集 25 巻 4 号 330 頁、国民健康保険税につき名古屋地判平 9・12・25 判自 175 号 37 頁)。

> **コラム37　訴訟と法令改正**
>
> 　訴訟の提起や判決を受けて、法令が改正されて制度が改められる例も少なくない。
>
> 　朝日訴訟では、当時の生活保護基準があまりに低すぎ、憲法 25 条で保障された生存権を侵害しているとして争われた。訴訟自体は原告の死亡により終了したが、原告勝訴の第 1 審判決(東京地判昭 35・10・19 民集 21 巻 5 号 1348 頁)が出た後、生活保護基準の改定方式がマーケット・バスケット方式からエンゲル方式へと改められている。
>
> 　憲法 14 条の関連で挙げた事例でも、未婚の母の子が父から認知を受けると児童扶養手当の支給を打ち切る旨の児童扶養手当法施行令の規定は、婚外子差別であるとして訴訟で争われていた最中に改正されて削除されたし、学生無年金障害者訴訟を受けて 2005 年に特別障害給付金法が制定されたことはすでに述べた通りである(→ *Chapter 2*)。外ぼう障害について男女間で異なる取扱いをしていた労災保険の障害等級表も、これを違憲とする判決を受けて約半年後に改正された。

2　社会保障の法原理・法理念

1　法原理・法理念を探求する意味はどこにあるか

　現行憲法の諸条項が社会保障制度の存在を求め、枠付けていることは分かったが、そもそも社会保障を基礎づける法原理、あるいは法理念とは何なのだろうか?　すでに憲法や法律があるにもかかわらず、社会保障を規範的に基礎付ける法原理ないし法理念を探求する試みには、どのような意味があるのだろうか。かつての社会保障法学は裁判の場面を意識した権利論や法解釈論には熱心であったが、

実際の立法ないし政策策定への関与は薄かった。法律学としての社会保障法学の本来のフィールドが法解釈にあることは間違いないが、経済・社会状況に合わせて社会保障法令が頻繁に改正される中、単なる財政的な辻褄合わせではなく、社会保障のあるべき方向性を見据えて具体的な改正の方向を導く立法政策論の必要性も従来以上に高まっている。——というのが1つの回答である。このような論者は、立法指針ないし政策策定指針やグランドデザインの提示も社会保障法学の役割であるとする。

2　生　存　権

　憲法25条という生存権保障規定を持つわが国では、伝統的に、社会保障は**生存権**の理念に基礎づけられると考えられてきた。社会保障の規範的な基礎付けを生存権に求めることによって、社会保障は国家による国民の生存権保障または生活保障という国家と国民の二面関係として理解され、そこでは国家は生存権保障主体として位置づけられてきた。

3　自　律

　生存権による社会保障の基礎付けは、（高度経済成長による国富の増加とも相まって）社会保障制度の発展を理念的に支える原動力となったが、他方で、個人を国家から一方的に給付を与えられる「受け手」として捉える傾向を生んでしまったとも言える。個人は本来、社会保障の受け手であるとともに支え手でもある。そこで、個人を社会保障法関係の中心に据え、社会保障の目的をより根源的に「個人の自律の支援」または「個人が人格的に自律した存在として主体的に自らの生き方を追求していくことを可能にするための条件整備」にあると考えて、憲法13条を基軸とした社会保障の規範的基礎付けを試みる見解が現れた。自律的な生の追求のための条件整備に

関わる制度には、広い意味では教育や住宅なども含まれ、このようなアプローチは従来の社会保障の範囲を超える広がりを有するものでもある。

4 社 会 連 帯

　従来から、生存権と並んで**社会連帯**を社会保障の基本原理とする見解はあったが、近年、実定法上も目的規定において「連帯」という言葉を用いる例が増えており（国年1条、介保1条、高齢医療1条など）、社会保障を基礎づける理念としての連帯ないし社会連帯が改めて注目されている。社会保障の淵源の1つが19世紀ドイツにおいて共済組合というすでに存在した基礎の上に国家制度として作られた社会保険であることからも、一定の集団内での相互の支え合いという側面を有する社会保障が連帯を基礎とすることは当然のように思えるが、①連帯の過度の強調は個人を社会の利益の中に埋没させるおそれがあること、②連帯の単位には複数の段階（家族、地域、職域、国民、人類など）が想定されるが、どのような連帯がどこまで規範的に求められるのかが必ずしも明らかではないこと、③実際には連帯は国民に負担を求めるための正当化論理としてしばしば用いられること、の3点には注意が必要である。ただ、従来の国家対国民という社会保障法関係の二面関係的把握に対し、国家と国民の間にはさまざまな集団（すなわち社会）が存在し、国家と国民以外にも事業主や医療従事者など多様な法主体が社会保障の法関係には登場することを再認識させた点は社会連帯論の功績といえる。また、ドイツやフランスとの比較法研究に基づいて、歴史的に形成されてきた実定法制度から社会連帯の存在とその規範的意義を見いだそうとする試みもなされている。

3 社会保障給付の法的性格

1 受給権の発生と消滅、一身専属性

　社会保障給付を受ける権利（**社会保障受給権**）は、法令で定める要件を満たすことで発生し、法令の定める事由が生じたときに消滅する。

　社会保障給付の受給権は専ら本人に帰属するもの（一身専属的）なので、一般の債権とは異なり、受給権者が死亡した場合には、相続の対象とはならない。年金給付で言えば、例えば老齢年金の受給者が死亡したときには一定範囲の遺族（相続人とは必ずしも一致しない）に遺族年金が支給されるというように、すでに年金制度の中で対応が図られているのである。第三者の加害行為により年金受給者が死亡した場合の被害者が生存中に受給していた年金給付の逸失利益性（加害者への損害賠償請求において、被害者が生きていたら得られたであろう年金給付を損害として主張できるか）について、判例は、年金給付と保険料拠出との牽連性と年金給付の存続の確実性に着目して、老齢・退職年金と障害年金の本体部分についてはこれを認め、障害年金の加給分と遺族年金についてはこれを否定した（最大判平5・3・24民集47巻4号3039頁、最二小判平11・10・22民集53巻7号1211頁、最三小判平12・11・14民集54巻9号2683頁）。しかし、学説では、すべての年金給付について逸失利益性を否定する見解も有力である。

2 受給権の保護

　社会保障給付は、老齢・退職年金を除き、税金（所得税、住民税等）や社会保険料（国民健康保険料等）の対象とはならない。給付をしておいてそこから再び取るのは不合理だからだろうか？　老齢・退職年金は雑所得として所得税や住民税、国民健康保険料等の賦課対象となるが、これについても公的年金等控除がある。このような税制

上の取扱いについては、保険料拠出の段階では社会保険料控除の対象とされ、給付の段階でも公租公課の禁止または公的年金等控除の対象となるというのは、優遇しすぎであるとの評価もある。

　せっかくの社会保障給付もそれが実際に本人（受給権者）の手に渡らなければ意味がないので、社会保障給付の受給権は、法令で譲渡や差押え、担保提供が禁止されている（例外として、独立行政法人福祉医療機構の行う年金権を担保とした小口資金の貸付け〔申込受付は2022年3月で終了〕と、国税滞納処分による老齢・退職年金の差押えがある）。もっとも、裁判例によれば、給付金がいったん銀行口座に振り込まれてしまうと、もともとあった預金と混じってしまう（預金債権に転化する）ので、もはや譲渡・差押え・担保提供の禁止は及ばない（差押えを認めた例として、東京高決平4・2・5判タ788号270頁）。しかし、これでは受給権保護規定を設けた意味が実質的に失われてしまいかねず、問題の残るところである（差押命令が取り消された例として、広島高松江支判平成25・11・27判例自治387号25頁）。

3　時　効

　社会保障給付を受ける権利は、一定期間行使しないと**時効**で消滅する。いつから、どのくらいの期間で時効にかかるかは、法令の定めによる。一般には、年金のように長期間にわたって支払われる給付は5年、その他の給付は2年である。

　年金受給権には、「年金給付を受ける権利」（基本権）とそこから派生し支払期ごとに生じる「年金給付の支給を受ける権利」（支分権）がある。以前は、国民年金法102条1項及び厚生年金保険法92条1項が5年で時効消滅すると定めている「年金給付を受ける権利」とは基本権を指し、支分権は会計法の適用により5年の消滅時効にかかるものとされ、また、国の金銭債権・債務については時効の援

用を要せず、時効の利益も放棄できないとする会計法31条1項が適用されると解されてきた。しかし、年金時効特例法による法改正で、5年の消滅時効の規定は基本権と支分権の双方に適用されることが明確にされ、会計法31条1項の適用も排除された（国年102条3項、厚年92条4項）。

　いずれにせよ、支給事由の発生時（例えば、老齢年金なら65歳到達時）から5年以内に年金の裁定請求を行わなければ基本権自体が消滅してしまうことになるが、長期にわたる保険料拠出を経てようやく獲得した年金受給権が5年の経過ですべて無に帰すというのは厳しすぎるので、従来の行政実務も、法的根拠は不明確ながら、5年経過後に裁定請求がされた場合でも直近の5年分まで遡って年金を支給するという弾力的な運用を行ってきた。改正法の施行後に年金給付を受ける権利を取得した者に対しては、保険者（政府）は、基本権・支分権のいずれについても、5年の消滅時効を個別に援用しなければならなくなった（逆にいえば、時効を援用せず、また時効の利益を放棄できるようになった）ので、法的根拠は明確になったが、今度はどういう場合に時効を援用し、どういう場合に援用しないこととするのかが問題となる。

4　給付調整

　同一の事由から複数の社会保障給付受給権が発生する場合には、過剰な給付になってしまうことを避けるため、給付間での調整が行われることがある。年金給付が典型的で、法令または受給権者の選択により一方の給付が支給停止される（→ **Chapter 2**）。児童扶養手当と公的年金給付のように制度を超えた給付間で調整される例もある。

　交通事故のように第三者の加害行為が原因で社会保障給付を受けたような場合には、加害者に対する損害賠償請求との間で調整が行

われる。社会保険各法では、被害者側の二重利得（焼け太り）と加害
者の責任免脱（責任逃れ）を防止するため、原則として、①社会保険
者が保険給付を行った場合には、給付の価額の限度で被害者が加害
者に対して有する損害賠償請求権を代位取得し、②被害者が加害者
から同一の事由につき損害賠償を受けた場合には、社会保険者はそ
の価額の限度で社会保険給付を免れる旨の規定が置かれている。ま
た、法律に調整規定がない場合でも、損益相殺の法理を援用して調
整が行われる。

5 給付制限

①詐欺等による不正受給の場合、②保険事故が被保険者の故意の
犯罪行為や重大な過失等によって生じた場合、③被保険者が医師の
療養上の指示や受診命令に従わない場合には、受給権者に給付を行
うことが適切ではないので、制裁措置として給付制限が行われる。
自殺は、精神疾患による場合を別にして、故意によるものとして給
付が制限されるが、自殺者の埋葬料については、実際に埋葬を行う
者に支給されるので、給付制限の対象とはならない。

4 社会保障負担の法的性格

1 徴収権

国民が負う社会保障の負担には、社会保険料、給付受給時の一部
負担金、租税、各種の徴収金等、いろいろなものがある。社会保障
負担は強制的に徴収されるものが多く、その場合には国税徴収の例
によるのが通常である。

保険者や国・地方公共団体が有する社会保障負担の徴収権は、一
定期間内に行使されなければ時効により消滅する。社会保険料の時

効期間は一般には2年であり、早期に債権債務関係を確定させるため、民法上の一般債権（権利を行使できると知った時から5年または権利を行使できる時から10年）や国の債権（5年）よりも短くなっている。この場合、保険者は時効の援用を要せず、また、時効の利益を放棄できない（会計法31条1項）。したがって、例えば、国民年金保険料を滞納していた被保険者や事業主が後で保険料を納めたいと言っても、遡って2年を超える分については納付できない（逆にいえば、保険料の滞納が明らかになった場合には、遡って2年までの分は徴収できる）。時効によって消滅するのは保険者の保険料を徴収する権利であり、それにより被保険者の保険料を納付する義務も消滅するが、例えば国民年金では「未納分」に対応して給付額も減ることになる（場合によっては受給に必要な保険料納付済期間を満たせず無年金となることもあり得る）ので、単純に義務を免れて良かったと言えるわけではない。

医療保険の一部負担金は保険医療機関が受け取るが、被保険者がどうしても支払わない場合には、保険医療機関は、保険者に被保険者から未収金を取り立ててもらうことができる。

2 社会保険料

(1) 社会保険料を拠出することの意義

社会保険料の拠出は、拠出者に給付を受ける法的地位をもたらす（その意味では、事業主が100%負担する労災保険は例外である）。また、財産からの事前の拠出を伴う社会保険は、全額公費による諸制度よりも、給付水準の引き下げや所得制限の導入に対する歯止めが強力であるといえるだろう。

財政的な観点からいえば、社会保険の給付費の財源について、社会保険料のほかに何らかの形で公費が投入されている場合も少なく

◆ 図 13 - 1 　社会保障財源の全体像

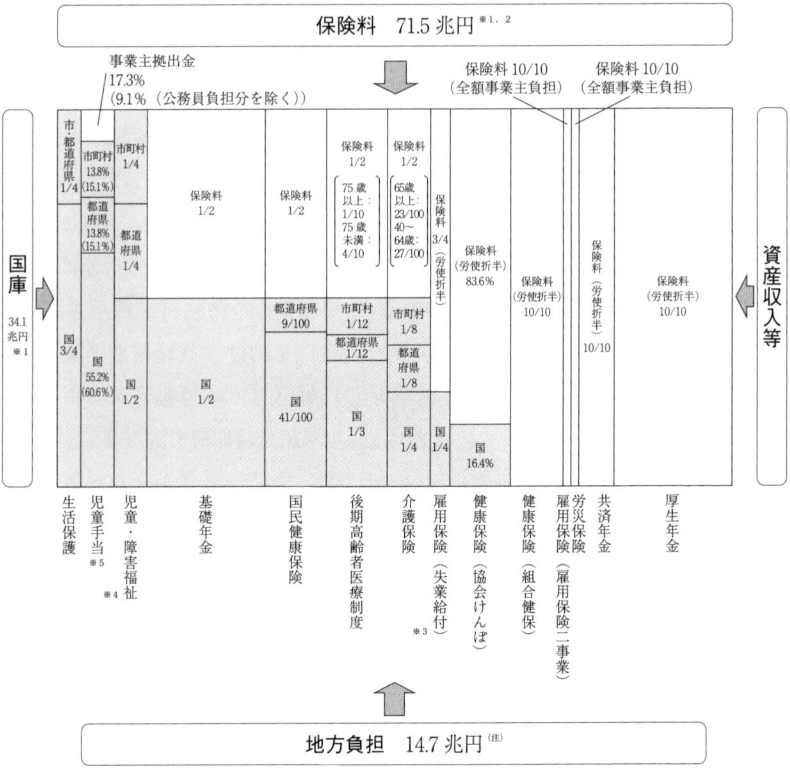

保険料　71.5 兆円 [※1, 2]

国庫 34.1 兆円 [※1]

資産収入等

事業主拠出金 17.3%（9.1%（公務員負担分を除く））

保険料 10/10（全額事業主負担）　保険料 10/10（全額事業主負担）

市・都道府県 1/4

市町村 13.8%（15.1%）　市町村 1/4

都道府県 13.8%（15.1%）　都道府県 1/4

保険料 1/2　保険料 1/2　保険料 1/2　保険料 1/2

75歳以上：1/10　75歳未満：4/10　65歳以上：23/100　40～64歳：27/100

保険料（労使折半）3/4

保険料（労使折半）83.6%

保険料（労使折半）10/10　保険料（労使折半）10/10　保険料（労使折半）10/10

国 3/4

国 55.2%（60.6%）

国 1/2　国 1/2

都道府県 9/100　市町村 1/12　都道府県 1/12　市町村 1/8　都道府県 1/8

国 41/100　国 1/3　国 1/4　国 1/4　国 16.4%

生活保護　児童手当 [※5]　児童・障害福祉 [※4]　基礎年金　国民健康保険　後期高齢者医療制度　介護保険　雇用保険（失業給付）[※3]　健康保険（協会けんぽ）　健康保険（組合健保）　労災保険　雇用保険（二事業）　共済年金　厚生年金

地方負担　14.7 兆円 [注]

※1　保険料、国庫、地方負担の額は 2019 年度当初予算ベース。

※2　保険料は事業主拠出金を含む。

※3　雇用保険（失業給付）については、2017～2019 年度の 3 年間、国庫負担額（1/4）の 10% に相当する額を負担。

※4　児童・障害福祉のうち、児童入所施設等の措置費の負担割合は、原則として、国 1/2、都道府県・指定都市・中核市・児童相談所設置市 1/2 等となっている。

※5　児童手当については、2019 年度当初予算ベースの割合を示したものであり、括弧書きは公務員負担分を除いた割合である。

〈出典：令和 2 年 1 月 24 日開催「全国都道府県財政課長・市町村担当課長会議」資料，
https://www.pref.yamanashi.jp/shichoson/documents/shichosondocumentsr1siryou6-1.pdf
の18頁〉

ない（図13−1）。社会保険を中心とするヨーロッパの大陸諸国でも、近年、社会保険財源への租税の投入が進んでいる例が見られる。その意味では、実態は社会保険方式と税方式のミックスといえるわけだが、公費の投入により直ちに社会保険としての性格が失われるわけではない。

⑵　事業主の保険料負担

　被用者保険では、社会保険料の負担は原則として労使間で折半される。しかし、事業主は社会保険料負担の対価として何らかの給付を得られるわけではない。それでは、なぜ事業主は社会保険料の半分を負担しなければならないのだろうか？　事業主負担の根拠としては、被用者保険の制度が存在することで事業主も間接的に一定の利益を受けること、事業主には労働者を雇うことに伴う責任があることなどが挙げられてきた。また、事業主も被用者保険の制度運営に関与すべきであり、事業主負担はその証であるという考えもみられる。

　事業主から見ると、社会保険料負担は労働コストである。多くの短時間労働者を抱える大手小売業者などが健康保険や厚生年金の適用拡大に反対するのは、（事務作業が煩雑になることに加えて）労働コストを増やしたくないからである。しかし、見方を変えれば、フルタイムの正規職員ではなくパートタイムの非正規職員を多数雇うことによって、そのような事業主は、フルタイムで正規職員を雇っている事業主よりも有利な競争条件に立っていることになる。そこで、競争条件を平等にするためには、非正規労働者にも可能な限り社会保険の適用を拡大し、労働時間や賃金が少ない労働者については、社会保険への加入を強制しないとしても、事業主からは何らかの拠出金を徴収するべきだ、という見解もある。

　なお、事業主負担廃止論の中には、事業主負担も実質的には労働

者（被保険者）の賃金であって、事業主負担をなくせばその分は賃金に
上乗せされる、という主張もあるが、必ずそうなるという保証はない。

　労働保険は少し特殊である。労災保険が全額事業主負担とされる
のは、労働基準法上の災害補償責任をベースにしているからである。
雇用保険で被保険者負担があるのは、自発的失業の場合も含め、離
職理由を問わずに給付を行うからである。

3 公　費

　社会保障財政にはさまざまな形で公費が投入されているが、その
目的ないし意味は、社会福祉や生活保護のようにもともと公費に
よって給付を行う制度と、本来は社会保険料によって財源を賄う社
会保険の場合とでは異なる。社会保険の場合には、例えば、保険者
の責に帰すことのできない財政力格差を埋めるため、あるいは制度
を運営するための事務費用を補填するために、公費の投入が行われる。

　社会保障財政に投入される公費も、義務的な性格の負担金や交付
金から任意的な補助金までその法的性格はさまざまであり、負担者
にも国、都道府県、市町村があり、それぞれの負担割合は制度によっ
て異なっている。

　社会保障目的税は、現在のところ国民健康保険税のほかには存在
しない。ただ、消費税は、1999年度に税率が5％に引き上げられて
以降、毎年の国の予算総則により、5％のうち国税分の4％から地
方交付税交付金に回される部分を除いた残りの部分の全額が国の高
齢者3経費（基礎年金・老人医療・介護）に充てられてきた。社会保
障・税一体改革による消費税率の引上げ後は、少子化対策を加えた
社会保障4経費（年金・医療・介護・子育て）に充てることが法律上定
められている（消費税法1条2項）。

【参考文献】

　社会保障法の共通事項に関しては、各教科書の総論部分の記述を参
照してほしい。社会保障の法理念・法原理をめぐる議論についてより
詳しく知りたい者は、菊池馨実『社会保障法制の将来構想』（有斐閣、
2010 年）の第 1 章などが導きの手掛かりとなるだろう。

エピローグ

社会保障の将来

　本書ではこれまで、社会保障法を構成する制度毎に、あるいは制度横断的に、社会保障法の概略を述べてきた。最後に、13 の**Chapter** にわたって紹介してきた法学の視点も踏まえながら、社会保障の将来について考えてみよう。

　日本の社会保障は、国民生活における重要度を年々高めており、その傾向は将来にわたって続くものと予想される。プロローグで述べたように、少子高齢化の一層の進展や、社会保障給付費が年金・医療・介護などを通じて高齢者向けに偏った構造であったことからすれば、大胆な制度改革に向けた取り組みを継続していかなければ、この本の主たる読者として想定している学生諸君の世代やそれより若い（あるいはまだ生まれていない）将来世代に対し、ますます重い負担を課すことになりかねない。

　日本は代表民主制（憲法 43 条 1 項）の仕組みを採用し、社会保障制度のあり方は、基本的に国民の代表機関である国会の政策決定プロセスに委ねられている。しかしながら、社会保障は国民の生活に非常に密接に関わっているので、給付を引き下げたり、負担の増大をもたらすことになる制度改正は、当事者である国民の反発を買う可能性がある。そうすると、政治家はその時点の有権者にとって「痛

み」を伴わない政策選択をしがちとなる（これをポピュリズム〔大衆
迎合主義〕という）。給付は最終的に国民の誰かが負担しなければな
らないので、まだ政治的な発言力の弱い世代や発言すらできない世
代すなわち未成年者やまだ生まれていない将来世代に負担を付け回
すことで、その場しのぎの選択を繰り返す可能性がある。こうした
構造は、裁判などの司法システムを通じて是正することも容易では
ない。社会保障に関わる施策は基本的に広範な立法裁量に委ねられ
るというのが判例の立場であるし（最大判昭57・7・7民集36巻7号
1235頁〔堀木訴訟〕）、まだ生まれていない将来世代が今の時点で裁
判という手段を利用することも不可能だからである。

　さらに認識しておく必要があるのは、少子高齢化がもたらす効果
として、選挙権をもつ有権者に占める高齢者の割合が今後ますます
増大していくことである。若者より高齢者世代の投票率が高いとい
う現在の投票行動の傾向が変わらないとすればなおさら、高齢者の
政治的発言力がさらに強化され、政治家もその時代の高齢者の意向
に反する政策を打ち出すことが難しくなる。

🍥 社会保障の持続可能性

　こうした政治状況の下では、子育て支援や若年・長期失業者の生
活支援といった必要な施策の一層の充実を図りながらも、社会保障
全体の持続可能性をいかに図っていくかが重要な課題となる。ここ
でいう持続可能性とは、直接的には財政面における給付と負担の長
期的な均衡を図ることである。そのため政治家には、国民にとって
の目先の利益だけでなく、大局的な観点から、財政均衡を図り将来
世代の利益にも配慮し、世代間公平を図るための政策を提示し遂行
する責務がある。それに応じて国民にも、日本社会が置かれた状況

を自覚した世論形成や投票行動を行っていくことが求められる。とりわけ政治に無関心になりがちな若い人たちには、自分たちにツケが回されてくるかもしれない社会保障や財政のあり方をしっかり見据えて政治参加し、社会的に発言していくことの重要性を強調したい。

　社会保障の持続可能性とは、財政面でのそれにとどまらない。将来的に財政負担が増えていくとしても、そうした負担を共に分かち合い、担っていくことについての社会的な合意が世代を超えて長期的に形成されていけば、社会保障の持続可能性はなおも失われないからである。他の先進諸国と比較した場合、日本の社会保障の給付水準は決して高いとは言えない一方で、負担の水準もアメリカに次いで低い（下の図）。そのためにも、現在を生きる世代には、将来世代に負担を先送りせず、自ら応分の負担を担っていく姿勢が求められている。

◆　図　国民負担率の国際比較（2018年）

【国民負担率＝租税負担率＋社会保障負担率】【潜在的な国民負担率＝国民負担率＋財政赤字対国民所得比】

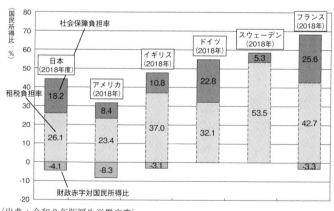

〈出典：令和3年版厚生労働白書〉

　家族のあり方が多様化し、地域社会の結びつきが希薄化し、格差の拡大・固定化が指摘される今日、社会保障の支え手となる人びとの連帯意識をどのように維持し育てていくのかが大きな課題である。

制度改革にあたっての視点

　少子高齢化の進展や財政的な制約など、決して楽観視できない将来見通しの中で、21世紀に入り、年金・医療・介護・福祉などの各分野にわたって制度改革が繰り返されてきた。そしてこうした改革は、今後も引き続き行われる必要がある。その際に必要な視点とは何であろうか。

　第1に、個々の制度が細分化されどんどん専門化される中にあって、制度横断的・マクロ的な視点から、社会保障制度の全体像あるいはグランドデザインを描いた上で議論する姿勢が求められる。制度改革は現実に運営されている法制度を前提としてなされるものである以上、白地のキャンバスに自由に絵を描くようなわけにいかないのは当然であるが、第2次世界大戦後、20世紀末葉にかけて発展してきた制度を、これからも部分的な微調整の繰り返しによって維持できるのか、それともある程度全体的な青写真を描いた上での抜本改革でなければならないのか、日本の社会保障は岐路に差しかかっていると言っても過言でない。

　第2に、政治過程において、社会保障を必要以上に「政争の具」にしないことである。たしかに社会保障は、各党の主要な政治的争点となっているが、国民の日々の生活に密接に関わるものである以上、その時々の政治状況において場当たり的に個別の制度改正を繰り返していたのでは、人々の生活状況を不安定にするだけでなく、制度に対する信頼感・安心感を失わせ、社会保障制度を支える連帯

意識をますます失わせることにもなりかねない。とくに超長期にわたる制度設計が必要な年金制度などの制度設計は、いったん大きく変更したならば短期間で再変更するのに馴染まない性格のものである。したがって、党派の違いを超えて社会保障制度のビジョンを議論する場の設定が是非とも必要である。

　第3に、制度改革を行っていく際には、国民参加あるいは住民参加の視点が欠かせない。従来から審議会等を通じて政策に関与してきた事業者団体や専門職団体などとは別に、国民あるいは地域住民の直接的な意見反映の機会をどう作っていくかが課題である。こうした「参加」の仕組みは、制度改革のみならず、日常的な制度の実施・運営にあたっても十分に考慮されなければならない。こうした仕組みづくりを通じて、上からの押し付けでない、国民あるいは住民の主体性の尊重にもつながっていくだろう。

法学的視点の重要性

　社会保障は、直接的には国民の生活保障を目的とした給付の仕組みであるとしても、その前提としての負担が不可欠であることから、財政的な制約の中でどのように最適な資源配分を行うかに関心をもつ経済学・財政学の視点が重要である。また政治状況等の差異にも関わらず各国共通の政策課題となっている社会保障の比較制度分析には、政治学の視点が有益であるし、様々な社会実態調査の分析などを通じての社会学の視点も有用である。

　こうした中で、法律学独自の視点とは何であろうか。第1に、社会保障も日本の法制度の一部である以上、憲法や個別実定法の枠組みや可能な法解釈の範囲内で実施されなければならないことである。裁判上の争いにまで至らなくとも、法解釈論の手法を用いて制度の

運用のあり方を論じることが可能である。第2に、制度の運用にとどまらず、制度あるいは法律改正の方向性についても、憲法解釈や法哲学等に基づく規範論を基にして論じることが可能である。第3に、個々の受給者にとって不利益変更をもたらす法律改正にあたって、その規範的な限界を論じることが可能である。この点に関連して、法律学固有の「人権」の視点から、とりわけ政治的マイノリティ（少数者）の権利保障を図ることも法学的アプローチ固有の重要な役割である。

今後の学習のために

プロローグでも述べたように、本書は社会保障法を初めて学ぶ若い学生諸君のための「入門書」を意識して書かれたものである。本書を通じて、社会保障法に関心をもち、より深く勉強したいと考えている人たちのために、次のステップに進むための文献を紹介しておこう。ただし、いきなり多くの文献を紹介して消化不良になってしまうと困るので、ここでは教科書などに対象を絞り、研究書や各論を深く掘り下げた文献などには原則として触れないことにしておく。

⑴ **ステップ1──法学部でのより詳しい勉強のために**

憲法・民法・行政法などの法律科目を履修した（あるいは履修中の）学部生には、以下の文献が参考になる（多数の著者によって書かれたオムニバス形式の教科書は除外してある。著者全員による共通了解が図られておらず、全体の統一性がみられないことがあるからである）。

まず教科書としては、①加藤智章ほか『社会保障法（第7版）』（有斐閣、2019年）がオーソドックスである。比較的直近の法改正を盛り込んだ内容で、判例・裁判例も豊富に引用してあり、法科大学院

生の使用にも十分耐え得る内容となっている。

　社会保障関連裁判例について詳しく勉強したい人には、②岩村正彦編『社会保障判例百選（第5版）』（有斐閣、2016年）が便利である。

　⑵ **ステップ2──より知識を深めたい人のために**

　より深く勉強したい人のために、さらに文献を挙げておくことにしよう。

　社会保障法は、まだ歴史の浅い法分野であることもあり、単独の著者によって書かれたテキストは少ない。主なものとしては、③荒木誠之『社会保障法読本（第3版）』（有斐閣、2002年）、④岩村正彦『社会保障法Ⅰ』（弘文堂、2001年）、⑤西村健一郎『社会保障法』（有斐閣、2003年）、⑥堀勝洋『社会保障法総論（第2版）』（東京大学出版会、2004年）、⑦菊池馨実『社会保障法（第2版）』（有斐閣、2018年）がある。最近の社会保障制度の改編にはめまぐるしいものがあり、とくに各論部分など刊行時点とは制度が変わっている場合もあるので、自学自習で読み進めるときには注意してほしい（この点は①にも当てはまる）。⑤は総論・各論にまたがった詳細な体系書である。同じ著者による入門書的な⑧西村健一郎『社会保障法入門（第3版）』（有斐閣、2017年）が刊行されているので、同書でその後の制度改正を補う方法も考えられる。⑦も⑤に匹敵する文量の詳細な体系書であり、アップ・トゥ・デートな内容である。③は日本の社会保障法学の成り立ちに大きな影響を与えた著者のテキストであり、独自の法体系論などを学ぶことができる。

　このほか、単独の著者によるものではないが、⑨笠木映里ほか『社会保障法』（有斐閣、2018年）が刊行された。詳細かつ高度な内容の優れたテキストである。

　さらにステップアップして学界の研究動向を知りたい人のために、

学術的な定期刊行物を 2 点のみ紹介しておこう。⑩岩村正彦＝菊池馨実編集「社会保障法研究」（信山社）は、学界の研究水準の向上を目指して発刊された研究雑誌である。2021（令和 3）年 9 月現在、第14 号まで発刊されている。⑪日本社会保障法学会編「社会保障法」（日本評論社）は、日本社会保障法学会の学会誌である。毎年公刊されている。

索　引

〈編 者〉

菊 池 馨 実（きくち よしみ）

　　早稲田大学法学学術院教授

ブリッジブック社会保障法〔第3版〕
〈ブリッジブックシリーズ〉

2014(平成26)年6月30日	第1版第1刷発行	2332-0101
2018(平成30)年3月30日	第2版第1刷発行	2356-0201
2021(令和3)年9月30日	第3版第1刷発行	2362-0101

編 者　菊 池 馨 実
発行者　今井貴・稲葉文子
発行所　信山社出版株式会社
〒113-0033　東京都文京区本郷6-2-9-102
電　話　03 (3818) 1019
ＦＡＸ　03 (3818) 0344

Printed in Japan

さあ，法律学を勉強しよう！

サッカーの基本。ボールを運ぶドリブル，送るパス，受け取るトラッピング，あやつるリフティング。これがうまくできるようになって，チームプレーとしてのスルーパス，センタリング，ヘディングシュート，フォーメーションプレーが可能になる。プロにはさらに高度な「戦略的」アイディアや「独創性」のあるプレーが要求される。頭脳プレーの世界である。

これからの社会のなかで職業人＝プロとして生きるためには基本の修得と応用能力の進化が常に要求される。高校までに学んできたことはサッカーの「基本の基本」のようなものだ。これから大学で学ぶ法律学は，プロの法律家や企業人からみればほんの「基本」にすぎない。しかし，この「基本」の修得が職業人の応用能力の基礎となる。応用能力の高さは基本能力の正確さに比例する。

これから法学部で学ぶのは「理論」である。これには２つある。ひとつは「基礎理論」。これは，政治・経済・社会・世界の見方を与えてくれる。もうひとつは「解釈理論」。これは，社会問題の実践的な解決の方法を教えてくれる。いずれも正確で緻密な「理論」の世界だ。この「理論」は法律の「ことば」で組み立てられている。この「ことば」はたいへん柔軟かつ精密につくられているハイテク機器の部品のようなものだ。しかしこの部品は設計図＝理論の体系がわからなければ組み立てられない。

この本は，法律の専門課程で学ぶ「理論」の基本部分を教えようとするものだ。いきなりスルーパスを修得はできない。努力が必要。高校までに学んだ「基本の基本」を法律学の「基本」に架橋（ブリッジ）しようというのがブリッジブックシリーズのねらいである。正確な基本技術を身につけた「周りがよく見える」プレーヤーになるための第一歩として，この本を読んでほしい。そして法律学のイメージをつかみとってほしい。

さあ，21 世紀のプロを目指して，法律学を勉強しよう！

2002 年 9 月

信山社『ブリッジブックシリーズ』編集室

◆ 法律学の未来を拓く研究雑誌 ◆

 社会保障法研究 岩村正彦・菊池馨実 編集

新創刊 **法の思想と歴史** 石部雅亮 責任編集

新創刊 **人権判例報** 小畑郁・江島晶子 責任編集

憲法研究 辻村みよ子 責任編集
〔編集委員〕山元一／只野雅人／愛敬浩二／毛利透

行政法研究 行政法研究会 編集

民法研究 第2集 大村敦志 責任編集

民法研究 広中俊雄 責任編集

消費者法研究 河上正二 責任編集

医事法研究 甲斐克則 責任編集

環境法研究 大塚直 責任編集

国際法研究 岩沢雄司・中谷和弘 責任編集

EU法研究 中西優美子 責任編集

法と哲学 井上達夫 責任編集

法と社会研究 太田勝造・佐藤岩夫・飯田高 責任編集

ジェンダー法研究 浅倉むつ子・二宮周平 責任編集

メディア法研究 鈴木秀美 責任編集

法と経営研究 加賀山茂・金城亜紀 責任編集

岩村正彦・菊池馨実 編集代表

社会保障・福祉六法

〈編集委員〉嵩さやか・中野妙子・笠木映里・水島郁子
〈編集協力〉柴田洋二郎・島村暁代・高畠淳子・地神亮祐・常森裕介・
　　　　　永野仁美・中益陽子・橋爪幸代・福島豪・山下慎一

講義や試験、実務で役立つ重要法令・条文を厳選。必要な情報にアク
セスしやすく、薄型で持ち運びに便利。社会保障・社会福祉関係の授
業や、各種資格試験から行政・自治体実務まで。掲載法令１４０件。

山川隆一 編

プラクティス労働法
（第2版）

〈執筆〉山川隆一・皆川宏之・櫻庭涼子・桑村裕美子・原昌登・中益陽子・
　　　渡邊絹子・竹内（奥野）寿・野口彩子・石井悦子

基礎を的確に身につけるコンセプトで作られた新感覚標準テキスト。
具体的かつ的確なイメージを〔illustration〕事例で確実に把握し、
また章ごとの演習用ケース問題で、知識の定着を図り、応用力を養成。

中国

韓

ベトナム
フィリ

トルコ

インド
タイ

オーストラリア

スウェーデン
フィンランド

ベルギー

オランダ

アイルランド

英国

ドイツ
チェコ
スロバキア

ルクセンブルク

ハンガリー

スイス
イタリア
オーストリア

スペイン
フランス